남경태의 열려라 한국사

맥락이 보이는 한국사 60장면

남경태의 열려라 한국사

1판 1쇄 발행 2013년 12월 10일
1판 5쇄 발행 2018년 10월 25일

지은이 남경태
펴낸이 노미영

펴낸곳 산천재(공급처 : 마고북스)
주소 서울시 마포구 월드컵북로 5길 48-9(서교동)
전화 02-523-3123   팩스 02-523-3187
이메일 magobooks@naver.com

ISBN 978-89-90496-70-6 03900

맥락이 보이는 한국사 60장면

남경태의
열려라 한국사

산천재

책머리에

역사를 공부할 때 흔히 빠지기 쉬운 오류가 두 가지 있다. 하나는 시간적 오류고 다른 하나는 공간적 오류다.

시간적 오류는 현재의 상황이 마치 오래전 과거부터 별로 다를 바 없이 존속했다고 막연하게 생각하는 태도다. 이를테면 대한민국은 1948년에 수립된 공화국이고 지금의 중국은 1949년에 탄생한 사회주의 국가인데, 두 나라의 관계가 수백, 수천 년간 변함없었다고 보는 것은 시대착오적 발상이다. 2000년대부터 중국 정부가 의도적으로 밀어붙이고 있는 이른바 동북공정이 그런 오류에 기반을 두고 있다.

공간적 오류는 하나의 국가가 마치 처음부터 이웃 세계와 단절되고 고립된 채 탄생하고 성장했다고 보는 태도다. 비교적 동질적인 민족이 한 곳에서 오래 살면서 역사를 전개해왔을 경우 그런 오류에 빠지기 더 쉽다. 대표적인 예가 바로 단일민족이라는 이데올로기가 강력한 우리나라의 역사다.

시간적 오류와 공간적 오류는 흔히 한데 뭉친 형태로도 나타난다. 우리의 경우 그 점을 표상적으로 보여주는 단어로 '국사(國史)'라는 말이 있다. 지금 대학입시는 물론 각종 국가고시에도 정식 명칭으로 사용되는 국사는 세계적으로 많이 사용되는 용어가 아니다. 굳이 영어로 표현하자면 내셔널 히스토리(national history)쯤 될 텐데, 세계 대다수 나라들은 과목이든 시험이든 그냥 히스토리(history)라고 말하지 내셔널 히스토리(national history)라고 하지 않는다.

　그 이유는 간단하다. 현대 세계는 국민이나 정치와 경제 등 사회 모든 부문들이 국가별로 나뉘어 있는 게 익숙하지만, 길게 잡아 200년 전만 해도 국가의 구분은 별로 의미가 없었기 때문이다. 유럽의 나라들은 고대부터 역사에 등장하므로 꽤나 긴 역사를 가진 듯하지만 실은 대부분 19세기 민족주의 시대에 접어들어 비로소 개별 국가로 분립된 나라들이다. 또 아메리카의 나라들은 대부분 19세기 초에 스페인과 포르투갈로부터 독립했으며, 아시아와 아프리카의 나라들은 거의 다 20세기에 신생국으로 출범했다.

　그렇다면 5천 년 인류 역사 대부분의 기간은 현재와 같은 국적, 국경과 전혀 무관하게 역사가 진행되어왔다는 이야기다. 그러니 지금 우리가 쓰는 국사, 즉 한 나라의 역사라는 말은 얼마나 허망한가? 모든 역사는 민족이나 나라의 역사이기에 앞서 '지역사'의 일부다.

　그런 이유에서 이 책은 한국사라는 제목을 달고 있으나 가급적 한반도 내에만 머물지 않고 주변 세계, 특히 중국이나 일본의 역사와 긴밀한 연관을 가지고 전개되어온 우리 역사의 관점을 부각시키고자 했다. 한중일 삼국이 오늘날과 같지 않았던 시대에 지금의 동북아시아 국제관계를 설명하는 구도를 적용한다면 그것은 명백한 시공간적 오류를 범하게 된다. 그것을 피하기 위해서도 국사보다는 지역사의 관점을 지킬 필요가 있다.

국사의 관점을 포기하면서 얻을 수 있는 또 한 가지 장점은 민족사의 굴레로부터 자유로울 수 있다는 점이다. 역사서, 특히 역사 교과서란 대개 민족의 자긍심을 북돋기 위한 정책적 이념이 반영되게 마련이다. 이 점은 어느 나라든 마찬가지이며, 그래서 어느 나라든 역사 교과서를 읽어보면 마치 그 나라가 과거 역사에서 세계의 중심이었던 것처럼 착각할 정도다. 그러나 역사 교과서를 그렇게 서술하는 심정은 충분히 이해할 수 있다 해도, 솔직히 말해 서양의 그리스·로마와 동양의 중국을 빼면 '중심으로서의 역사'라고 할 만한 역사는 없다. 냉정히 평가하면 우리 역사는 중국을 중심으로 하는 동북아시아 역사의 주변사라고 할 수 있다.

그렇게 역사의 '거품'을 제거하면 냉철한 시선으로 바라보는 비판의 역사가 남는다. 우리가 역사를 공부하는 이유는 과거 우리 민족의 영광을 '감상'하기 위해서도 아니고 '좋았던 옛날'에 대한 향수를 느끼기 위해서도, '그땐 그랬지' 하는 안도감을 얻기 위해서도 아니다. 역사학자들이 강조하듯이 역사는 오늘을 비추는 거울이다. 역사에서 오늘과 관련된 교훈을 얻어내지 못한다면 역사 공부는 무의미하다. 그렇다면 과거 역사를 비판적인 시선으로 바라볼 줄 아는 안목과 태도야말로 역사 공부의 본령일 것이다.

이 책은 국사보다 지역사를 강조하고, 자랑스러운 역사보다 부끄러운 역사를 부각시키고 있다는 점에서 여느 역사책들에 비해 읽기 불편할지도 모른다. 우리 역사의 아픈 점, 숨기고 싶은 점을 끄집어낸다면 누구에게도 기분 좋을 일은 아니다. 하지만 좋은 약은 입에 쓰기 마련이며, 마약을 끊는 고통은 고통이라고 부르지 않는다. 그동안 우리는 너무 '유구하고 빛나는 반만 년 우리 역사'라는 편안한 역사 이데올로기 속에 안주해왔다. 이제 그 틀을 깨도록 하자!

이 책은 20년 전 《상식 밖의 한국사》라는 제목으로 출간되었다가 출판사를 몇 번 바꿔가며 지금 이 제목으로 산천재 출판사에 최종 안착하게 되었다. 필자의 원래 의도는 워낙 오래된 책이라 절판시키는 것이었으나 출판사 측의 설득을 받아들여 전면 교열을 거쳐 새로 펴내기로 마음먹었다. 부디 새 독자들의 눈에 만족스러운 모습으로 보여지기를 바라는 마음이다.

2013년 겨울

남경태

제 3 장　코리아를 낳은 고려

제 4 장 영욕의 조선

제 5 장 질곡의 현대사

제 1 장

신화와 역사의 경계

세 개의
조선

단군조선, 기자조선, 위만조선의 역사

　기록상으로 우리 역사는 박혁거세가 신라를 건국한 기원전 57년부터 시작한다. 지금까지 전하는 한반도에 관한 가장 오랜 역사서는 고려시대인 1145년에 김부식(1075~1151, 고려의 유학자)이 쓴 《삼국사기(三國史記)》인데, 이 책이 신라의 건국에서부터 시작하기 때문이다. 하지만 그렇다고 해서 그 이전에 한반도에 사람이 살지 않은 것은 아니다. 한반도는 1억 년 전 공룡의 발자국이 발견될 정도로 지질학적으로도 오래된 땅일 뿐 아니라, 석기시대의 고인돌과 기원전 3000년의 쌀알이 발견될 정도로 오래 전부터 사람이 살았다.

　사람들이 살았다면 사회가 존재했을 테고 나름의 역사가 있었을 것이다. 하지만 문자 기록이 없으므로 지금 우리로서는 그 역사를 정확히 알 수 없다. 세계적으로도 문자 기록이 전하는 역사는 기원전 3000년 무렵부터다. 이 무렵은 세계 4대 문명이 생겨난 시기로, 오리엔트(이집트와 메소포타미아)와 중국의 역사가 이때 시작되었다. 하지만 세계의 나머지 대부분 지역은 사람이 살았으되 문명의 빛이 없는 원시시대에 머물러 있었다. 그러므로 그 어두웠던 지역에 지금 살고 있는 사람들은 과거의 어둠을 빛으로 밝혀야 하는 숙제를 가지고 있는 셈이다. 우리 역사의 빛은 어디까지 거슬러 올라갈 수 있을까?

공식 기록에는 전하지 않지만 우리는 고구려, 백제, 신라의 고대 삼국 이전에 고조선이라는 나라가 한반도에 있었음을 알고 있다. 오늘날 전하는 단군 신화에 따르면 고조선의 역사는 무려 기원전 2333년으로까지 거슬러 올라간다. 그러나 안타깝게도 이 무렵 고조선이 세워졌다고 신화로 전해져올 뿐, 이후의 기록은 없다. 기원전 2333년부터 박혁거세가 등장한 기원전 57년까지 우리 역사의 공백기는 무려 2천300년에 이르는 것이다. 고조선은 이렇게 긴 역사를 가진 나라였을까?

그렇지는 않다. 고조선은 하나의 나라가 아니었다. 비공식 기록(중국 측 역사서와 국내의 비공인 역사서)에 전하는 고조선은 최소한 세 개다(물론 당시에는 고조선이 아니라 그냥 조선이었다. 후대 사람들이 근세의 이씨 조선과 구분하기 위해 오래된 조선, 즉 고조선이라고 부른 것이다). 당시의 정확한 국가 명칭은 알 수 없지만, 흔히 역사가들은 이것들을 각기 단군조선, 기자조선, 위만조선이라고 구분한다.

이 고조선들에 관해 알아보기 전에 먼저 이 나라들이 있었던 지역부터 살펴보고 넘어가자. 여기에 대해서는 학자들 간에도 의견이 분분하므로 정확히 알 수는 없다. 아무튼 그 강역이 얼추 지금 중국의 랴오둥(遼東) 반도에서부터 한반도 북부의 평양 부근까지였던 것만은 분명하다. 선(線) 방식의 영토 개념, 즉 국경선이 형성되기 시작하는 것은 삼국시대부터이므로 고조선의 영토는 확고한 '면적'의 형태를 취하지는 않았을 것이다. 아마 당시에는 고조선 하나만이 아니라 수많은 부족국가들이 있었을 것이다. 그렇다면 중국에 가까운 지역부터 문명의 빛이 밝아졌다고 볼 수 있다(지금 중국과 우리나라는 다른 나라지만 옛날에는 중국도, 대한민국도 없었으므로 문명이 중국 방면에서 전해졌다는 것을 수치스럽게 여길 필요는 없다). 중국의 영향을 일찍 받은 고조선은 곧 청동기 문화로 접어들었으나 중국에서 먼 한반도 남부는 여전히 석기시대에 머물러 있었다.

단군조선은 온전한 역사라기보다는 신화에서 완전히 벗어나지 못한 역사다. 고려시대의 역사서인 《삼국유사(三國遺事)》에는 하느님의 아들 환웅이 풍백(風伯), 우사(雨師), 운사(雲師)를 거느리고 하늘에서 내려와 인간 세상에 정치를 베풀었고, 곰에서 사람으로 변한 웅녀와 결혼해 단군을 낳았다고 되어 있다. 그러나 단군은 태생으로 보나, 1천908세까지 살았다는 기록으로 보나 특정한 개인의 이름이 아닐 것이다. 그보다는 당시 사회의 우두머리 또는 부족장을 가리키는 직책의 이름이었을 것으로 추측된다. 종교가 정치보다 앞서는 사회였으므로 단군은 제사장을 뜻하는 이름이었을지도 모른다.

단군조선의 시대까지는 중국의 문명도 아주 미약한 상태였고 한반도와 중국은 서로 접촉이 거의 없었다. 그렇게 오랜 세월이 흐르다 이윽고 중국에 커다란 정치적 변화가 생겼다. 기원전 12세기에 중국 최초의 왕조라고 할 수 있는 주(周)나라가 세워진 것이다. 중국 역사에는 그 전에 하나라와 은나라가 있었다고 하지만, 역사에 확실히 기록된 왕조는 주나라가 처음이다. 은나라를 멸망시키고 주나라를 세운 무왕은 은나라의 옛 지배 집단에게 강압적인 정책 대신 회유책을 써서 봉건제도를 만들었다. 이때 은나라 귀족 중에 기자(箕子)라는 인물이 있었다. 기자의 정치적 능력을 높이 산 무왕은 그를 중용하려 했지만 기자는 그것을 거부하고 주나라를 떠나겠다고 말했다. 할 수 없이 무왕은 기자에게 머나먼 조선 땅을 봉토로 내주었다.

그런데 봉토라니? 주나라 시대에 시작된 봉건제도에 따라 제후들에게 나누어주던 영토를 봉토라 하지 않던가? 그렇다면 주나라가 조선을 정치적으로 복속시켰다는 걸까? 물론 그렇지는 않다. 주나라 시대부터 중국에서는 중국이 세계의 중심이라는 중화(中華)사상이 싹트게 된다. 이에 따라 무왕은 조선을 정복한 것도 아닌데 제멋대로 기자에게 조선 땅을 봉토로 하사한 것이다. 어

정부에서 지정한 단군 표준 영정(왼쪽)과 단군에 관한 기록을 전하고 있는 《삼국유사》

쨌든 조선은 중국에서 먼 곳이었으므로 당시 조선에 보내는 것은 유배나 다름없는 조치였고 기자로서는 망명이나 다를 바 없었다.

기자가 동방으로 오자 단군은 그에게 왕위를 넘기고 산에 은거했다고 한다. 이렇게 성립된 새로운 고조선을 기자조선이라고 부른다. 하지만 중국 측 기록으로 전해지는 그런 사실을 인정한다 하더라도 기자조선이 과연 별개의 나라로 불릴 만한 자격이 있었는지에 대해서는 논란의 여지가 크다. 그래서 기자가 다스린 지역은 랴오시(遼西, 랴오둥 반도 서쪽)에 국한되고, 그 동쪽은 한씨조선(韓氏朝鮮)으로 남았다는 학설도 제기되고 있다. 기자가 남긴 흔적 중에 오늘날 우리에게 전해지는 것으로는 고조선의 팔조법금(八條法禁)이 있다. 이것을 근거로 삼아 기자가 고조선에 선진 문물과 제도를 전했다는 설이 있으나 팔조법금은 사실 당시 고대 사회 어디에나 있음직한 평범한 내용에 불과하다. 아마 기자조선 이야기는 그 무렵부터 고조선이 중국의 역사와 연관을 가졌다는 것을 의미할 것이다. 실제로 한반도에 본격적으로 청동기 시대가 시작된 시기도 그 무렵이다.

기원전 9세기부터 주나라는 크게 약화되었고 이후 기원전 3세기까지 중국은 춘추전국시대라고 불리는 혼란의 시기를 맞는다. 전반부인 춘추시대에는 주로 황허(黃河) 중류 지역에서 주나라의 옛 제후국들이 다툼을 벌였지만, 기원전 5세기부터 시작되는 전국시대에는 제후국들의 영역이 더욱 확장되었다. 당시 랴오둥 반도에 가장 가까이 자리 잡고 있었던 제후국은 연(燕)나라였다. 전국시대 말기인 기원전 3세기에 연나라가 기자조선을 멸망시키자 고조선의 영토는 한반도 북부까지 밀려났다.

기자조선의 공백은 곧이어 위만조선이 메웠다. 여기에는 중국 대륙에서 일어난 큰 변동이 한몫했다. 오랜 분열기가 끝나고 중국 대륙은 역사상 최초로 진시황의 진(秦)나라에 의해 통일을 이루었다. 하지만 20년도 채 못 가 다시 한(漢)나라가 진나라의 바통을 이어받았다. 이 혼란기에 랴오둥에서 밀려난 위만(衛滿)의 집단이 한반도에까지 침투해 들어온 것이다. 기원전 194년 위만은 고조선의 준왕을 내쫓고 왕위에 올랐는데, 이것이 위만조선이다. 위만조선부터는 비교적 상세한 역사가 전해진다.

위만조선의 성립부터 중국의 변화와 관련이 있었듯이, 이 시대

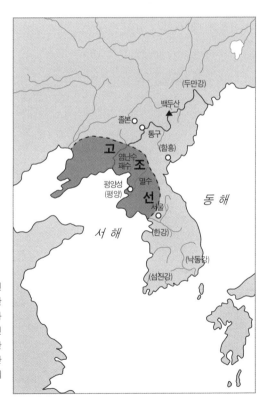

고조선의 영토. 이 지도에서는 선과 면적으로 고조선의 강역을 표시했지만 고조선은 고대국가 체제 이전의 나라이므로 지도와 같은 영토를 지녔던 것은 아니다. 단군조선 –기자조선 – 위만조선으로 바뀌면서 고조선은 랴오둥반도에서부터 조금씩 남하하여 지금의 평양 부근까지 내려오게 된다.

에 이르러서는 고조선의 역사에서 중국과의 관련이 한층 밀접해진다. 중국의 새로운 통일 왕조 한나라는 초기에 힘이 미약했으나 한 무제(재위 기원전 156~87)에 이르러 크게 국력을 떨쳤다. 무제는 그동안 한나라를 괴롭히던 북방의 흉노족을 멀리 몰아내고 변방 정복 사업을 활발히 전개했다. 그 방식은 우선 무력으로 정복시킨 다음 정복지에 군현을 설치하는 것이다. 무제는 지금의 광저우 지역 남월(南越)에 9군을 설치하고 랴오둥과 한반도 북부에는 4군을 설치했는데, 이것이 바로 우리 고대사에 전해지는 한4군이다. 이 과정에서 기원전 108년 한나라의 공격으로 위만의 손자인 우거왕이 죽으면서 위만조선은 멸망했다.

이렇게 세 개의 조선이 멸망함으로써 한반도 북부와 만주는 여러 부족국가들이 쟁패하는 무대가 되었다. 이 가운데 뒤늦게 생겨나 순식간에 세력이 커진 나라가 있었는데, 바로 고구려였다. 고구려의 건국으로 한반도의 역사는 삼국시대로 접어들게 된다.

단군조선, 기자조선, 위만조선의 세 조선 가운데 현재 우리 역사에서 가장 큰 비중을 차지하는 것은 단연 단군조선이다. 기자조선이나 위만조선과 달리 단군조선은 중국과 관련이 없는 순수한 우리 민족의 나라였기 때문이다(심지어 학자들 중에도 기자조선이나 위만조선의 존재를 부정하거나 그 가치를 축소하려는 사람들이 있다). 그 기분은 이해할 수 있다. 그렇지만 가장 신화적 성격이 강한 단군조선만을 부각시킨다면 단군조선이 사라진 기원전 12세기 이후부터 삼국시대 이전까지 1천 년이 넘는 '우리 역사'는 영원한 공백으로 남게 된다.

그러므로 세 개의 조선은 모두 우리 민족이 세운 우리 민족의 나라들이라고 봐야 한다. 기자조선과 위만조선이 중국의 영향을 받았다고 해서 우리 민족의 역사가 아니라고 부정할 필요는 없다. 까마득한 옛날에도 일종의 국제 관계가 있었다. 어느 민족, 어느 나라든 다른 나라와 전혀 교류하지 않고 살아갈 수는 없었다. 더구나 근대적인 국가와 민족의 개념이 전혀 없었던 고대에 중국이라는 선진 문명의 영향력을 받아들인다는 것은 지극히 당연한 일이었다. 실제로 중국의 영향력은 본격적인 우리 역사가 시작되는 삼국시대에 더욱 크게 작용하게 된다.

한국사 질문하는 시간 학교 선생님께서는 한4군이 일제 식민지 시대에 일본 사학자들이 주장한 것이므로 그대로 믿어서는 안 된다고 말씀하신다. 한4군은 과연 어떤 것이었을까?

식민지 시대에 일본 사학자들은 우리 민족이 옛날부터 주체적인 역사를 지니지 못했다는 근거로 한4군의 의미를 지나치게 과장했다. 이런 관점을 식민지 역사관이라고 부른다(358쪽 참조). 하지만 그렇다고 해서 한4군의 존재마저 부정하는 것이 주체적인 역사는 아니다. 다만 그것을 객관적으로 볼 수 있는 안목만 가지면 되는 것이다. 한4군은 낙랑군, 임둔군, 진번군, 현도군의 4개였는데, 설치된 지 30년도 채 못 되어 임둔, 진번, 현도는 폐지되고 낙랑군만이 수백 년 동안 남아 있다가 313년 고구려 미천왕에게 멸망당했다. 이 낙랑군도 이름은 비록 중국 한나라의 군이지만 사실상 독립국이나 다름없었으므로 우리 역사의 일부로 볼 수 있다.

세 개의
한국

한반도 중남부에 자리 잡은 삼한

　　중국 대륙이 통일을 위한 몸살을 심하게 앓고 있던 춘
추전국시대에 랴오둥과 한반도 북부에는 고조선이 성장하고 있었
다. 그렇다면 그 이남, 즉 한반도의 중부와 남부는 어땠을까? 그곳
에 살던 사람들은 중국과의 관련성이 적다는 의미에서 고조선보
다 훨씬 우리 역사에 가깝다고 할 수도 있다. 그 토착민들은 어떤
과정을 거쳐 발전했을까?

　이에 관해서는 중국 측 사료(史料)밖에 전하는 것이 없다. 나중
에 살펴보겠지만 중국 측 역사서는 모든 것을 중국 중심으로 서술
하고 있어 중국 주변의 민족들에 관한 기록이 대단히 소홀할뿐더
러 왜곡된 내용도 많다. 하지만 선조들이 직접 남긴 문자 기록이
없으니 우리는 어쩔 수 없이 그 자료를 참고해야 한다. 비록 문헌
기록은 없으나 오늘날에는 유물과 유적들이 제법 많이 발굴된 덕

분에 기원 전후의 시대에 관해서는 어느 정도 사실을 알 수 있다.

중국 고대의 역사서인 《사기(史記)》와 《한서(漢書)》에 따르면 기원전 2세기 무렵까지 한반도 중남부에는 진국(辰國) 또는 중국(衆國)이라는 하나의 나라가 있었다고 한다. 그러나 이것은 지나친 생략이다. 사실 이 지역에는 그 이전부터 70여 개의 부족들이 저마다 나라를 이루어 살고 있었다. 아직 나라라고 하기보다는 마을이라 해야 어울리겠지만, 각 부족은 보통 2천~3천 호 정도의 규모였으며, 큰 것은 1만 호가 넘기도 했다. 서양 역사의 비슷한 시기에 해당하는 그리스 반도의 폴리스(도시국가)들을 연상하면 알기 쉽다. 어느 곳이든 고대에는 도시국가로 역사를 시작했으니까.

작은 국가들이 옹기종기 모여 있으면 결국 통일로 향하게 마련이다. 한반도 중부와 남부 각지에 흩어져 살던 나라들은 점차 강한 곳을 중심으로 뭉쳐 부족 연맹체를 이루기 시작했다. 한반도 북부에서 위만조선이 무너지고 고구려가 태동할 즈음, 이 지역에서는 그런 부족 연맹체가 크게 셋으로 편제되었다. 중국 역사서에는 이것을 뭉뚱그려 삼한(三韓)이라고 기록했는데, 각각의 이름은 마한(馬韓), 진한(辰韓), 변한(弁韓)이다. 이를테면 '세 개의 한국'이라 할 수 있겠는데, 그 중에서 마한의 세력이 가장 컸다.

마한은 지금의 충청도 일대에 자리 잡고 있었으며, 55개의 부족 국가들이 합쳐져서 이루어진 나라였다. 기원전 18년에 백제를 건국한 온조가 백제의 강역을 확정하는 데 마한의 인가를 받았다는 기록이 있는 것을 보면, 당시 마한은 한반도 중부에서 가장 강력한 세력이었을 것이다(초기 백제는 마한 연합국의 일원이었을 것으로 추정된다).

그러나 위만조선이 무너진 이래 고조선의 유민들이 남하하자 이 지역의 세력 판도는 크게 바뀌었다. 아직 청동기 문명에 머물러 있던 마한에 비해 한강 유역에 터를 잡은 백제는 그보다 일찍 철기 문명을 받아들여 짧은 기간에 비약적인 발전을 이루었다. 이에 따라 한강 유역에서는 백제가 마한을 제치고 선두 주자로 부상하게 되었다. 이후 마한은 계속 쇠퇴일로를 걷다가 4세기 후반 백제 근초고왕의 손에 최후를 맞이한다.

진한은 지금의 경상도 일대에 자리 잡은 부족 연맹체였다. 백제가 마한에 속했듯이 박혁거세가 세운 신라도 초기에는 진한에 속한 하나의 부족 집단에 지나지 않았다. 2세기 무렵부터 진한의 중심은 경주 부근의 사로국이 되는데, 이 사로국이 신라로 발전한다.

한편 변한은 지금의 경상남도에 자리 잡은 부족 연맹체로, 진한과 크게 다르지 않았다. 변한과 진한은 언어와 생활 습관, 제도 등이 같았다. 그럼에도 굳이 양자를 구분하는 이유는 후대의 역사가 달라졌기 때문이다. 진한이 신라를 중심으로 세력을 뭉쳐 갔다면, 변한의 중심은 가야였다. 신라 초기에 가야는 신라와 국력이 엇비슷했거나 오히려 능가하는 수준이었으므로(110쪽 참조) 진한과 변한은 신라나 가야의 어느 한 측으로 합쳐질 수 없었던 것이다.

삼한에 관한 기록이 전해지는 중국 역사서 《삼국지》. 왼쪽 부분에 마한(馬韓), 진한(辰韓), 변한(弁韓)의 글자들이 보인다.

변한은 우리 역사보다 일본의 역사에 더 큰 중요성을 가진다. 일본의 고대사에서는 오랫동안 조몬 시대라는 수렵 – 채집의 원시적 신석기 문화가 이어지다가 기원전 3세기경부터 농경문화가 시작되었다. 이것을 야요이 문화라고 부르는데, 지금의 기타큐슈에서 처음 시작된 것으로 추정된다. 지도를 펼쳐놓고 기타큐슈가 어디 있는지 찾아보면, 일본의 서쪽, 한반도에 가장 가까운 지역임을 쉽게 알 수 있다. 신석기시대의 일본에 농경문화, 청동기, 철기를 가져다준 사람들은 바로 변한인들이었다. 일본 역사에서 이들은 도래인(渡來人)이라고 부르는데, '바다를 건너온 사람들'이라는 뜻이다. 그 덕분에 일본 고대에는 청동기와 철기가 동시에 사용되는 세계사적으로 드문 현상이 발생했다.

그 밖에 고대 삼국 초기에 한반도 일대에 살고 있었던 부족들로는 옥저, 동예, 부여 등이 있었다. 옥저는 지금의 함경도에 자리 잡은 부족으로, 통일된 세력은 이루지 못했다. 낙랑의 지배 아래 근근이 자치를 유지하던 옥저는 고구려가 낙랑 세력을 한반도에서 몰아내면서 한동안 고구려에 예속되었다가 나중에는 흡수되었다. 지금의 강원도 동해안 일대에 터를 잡은 동예 역시 옥저와 마찬가지로 특별히 나라라고 할 만한 통일체를 이루지 못하고 고구려에 통합되었다.

삼한시대의 유물인 구리거울 정문경(왼쪽)과 일본 야요이 시대의 청동방울. 일본에 청동기와 철기 문화를 전해준 것은 한반도에서 건너간 변한인들이었다.

그러나 북만주에 있던 부여는 원래 고구려를 능가하는 강국이었다. 고구려를 건국한 주몽은 부여 출신이었으며, 고구려의 건국 신화에도 주몽이 부여에 볼모로 잡혀 있다가 탈출하는 장면이 등장한다. 고구려 초기만 해도 고구려는 부여를 상국(上國)으로 섬기는 입장이었다. 그러나 3대왕인 대무신왕 대에 이르러 고구려가 크게 세력을 떨치자(61쪽 참조) 상대적으로 부여는 왜소해졌으며, 3세기와 4세기에 연달아 선비족의 침략을 받아 멸망하고 그 영토는 고구려에 복속되었다. 이처럼 부여는 고구려왕실의 고향인 만주에 터전을 가지고 있었고 고구려를 낳은 나라였지만, 그 역사는 지금 한반도 역사의 일부로 자리매김하지 못하고 있다.

한국사 질문하는 시간 《삼국사기》에는 박혁거세가 신라를 세운 것이 기원전 57년, 주몽이 고구려를 세운 것이 기원전 37년, 온조가 백제를 세운 것이 기원전 18년으로 되어 있다. 그렇다면 신라의 건국이 가장 먼저가 되는데, 왜 학교에서는 고구려부터 배우는 걸까?

《삼국사기》에 고대 삼국 중 신라의 건국이 가장 먼저였다고 기록되어 있는 것은 신라를 승계한 고려시대에 신라왕족의 혈통을 이어받은 김부식이 그 책을 썼기 때문이다. 실제로 신라가 고대 국가의 틀을 갖추기 시작한 것은 고구려, 백제보다 훨씬 뒤늦은 기원후 2~3세기 무렵이었다. 박혁거세가 기원전 1세기의 인물인 것은 사실이겠지만, 당시 신라는 부족 연맹체에 불과한 상태였다. 그런 점에서 보면 김부식은 심각한 역사 왜곡을 한 셈이다. 하지만 역사는 승리자의 기록이라는 말이 있듯이, 김부식은 삼국을 통일한 신라를 중심으로 삼국시대의 역사를 서술하는 것을 당연하게 여겼을지도 모른다.

우리는 왜
한민족일까?

한민족과 대한민국의 뜻

    우리는 이씨 조선을 1392년부터 1910년까지 존속했고
왕 27명, 519년의 사직을 가진 단일한 왕조로 여기지만, 정확히
말하면 조선은 두 개의 왕조다. 1897년(고종 35년)부터 일제에 합
병된 1910년까지는 대한제국(大韓帝國)으로 국호도 변경했고, 황
제를 칭하고 연호(年號)를 제정하는 등 정치 체제의 큰 변화가 있
었기 때문이다.

그러나 대한제국은 실제로 제국의 면모를 갖춘 제국이 아니
라 일본, 청, 러시아 등 강대국들의 침탈에서 벗어나기 위해 제국
을 선언한 것에 불과했다. 게다가 겨우 황제 두 명 - 고종과 순종 -
만 내고는 곧 일본 제국주의에 합병되어버린 단명한 왕조이기 때
문에 존재의 의미가 없다. 그래서 일제에 합병된 뒤에는 한반도를
지칭하는 이름으로 다시 조선이라는 말을 쓰게 된다.

그런데 여기서 한 가지 주목할 점은 '대한제국'이라는 국호다. 조선이라는 수천 년의 역사를 가진 이름을 팽개치고 새로 제정한 대한제국은 당시 대단히 낯선 국호였다. 그런데 그로부터 50여 년 후인 1948년 8월 15일 남한에 수립된 분단국가의 국호는 '대한민국(大韓民國)'이다. 물론 대한민국은 대한제국에서 나온 명칭이다. 대한제국과 대한민국은 제정과 공화정이라는 정체(政體)를 뜻하는 제(帝)와 민(民)이라는 글자 하나 외에는 똑같은 이름이다.

대한제국이라는 국호를 정할 무렵에는 이제부터 왕국이 아니라 제국이 되었음을 반영해야 했으므로 조선이라는 기존의 국호와 전혀 관련이 없는 새 이름이 필요했다. 더구나 여기에는 수천 년 동안 중국을 사대하던 상황에서 벗어나 주변 열강과 대등한 지위에 올라야 한다는 필요성도 작용했다. 하지만 그것은 당시 일본과 러시아가 바라던 바였다. 조선이 계속 중국의 영향을 받는 처지에 있다면 조선을 집어삼키기가 더 어려웠을 테니까.

14세기에 조선을 건국한 세력은 고대 삼국시대 이전에 이미 조선(고조선)이라는 나라가 있었다는 사실을 근거로 '조선'이라는 국호를 정했다. 새로운 국호를 정해야 하는 상황을 맞아 고종과 군신들은 조선을 건국할 때처럼 역사 속의 선례를 좇으려 했다. 조선 이전의 역사에서 취할 만한 국호는 어디 있을까? 고려는 조선이 멸망시킨 왕조의 이름이니 쓸 수 없겠고, 그렇다고 분열된 시대였던 삼국시대의 국호를 따다가 쓸 수도 없다. 그렇다면 시대를 더 거슬러 가보자. 그래서 떠오른 것이 '한(韓)'이라는 이름이다. 조선에서도 문학적인 표현으로 '삼한'이라는 말을 자주 썼고, 더구나 중국에서는 우리 민족을 통상 한족(韓族)이라고 부르지 않던

대한제국의 황제와 대신들. 제국을 수립함으로써 조선은 이제 중국, 일본과 동등한 위상이 되었으나 겉으로만 그랬을 뿐 내실은 그렇지 못했다. 그랬기에 오히려 중국의 전통적 영향력이 약해지면서 러시아와 일본이 마음 놓고 노리는 먹잇감으로 전락했다.

가? 대한제국의 '대한'은 여기서 나왔다.

그렇다면 그렇게 오래된 '한'이라는 명칭의 유래를 또 따져보지 않을 수 없다. 그 이름은 어떻게 해서 생겨난 것일까? 앞서 보았던 삼한, 즉 마한, 진한, 변한은 왜 '한'이라는 말을 공통으로 가지고 있었을까?

'한'은 지금의 나라 이름 대한민국에도 중심 글자로 들어가 있을 뿐 아니라 우리 민족을 한민족, 우리가 쓰는 글을 한글이라고 부르므로 아주 중요한 의미를 가지는 말이다. 한자로는 '韓'이라 쓰는데, 중국 역사의 춘추전국시대에 한(漢)이라는 왕조가 있기는 했지만 우리나라와는 아무런 관계도 없다. 사실 고대사에서 한자어의 뜻은 그다지 큰 역할을 하지 못한다. 그렇다면 여기서 중요한 것은 한자어의 발음, 즉 독음(讀音)이다.

많이 알려져 있듯이 대전광역시의 옛 이름은 한밭이다. 한밭은 '큰 밭'이라는 뜻이므로 한자어로 훈역해 '大田'이라고 이름 지은 것이다. 한강도 한자로는 '漢江'이라고 쓰지만 원래는 '큰 강'이라는 뜻이다. 이 점에 착안해 정약용(1762~1836, 조선 후기의 실학자)은

'한'의 기원에 관해 《아방강역고(我邦疆域考)》라는 책에서 다음과 같은 두 가지 설을 제시했다.

'韓'은 원래 '大'의 뜻이다. 우리말에 큰 것을 한이라고 한다. 예컨대 노예가 주인을 '韓物[큰 인물]'이라고 하는 것은 중국어의 '大人'과 같은 뜻이다.

고대의 사람들이 남쪽에 살면서 그 우두머리를 '한'이라고 불렀으니, 이러한 통치 형태에 의거하여 '한'이라는 이름이 생겼다.

옛 우리말에서 '한'이란 '크다'와 '우두머리'라는 뜻이 있다는 이야기다. 이 두 가지 의미는 서로 밀접하게 통한다.

사실 '한'이라는 이름은 우리나라뿐 아니라 동북아시아 전역에서 널리 쓰이던 말이었다. '한'의 발음은 '간' 또는 '칸'과 통한다. 음운 구성상으로도 k음(ㄱ, ㅋ)과 h음(ㅎ)은 서로 통한다. 예를 들면 Cossack를 '카자흐'로 읽는다든가 Khrushchev를 '흐루시초프'라고 읽는 경우다. 청나라 때 편찬된 만주 역사서인 《만주원류고(滿洲源流考)》에는 이런 구절이 있다.

국어[만주어]와 몽골어에 모두 군장을 '汗'이라 하는데, '韓'과 '汗'의 음이 서로 비슷하므로[우리말 발음으로는 둘 다 '한'이므로 똑같다] 사서(史書)에 나오는 삼한 수십 국은 당시에 三汗[세 명의 군장]이 있어 나누어 통치한 것으로 생각된다.

몽골어의 '汗'이라면 언뜻 생각나는 이름이 있다. 바로 칭기즈 칸이다. 칭기즈 칸은 한자로 '成吉思汗'이라고 표기하고 읽기는 'Chingis Khan'이라고 읽는다. 또 그가 일으킨 몽골 제국은 나중에 네 개의 '汗國(한국 또는 칸국)'으로 분리된다. '한=간=칸'의 공식이다.

이 공식의 사례는 몽골이나 만주만이 아니라 한반도 내부에서도 찾을 수 있다. 신라의 왕명이었던 거서간(居西干), 마립간(麻立干)의 '간'도 모두 '한'과 같다. 고대의 발음은 더욱 비슷했을 것이다. 또 하나의 신라왕명인 이사금(尼師今)의 '금'도 원래 간과 같이 왕이나 수장을 나타내는 존칭어였다. 그렇다면 단군왕검(王儉)의 '검' 또한 존칭어로 볼 수 있다(여기서 '임금'이라는 말이 나왔다고 추측된다). 따라서 한, 간, 칸뿐 아니라 금, 검, 임금 등이 모두 수장을 나타내는 말이라는 해석이 가능하다.

한자어로는 汗, 干, 今, 儉 등 다양하게 표기되지만 글자 자체의 뜻은 중요하지 않다. 발음에 주목해보면 그 네 가지 표기는 같은 말이라고 볼 수 있다. 결론은 이렇다. '한'은 원래 수장, 왕을 뜻하는 말이었던 것이 나중에 점차 나라와 민족의 이름으로 변한 것이다. 단군신화에 등장하는 환웅(桓熊), 환인(桓因)의 '환(桓)'도 '한'과 같은 말이라는 설이 있는데, 충분히 개연성이 있는 주장이다.

한강이 '큰 강'이라는 뜻에서 나온 이름이라면, 왜 한자로는 '韓江'이라고 쓰지 않고 '漢江'이라고 쓰게 되었을까?

한강의 원래 이름은 아리수(阿利水)이다. 광개토왕릉비에 나와 있는 이름으로, 적어도 고구려 사람들은 아리수라고 불렀을 것이다. 또《삼국사기》에는 '한수(寒水)'라고 표기되어 있다. '아리' 혹은 '알'은 고대어에서 크거나 신성한 것을 가리키는 말이었으므로 '한'과 같은 뜻이다. 따라서 한강이 '큰 강'이라는 뜻에서 나온 이름인 것은 분명하다. 그런데 여기에 중국의 고대 제국 이름인 '한(漢)'자가 들어가게 된 것은 삼국시대 후반 중국 문화가 한반도에 본격적으로 도입된 이후의 일이다. 두 글자의 발음이 같거나 비슷했기 때문에 처음에 혼용되다가 중국 측 한(漢)을 쓰게 되었을 것이다.

제 2 장

삼국이 경쟁하던 시대

한글이 없던 시절에는
무엇으로 기록했을까?

이두의 역사

正末卒立多九治(정말 졸립다 그치?)

무더운 여름 한낮 수업 시간에 이런 장난 한번쯤 해본 사람도 많을 것이다. 뜻과는 무관하게 한자의 발음만 이용한 장난이지만, 사실 한자의 독음을 익히는 데는 제법 도움이 된다. 학교에서 한자를 특별히 배우지 않는 지금의 청소년들에게는 낯설겠지만, 윗세대들은 학창 시절에 이런 식으로 장난을 치기도 하고 남이 알지 못하도록 친구끼리 암호처럼 주고받기도 했다. 그러나 우리말에 맞는 문자가 없던 시절, '한참 윗세대'의 조상들에게는 그게 장난이 아니었다.

1443년 조선의 세종이 한글을 창제하고 3년 뒤에 공식 문자로 반포한 이후에야 비로소 우리는 문자를 갖게 되었다. 물론 말이 없었던 것은 아니지만 그 전까지는 우리말을 표기할 문자가 없었다. 한글이 만들어짐으로써 우리는 우리말을 기록할 수 있는 우리 문자를 얻었다.

사실 중국 주변의 민족들은 옛날부터 저마다 고유한 말을 사용했으나 문자는 없었다. 그래서 일찍 문자가 생겨난 중국으로부터 중국 문자인 한자를 빌려다 자기 민족의 말을 표기했다. 그러다가 9세기에는 일본이 가나[假名]를 만들어 쓰기 시작했고, 그 후에는 만주의 거란도 표음 문자를 만들었다. 이 문자들은 한글보다 역사가 오래되었으나 결함이 있었다. 일본의 가나 문자는 한자의 일부분들을 직접 따서 만든 문자였으므로 한자로부터 완전히 독립하지 못했고(그래서 지금도 일본 문자에서는 한자를 많이 섞어 사용한다), 거란 문자는 거란 민족의 문명과 역사가 후대까지 이어지지 못한 탓에 지금은 사라진 문자가 되어버렸다. 그런 점에서 한글은 가나보다 훨씬 독창적이면서도 오늘날에까지 사용되고 있는 세계사적으로 희귀한 문자다. 또한 한글은 만든 사람(세종과 집현전 학자들)과 만든 연대가 확실하게 전해진다는 점에서도 특이하다. 가나 문자와 거란 문자는 누가 언제 만들었다고 확정할 수 없다.

한글이 생겨나기 전, 그러니까 삼국시대나 고려시대에 우리 민족은 중국의 한자를 사용하여 기록을 남겼다. 사실 한글을 만든 이후에도 사람들, 특히 학자나 관료들은 주로 한자를 사용했다. 한글이 많이 사용되기 시작한 것은 20세기에 와서의 일이다. 말과 글이 일치하지 않았으니 얼핏 생각하면 대단히 불편했을 듯싶지만 꼭 그렇지는 않았다. 당시 문자란 어차피 지배층이나 지식인만 쓰는 것이었기 때문이다. '나랏말쏨이 중국과 달라서' 불편을 느끼는 것은 세종대왕이 《훈민정음(訓民正音)》에서 밝힌 것처럼 '어린 백성'(어리석은 백성)이었을 뿐, 실제로 문자를 많이 사용하는 학자나 지배층은 한자와 한문을 쓰는 데 별로 불편을 느끼지 않았다.

그래도 우리말을 발음 그대로 기록해야 할 경우에는 이두(吏讀)를 썼다. 맨 앞에 소개한 '한자 장난'처럼 말은 우리말이고 표기만 한자를 빌려다 쓰는 게 바로 이두다. 한글이 없었던 우리 고대 사회에서는 이두를 적절히 이용해 기록을 남기고 문학 작품도 짓고 역사도 썼다.

뜻글자인 한자를 표현 수단으로 이용하기 때문에 이두문에 쓰인 한자들은 소리[音]와 뜻[訓]의 어느 하나만을 나타내고 있다. 즉 발음으로 사용된 글자가 있는가 하면 뜻으로 사용된 글자도 있다. 이두 하면 떠오르는 게 향가(鄕歌)다. 신라 효성왕 때의 승려 충담사가 남긴 향가 〈찬기파랑가(讚耆婆郎歌)〉에는 이런 구절이 나온다.

白雲音逐于浮去隱安支下

비록 한자로만 되어 있는 글이지만, 한자를 사용하는 중국인들은 오히려 이 구절의 뜻을 전혀 알 수 없을 것이다. 사용된 한자들의 뜻만으로 이 구절을 해독해보자. 앞의 '백운'은 '흰 구름'이라는 걸 알겠는데, 그 다음에는 막혀버린다. 왜 소리 음(音)자나 어조사 우(于)자가 쓰였을까? 또 끝부분의 '안지하(安支下)'는 무슨 뜻일까? 이번에는 한자를 모두 음으로만 읽어보자. '백운음축우부거은안지하.' '정말 졸립다 그치'는 금세 알 수 있었는데, 이건 대체 무슨 말인지 모르겠다. 이 구절의 제 뜻을 우리말로 옮기면 이렇다.

흰 구름 좇아 떠가는 것은 아닌가

여기서 백운(白雲, 흰 구름), 축(逐, 뒤쫓다), 부(浮, 뜨다), 거(去, 가다) 등은 뜻글자로 쓰인 것이며, 나머지는 우리말의 음을 한자로 표현한 것이다. 끝부분의 '安支下'를 편안하다는 뜻의 안(安), 지탱한다는 뜻의 지(支), 아래라는 뜻의 하(下)로만 본다면, 아무리 생각해봐도 그 뜻을 알 수 없을 것이다('안지하'는 그냥 음으로 부드럽게 읽으면 '아니야', '아닌가' 하는 말과 비슷해진다).

그렇다면 고대 문헌에 한자로 표기되어 있다고 해서 모두 '한문'으로 여겨서는 안 된다. 하지만 그런 함정에 빠진 사람들도 많았다. 우리 고대사를 밝히는 주요 문헌적 근거가 되는 중국 문헌들의 경우에는 그것을 저술한 중국인들이 우리말을 몰랐으니 당연한 일이다. 그러나 왕명(고려 인종)을 받고 《삼국사기》라는 정식 역사책을 '한문으로' 쓴 김부식 같은 사람도 그런 실수를 저질

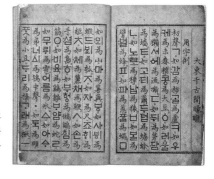

《훈민정음》 용자례. 한글이 제정된 이후에도 이두는 민간에서뿐 아니라 관공 문서에서도 널리 쓰이다가 조선 후기에 사라진다.

렀다.

문자가 없었던 탓에 남의 문자를 빌려 우리말을 표기했으니, 이두는 어느 누구의 창안물이 될 수는 없다. 정인지(1396~1478, 세종의 명을 받아 《훈민정음》이라는 책을 간행했다)의 주장으로 신라의 설총(원효대사의 아들로, 신라시대의 학자)이 이두를 창안했다는 게 정설이 된 적도 있었으나, 지금은 그보다 훨씬 오래전부터 우리 민족이 이두를 써왔다는 것이 사실로 알려져 있다.

그러므로 이두를 알지 못하면 우리 고대사의 많은 부분을 이해할 수 없다. 예컨대 신라의 최고 관직인 상대등을 지내고 《국사(國史)》를 편찬한 거칠부(居柒夫)와, 계략으로 우산국(于山國, 울릉도)을 정복한 신라의 장수 이사부(異斯夫)라는 사람의 이름을 보자. 거칠부는 황종(荒宗)이라고도 쓰며, 이사부는 태종(苔宗)이라고도 쓴다. 전혀 닮지 않은 거칠부와 황종, 이사부와 태종이 어떻게 같은 이름이 될까? 이 의문은 거칠부, 이사부가 음(진짜 이름)이고, 황종, 태종이 뜻(표기 이름)이라는 사실을 알면 해결된다.

'황(荒)'은 거칠다는 뜻이고 '宗'은 우리말의 보, 즉 부(夫)와 같은 뜻이다(흥부전을 흥보전이라고도 부른다는 점을 연상하면 알기 쉽다. 아니면 먹보, 울보처럼 사람을 가리키는 말로 '보'를 쓴다는 점을 떠올려도 좋다). 또 '태(苔)'는 이끼라는 뜻인데, 이끼는 옛말로 '잇'이라고 했다. 그렇다면 '荒宗'과 '苔宗'은 각각 거칠부, 이사부를 뜻으로 옮긴 이름이 된다. 그들이 살았던 당시에는 아마도 거칠부, 이사부라는 이름으로 불렸을 텐데, 이를 한자어로 옮기면서 황종, 태종이라는 괴상한 이름으로 둔갑한 것이다. 실제로 불렸던 이름과 역사에 기록된 이름이 확연히 달라진 경우다. 따라서 혹시 어느 고문헌에 荒宗, 苔宗이라고 된 것이 있다면 그 이름들이 거칠부, 이사부를 가리킨다는 점은 알고 있어야겠다(김부식은 그것을 알지 못했으므로 거칠부 옆에 '혹은 황종이라고도 한다'는 주석을 붙여놓았다).

그래도 거칠부, 이사부 정도까지는 한자의 뜻을 통해 간단하게 알아낼 수 있었지만, 이두를 정확히 읽으려면 옛 우리말에 관한 상당한 지식과 추리력이 필요한 경우도 많다. 민족사학자 신채호(1880~1936)는 이미 고조선시대에도 이두문이 널리 쓰였다고 말했다. 예컨대 단군왕검의 '왕검(王儉)'은 '임금'의 음역이며, '낙랑(樂浪)'이나 '평양(平壤)'은 벌판이나 들판을 가리키는 '펴라'라는 말의 음역이었다는 것이다. 우선 낙랑의 경우, 고대에는 지금 받침으로 쓰는 'ㅇ'을 거의 쓰지 않았으므로 낙랑은 '나라'라는 음으로 읽었을 것이며, 뜻도 그대로 '나라'라는 뜻이었을 것이다. 또 평양은 조선시대까지 유경(柳京)으로 불리기도 했는데, 여기서 '柳'는 '버드'나무라는 뜻이다. 버드나무의 '버드'는 '벌들'에서 받침 'ㄹ'이 탈락한 것이므로 벌과 들처럼 평평한 땅, 즉 '펴라'와 같은 말이다. 즉 평양과 유경은 이두로 보면 같은 말이 된다. 이렇게 우리가 고유명사로 알고 있던 왕검(임금)이라는 사람 이름이나 낙랑(나라),

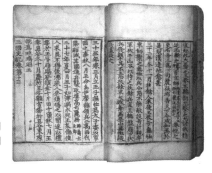

《삼국사기》의 일부. 《삼국사기》에는 이두로 쓰인 옛 지명이나 관직명을 잘못 해석해놓은 것들이 많다.

평양(벌판, 들판)이라는 땅 이름은 원래 고유명사가 아니라 보통·명사였다.

일본어, 가나 문자는 기본적으로 이두의 구조를 지니고 있다. 예를 들어 동경(東京)은 한자어 음을 따서 읽어 도쿄(とうきょう)로 읽지만, 도쿄의 옛 이름인 강호(江戶)는 한자의 훈으로 읽어 에도(えど)라고 읽는다(일본어에서 '에'는 강(江)이고 '도'는 문(戶)이다). 사람의 성(姓)도 加藤(가토)처럼 음으로 읽는 게 있는가 하면, 田中(다나카, '다'는 밭이고 '나카'는 가운데라는 뜻이다)처럼 훈으로 읽는 것도 있다. 그러므로 일본 고대 문헌에 나오는 우리나라에 관한 사항도 역시 이두로 읽지 않으면 안 된다. 실제로 일본의 고대 문헌에서 우리나라 고어와 고대사에 관한 귀중한 정보를 얻는 경우가 상당히 있다.

이와 관련해 중요한 역사적 사실을 하나 살펴보고 넘어가자. 660년 백제가 신라와 당나라의 연합군에 의해 멸망할 때 왜군이 백제를 도우러 온 일이 있었다. 왜군과 당군이 한바탕 해전을 벌인 곳은 지금의 금강 하구였다. 그런데 이곳의 지명에 관해 중국 측 사료에는 백강(白江)이나 웅진강(熊津江)으로, 《삼국사기》에는 백강으로, 《니혼쇼키(日本書紀)》에는 '백촌강(白村江)'으로 각기 다르게 표기되어 있다. 왜 그럴까?

이것 역시 한자 자체로만 보기보다 이두의 관념을 가지고 살펴보면 이해가 가능하다. 웅진강은 공주의 옛 이름이 곰나루, 즉 웅진이니까 알기 쉽다(참고로, 熊津은 광개토왕릉 비문에는 古模那羅[고모나라]라고 되어 있는데, '곰나루'라는 말을 한자로 표기한 것이다). 또한 백강과 백촌강은 언뜻 봐도 비슷하지 않은가?

백강은 흔히 백마강(白馬江)이라고도 부른다. '馬'의 뜻은 말이다. 그렇다면 백마강은 백말강이 된다. 흰 말이 뛰놀던 곳이라서 그런 이름이 붙었나? 천만의 말씀이다. 강물에서 말이 뛰어놀다니! '말'은 달리는 말이라는 뜻도 있지만, 고어에서는 말 또는 몰이 '마을'을 가리키는 말이었다(지금도 시골에서는 윗말 아랫말이라는 말을 쓴다. 황석영의 소설 《장길산》에서 주인공 길산은 재인말, 곧 광대 마을 사람이었다). 일본어에서 '村'은 '무라'라고 읽는다. 말, 몰, 무라는 필경 같은 어원에서 나왔을 것이다. 그렇다면 백강 – 백마강 – 백촌강은 모두 같은 지명이 달리 표기된 것임을 알 수 있다.

이렇듯 이두문은 고대사를 파악하는 데 대단히 중요하다. 특히 우리 고대사를 알려주는 주요 문헌들이 중국의 정사(正史)인 25사(중국의 역대 왕조마다 편찬했던 공식 역사서)라는 점을 고려하면, 이두문의 이해는 더욱 중요해진다(통일신라시대의 역사서들은 전하는 것이 없고 《삼국사기》 등 고려와 조선의 고대 역사서들은 거의 다 중국 25사를 자료로 편찬한 것들이다). 중국 사람들이 우리말을 잘 알 리 없다. 그래서 25사에 부분적으로 소개된 우리의 고대사는 지명이나 인명, 관등명의 표기도 제각각이고 해석도 한자의 훈에만 의존한 탓에 오류가 많다.

이두문의 해석에 관해서는 조선 정조 때의 이의봉이 지은 《나려이두(羅麗吏讀)》를 비롯해 몇 가지 문헌이 있으며, 현대에 들어서는 일본인 한국어학자인 오구라 신페이(小倉進平)와 국문학자 양주동(1903~1977)이 처음 연구하기 시작했다. 그러나 이두문의 속성상 표기의 일관된 원칙이 있을 수 없는 데다 또 고대어의 발음이 현대어와 상당한 차이가 있기 때문에, 이두문을 올바르게 해석하려면 역사에 관한 지식뿐 아니라 음운학에 관한 지식도 필요하며, 아울러 그에 못지않게 상상력과 추리력이 필요하다. 그 점이 바로 고대사 공부의 매력이기도 하다. 역사가 남긴 흔적을 단서로 삼아 추리를 통해 온전한 제 모습을 복원해내는 작업은 역사학자라면 누구나 매력을 느끼지 않을 수 없다.

**한국사
질문하는
시간**

신라의 향가는 최초의 국문학 작품이라고 한다. 한자로 기록되었는데 어떻게 국문학이라고 할 수 있을까?

삼국시대 이래 15세기 중반 한글이 창제되기까지 우리 민족이 사용한 문자는 한자였다. 그래서 향가만이 아니라 15세기까지 우리 민족이 남긴 한문 문학도 모두 국문학에 포함된다. 향가는 고려시대 초기까지 만들어지고 널리 불린 이두문을 사용한 노래인데, 지금까지 전해지는 것은 《삼국유사》에 14수, 《균여전(均如傳)》에 11수, 합쳐서 25수밖에 없다. 전해지는 향가의 수가 많았다면 지금 이두문을 해석하는 데 훨씬 편했을 것이다. 9세기에 편찬된 《삼대목(三代目)》이라는 책에 당시까지 지어진 향가들이 총망라되어 있다고 하지만, 이 책은 후대에 전하지 않는다.

달력에 얽힌
수수께끼

고대사에서 달력이 가지는 의미

 해마다 1월이면 공책이나 일기장에 지우개를 대고 몇 번씩이나 지우기를 거듭하게 된다. 자꾸 연도를 잘못 쓰는 것이다. 참, 이제 새해지. 작년은 이제 다시는 올 수 없는 곳으로 갔지. 잘못 쓴 연도를 지우면서 웃음도 나오지만, 마음 한구석이 허전해지기도 한다.

사실 계절이 바뀌고 나이를 먹는 것은 자연 현상이지만, 단 하루 차이로 연도가 바뀐다는 것은 사람이 만든 인위적인 제도일 뿐이다. 지난해 12월 31일보다 올해 1월 1일이 훨씬 더 추운 것도 아니고, 그 단 하루 사이에 내 몸이 팍 늙어버린 것도 아니다. 그런데 왜 기분은 그렇게도 다를까? 그저 달력을 바꾸어 걸었을 뿐인데
…….

해가 바뀔 때마다 그렇게 마음을 싱숭생숭하게 만드는 달력은

대체 언제부터 썼을까? 기록에 따르면 우리나라에 달력을 전해준 것은 중국이라고 되어 있다. 인류 최초의 황제로 유명한 진시황의 진나라에서는 이미 기원전 200년경에 달력을 만들어 사용했다. 이 달력은 1년의 길이를 365.25일로 정했는데, 오늘날의 양력과 상당히 비슷하다.

중국의 달력이 한반도에 전래된 것은 서기 674년 신라 문무왕 때라고 전해진다. 《삼국사기》의 신라 본기에는 이렇게 되어 있다. "문무왕 14년 정월에 당나라에 가서 숙위하던 대나마(신라의 벼슬 이름) 덕복이라는 사람이 역술(易術)을 학습하고 돌아와 새 역법(曆法)으로 개정하였다." 바로 이 구절 때문에 마치 중국에서 수입해서 쓴 달력이 우리나라 최초의 것인 양 여기게 된다. 실제로 역사가들도 대개 그렇게 생각했다.

그런데 그 구절도 알고 보면 그때까지 한반도에 달력이 없었다는 이야기는 아니다. 달력을 중국에서 처음으로 도입했다는 말이 아니고, 그 전에 쓰던 달력을 바꾸었다("새 역법으로 개정하였다")는 이야기일 뿐이다. 그렇다면 신라는 왜 그때까지 쓰던 달력을 중국에서 도입한 달력으로 바꾸었을까? 여기에는 우리 고대사의 수수께끼를 푸는 하나의 열쇠가 있다.

지금은 누구나 달력을 볼 수 있지만, 천문학이 발달하지 못했던 고대에는 달력을 만든다는 일조차 쉽지 않았다. 예나 지금이나 달력의 본래 기능은 날짜를 확인하는 데 있다. 그러려면 천체의 운동을 잘 살펴야 하는데, 이것은 아무나 할 수 있는 일이 아니다. 과학적인 측면에서도 어려운 일이었지만 사회적으로도 그랬다. 하늘의 움직임을 알려고 하는 것은 일반 백성에게 허용되지 않는 일

강화도 마니산에 있는 참성단. 단군 시대에 하늘을 관측하고 제사를 지내던 곳인데 조선 시대까지도 천문 현상을 관측하는 천문대로 사용되었다. 고조선시대에 이미 천체를 관측했다면 우리 조상들은 분명히 나름대로의 달력을 만들어 썼을 것이다.

이었기 때문이다.

사실 달력이 없으면 나라 자체가 있을 수도 없다. 나라는 정치와 행정이 필요한 법인데, 달력이 없으면 그것이 불가능하다. 어느 달 어느 날에 관리들이 회의를 하고, 군대를 소집할 것인지를 정할 수도 없고, 심지어 최고 지배자인 왕의 생일이 대체 언제인지도 모르는데 나라라고 할 수가 있겠는가? 그런데 한반도에는 신라 문무왕이 중국의 달력을 도입해서 사용한 674년 이전에도 신라는 물론이고 고구려, 백제 같은 나라들이 있었으며, 그 이전에는 삼한과 고조선이라는 나라들도 있었다.

만약 중국에서 달력을 들여오기 이전에는 달력을 사용하지 않았다면, 그때까지 한반도에 있었던 고대 국가들의 존재를 모조리 부정해야 할 것이다. 그러므로 그 이전에도 이미 한반도에서는 나름대로 달력을 사용하고 있었다고 봐야 한다. 그러나 그 기록이 전하지 않으니 어떤 달력이었는지는 알 길이 없다. 다만 일본의 고대 역사서인 《니혼쇼키》에는 중국 달력이 백제를 거쳐 일본으로 전해졌다는 기록이 보인다. 이미 기원 554년에 백제의 역학자가 일본으로 건너간 일이 있으며, 602년에는 백제의 승려가 달력을 일본에 전했다는 것이다. 이렇게 보면 674년에 중국에서 달력을 처음으로 도입했다는 《삼국사기》의 주장은 오로지 신라를 중심으로 본 이야기일 뿐이다.

그런데 신라의 문무왕은 왜 굳이 그 전까지 잘 쓰던 달력을 중국 달력으로 바꾸었을까? 문무왕이라면 바로 김춘추(태종무열왕)의 아들로 삼국통일의 주역이었던 신라의 왕이 아닌가? 고구려와 백제를 멸망시키고 삼국통일을 이룬 데는 중국 당나라의 도움이 절대적이었다. 676년에 신라가 삼국통일을 이루었으니 달력을 도입한 674년이라면 불과 그 2년 전의 일이다. 그렇다면 어떻게 된 것인지 사정을 추측할 수 있다. 중국의 힘을 빌려 삼국통일을 이룬 신라는 모든 제도를 중국식으로 바꾸려 했던 것이다.

물론 674년은 백제와 고구려가 다 멸망하고 두 나라의 부흥운동도 끝났을 때다. 게다가 신라를 속국으로 만들려는 당나라에 대해 신라가 무력으로 항쟁하던 시기다. 그래서 삼국통일은 그 싸움이 최종적으로 마무리된 676년에야 이루어졌다. 하지만 신라와 당나라는 새로운 국제 질서를 수립하기 위해 갈등을 빚었을 뿐 상대를 제거하기 위해 총력전으로 싸운 것은 아니었다. 그렇기 때문에 신라는 당나라와 전쟁을 벌이면서도 다른 한편으로 당나라의 제도를 도입한 것이다. 이 점은 그 전부터 신라가 보인 행보를 살펴보면 쉽게 알 수 있다.

고구려와 백제에 비해 힘의 열세에 있던 시절 신라는 648년 진덕여왕 때 이미 스스로 자청해 중국의 의식(儀式)을 따르게 되며, 왕을 비롯한 모든 관리들이 중국식 옷을 입기 시작했다. 그리고 곧 이어지는 삼국통일 시기에는 중국과 힘을 합쳐 고구려와 백제를 공략했다. 통일을 바로 앞둔 674년에 이르러 신라는 달력마저 중국 것을 들여다 쓴 것이다.

앞서 말했듯이 달력은 국가 행사에서 대단히 중요한 역할을 한다. 단순히 제사와 의복을 중국식으로 하는 것과는 전혀 다른 정치적인 의미를 가진다. 신라가 중국 달력을 도입했다는 것은 곧 모든 정치적 일정을 중국과 같이하겠다는 의도를 나타내는 것이었다. 중국 달력을 쓰기 시작하면서 신라, 아니 한반도의 모든 제도와 문물은 중국식이 될 수밖에 없었다.

1895년 조선의 고종은 일본 제국주의의 압력으로 그 해의 음력 11월 17일을 1896년 1월 1일로 고쳤다. 이때부터 우리나라에서 양력이 사용되기 시작한다(일본은 그 전부터 양력을 공식적으로 사용하고 있었다). 그런데 그렇게 날짜를 인위적으로 잘라버렸기 때문에 우리 역사에서 1895년 11월 18일부터 12월 31일까지의 기간은 완전히 사라졌다. 또한 그때부터 양력과 음력이 병용되기 시작한 탓에 지금까지도 두 가지 달력이 사용되고 있다. 하지만 음력도 양력도 결코 우리 고유의 달력은 아니다. 음력은 중국에 무릎을 꿇은 결과로, 또 양력은 일본에 무릎을 꿇은 결과로 사용하게 되었으니, 둘 다 모두 앞으로 다시는 되풀이되지 말아야 할 욕된 역사의 흔적일 뿐이다.

중국 달력이 들어오기 전의 고대 우리 달력은 어떤 것이었을까? 말끝마다 우리 것이 소중하다고 부르짖는 요즘이지만, 진정 우리 것을 소중하게 여기고 찾으려 애쓰는 사람은 많지 않다. 지금까지 제대로 전하는 역사적 문헌 하나 없는 우리의 수수께끼 같

은 고대사는 언제나 제 모습을 우리 눈앞에 드러낼까? 남이 대신
해줄 일이 아니니 우리 모두가 찾아 나서는 수밖에 없겠다. 우선
새해를 맞을때마다 새삼스럽게 눈여겨보게 되는 달력부터.

**한국사
질문하는
시간**

고대 국가에서 달력은 한 나라의 골간을 이루는 중요한 요소였다
고 한다. 그 이유는 무엇일까?

달력은 군대, 행정 조직과 더불어 고대 국가의 중요한 성립 요건
에 속한다. 달력이 없으면 국가 행정 자체가 이루어지지 않기 때문이다. 그
래서 동서고금을 막론하고 모든 고대 국가들은 나름대로 달력을 사용했다.
고대에 달력을 만들 줄 안다는 것은 곧 역법을 안다는 것이며, 선진 문명을
가지고 있다는 뜻이었다. 동양의 경우 중국이 동양 국제 질서의 축으로 등
장하는 7세기부터는 중국 영향권의 모든 나라들이 중국의 달력을 가져다
사용했다. 특히 천자 사상이 발달한 중국은 하늘의 움직임을 살피는 역법을
일반에게 금지했으며, 주변의 조공국들에게 중국 달력을 사용하라고 강요
했다.

고구려의
미스터리

고구려라는 이름의 유래

 고구려, 백제, 신라는 공존하던 시기만 해도 700년에 달하고, 통일신라시대를 합치면 무려 1천 년 이상의 역사를 가지고 있다. 그러나 그 고대 삼국에 관한 정식 역사서는 당대의 것이 전혀 전하지 않고 고려시대, 그것도 중기 이후에 편찬된 《삼국사기》와 《삼국유사》밖에 없다. 그런 탓에 삼국에 관해서는 아직도 숱한 수수께끼들이 남아 있다.

 중국 문헌들 중에도 한반도 삼국시대의 역사를 다룬 것들이 꽤 있지만 대체로 내용이 대단히 빈약하다. 중국 역사서들은 중국 본토의 역사에만 주력할 뿐 '변방'에 관해서는 대개 전대의 역사서들에 나온 사항을 거의 그대로 가져다 옮기고 이후의 변동 사항들만 덧붙여 기록했기 때문에 우리 고대사를 아는 데 큰 도움이 되지는 못한다. 게다가 심심치 않게 오류도 발생한다. 특히 고구려에 관한 사항에서 생략과 오류가 많다. 고대 삼국 중 가장 연혁이 오래되었을 뿐 아니라 중국과 한반도(통일신라) 모두가 고구려의 역사를 소홀히 했기 때문이다. 게다가 고구려의 유적들마저 대부분 지금은 가기 어려운 북한과 만주 지방에 있다(백제사는 《삼국사기》에서는 홀대받았으나 일본 측 문헌에서는 '귀빈'과 같은 대우를 받았다).

고구려의 수수께끼 가운데 하나가 바로 고구려라는 나라 이름이다. 역사책에 나오는 고구려의 건국 시조는 주몽(朱蒙)이다. 그런데 주몽의 성이 고(高)씨이므로 흔히 고구려라는 나라 이름도 거기에서 유래되었다고 알려져 있다.

주몽의 성이 고씨라는 사실은 《삼국사기》와 《삼국유사》에 기록되어 있다. 김부식은 그 사실에 대한 출처를 밝히지 않았으며, 《삼국유사》의 저자 일연(一然, 1206~1289)은 거칠부의 《국사》에서 인용한 사실로 적고 있다. 그런데 《삼국사기》나 《삼국유사》는 모두 주몽의 직계 자손인 유리왕, 대무신왕, 민중왕을 모두 해(解)씨로 기록했고, 그 다음 왕인 태조왕부터는 아예 성을 쓰지 않았다. 여기서 여러 가지 의문이 생겨난다. 아버지는 고씨인데 자손들은 모두 해씨라니? 성은 있었는데 자손들에게 세습되지 않았단 말인가? 또 해씨라면 해부루, 해모수 같은 부여 왕들 계통의 성이 아닌가?

결국 고구려왕실의 성에 대해서는 《삼국사기》나 《삼국유사》가 편찬된 고려시대에도 수수께끼였던 셈이다(사실 주몽이 살았던 당시에는 주몽의 성씨가 없었을 가능성이 크다. 우리 역사를 통틀어 보면 고려 중기까지 서민들은 거의 다 성이 없었다). 그렇다면 오늘날 우리는 더 알 수 없는 게 당연하다.

　그래도 역사적 상상력을 이용한 추측은 얼마든지 가능하다. 건국 시조만 고씨고 나머지는 해씨라는 점으로 미루어 보면, 주몽의 성은 원래 고씨가 아니라 해씨였는지도 모른다. 만약 그렇다면 고씨가 세운 나라라서 고구려였던 게 아니라 고구려라는 나라 이름 때문에 왕이 고씨라고 잘못 전해졌을 것이다. 왜 그랬을까? 이유는 간단하다. 중국의 춘추전국시대에 존재했던 많은 나라들은 거의 건국자의 성을 나라의 이름으로 삼았다. 따라서 중국 문헌의 편찬자들은 나라 이름이 고구려이니 당연히 고구려의 건국자가 고씨라고 여겼을 것이다. 김부식은 《삼국사기》를 편찬할 때 중국 측 자료를 많이 이용했으므로 거기서 주몽이 고씨라는 것을 그대

광개토왕릉비 탁본. 가장 선명한 맨 오른쪽 면의 윗부분에 추모(鄒牟)라고 쓴 글자가 보인다. 이 비문의 존재를 몰랐던 김부식은 《삼국사기》에서 추모를 주몽이라고 표기하면서 혹은 "추모라고도 한다"는 말을 살짝 덧붙여놓았다.

로 인용했을 것이다. 사실 이런 식의 오류는 중국 문헌에서 대단히 자주 등장한다.

하지만 그렇다고 해도 미스터리는 남는다. 건국자의 성이 나라 이름과 전혀 관계가 없다면 고구려라는 나라 이름은 어떻게 해서 생긴 걸까?

중국 역사서인 《후한서(後漢書)》 동이열전에는 왕망(王莽, 기원전 45~기원후 23, 전한을 타도하고 왕위에 올랐지만 15년 만에 몰락하고 후한이 세워졌다)이 명령을 듣지 않던 구려(句驪, 경멸하는 의미로 동물 이름을 뜻하는 '驪'자를 썼지만 다음 문헌부터는 麗자로 고쳐 쓰게 된다)의 제후 추(騶)를 잡아 죽이고 기분이 좋아 고구려왕을 하구려(下句驪)라고 낮춰 불렀다는 사실을 전하고 있다. 이 기록이 사실이라면 고구려라는 이름에서는 구려가 중심적인 말이고, 고는 일종의 수식어일 것이다.

그렇다면 문제는 구려인데, 그 유래는 단편적으로 전하는 고구려 말에서 추측할 수 있다. 고구려에서는 성, 마을, 골짜기를 구루, 골, 홀이라고 불렀다. 구려는 여기서 유래했을 가능성이 있다. 《삼국지》(소설로 유명한 《삼국지》가 아니라 진수라는 사람이 쓴 역사서 《삼국지》다) 위지 동이전에는 "구루(溝婁)란 고구려 사람들이 성(城)을 부르는 말"이라고 되어 있다. 또 만주어에서는 나라[國]를 '구루니'라고 불렀다.

수식어로 쓰인 고구려의 '고'는 물론 '높다'는 뜻이지만 '크다'의 뜻이라는 주장도 있다. 또한 '높다'는 뜻의 우리말 '수리', '술', '솟', '솔' 등에 해당한다는 주장도 있다. 이에 따르면 고구려는 '솔골'이라는 뜻이 된다. 그런데 '고'를 크다 또는 높다는 의미로 보는 것은 한자를 뜻으로 해석한 결과다. 하지만 중국의 기록 중 이 민족의 인명이나 지명을 표기할 때에는 대체로 음을 빌려 쓴 경우가 많고 뜻을 따다 쓴 경우는 거의 없기 때문에 과연 그랬을지 의문이다. 만약 그렇다면 '고'와 '구려'가 따로 노는 게 아니라 애초부터 고구려라는 하나의 이름이 존재했을 것이다.

그래서 신채호는 고구려라는 이름에 대해 독특하게 해석했다. 이두문의 독해에 특별한 감각을 보인 그는 주몽이 고구려를 건국할 때 나라 이름을 '가우리'라 한 것이 이두자로 표기되면서 고구려가 되었다고 주장했다. 가우리란 곧 가운데라는 뜻이니 그 뜻을 한자로 옮기면 '중경(中京)' 또는 '중국(中國)'이 된다는 것이다. 그렇다면 고구려는 곧 가운데 있는 나라, 중국이라는 뜻이다. 현대까지도 만주 지방에서는 고구려를 가우리 또는 커우리라고 부르는 사람이 있다고 한다. 사실 고구려의 '려(麗)'자는 지명으로 쓰일 때는 '리'라고 발음해야 한다. 그렇다면 고구려를 가우리라고 부른 신채호에게 한 표를 더 줄 수도 있을 것이다.

구루, 골에서 비롯되었든 가우리에서 비롯되었든 두 가지 사실은 명백하다. 첫째, 고구려라는 이름은 고씨와는 아무런 상관이 없다. 둘째, 고대에 고구려라는 이름은 고유명사가 아니라 보통명사였다. 이 두 가지 사실은 우리에게 한 가지 숙제를 던져준다. 우리 역사는 바로 우리 힘으로 보존하고 밝혀내야 한다는 것이다. 지금까지의 역사는 물론이고 지금부터의 역사도.

우리는 고구려의 건국자가 주몽이라고 배웠다. 그런데 광개토왕릉비에는 주몽이 달리 표현되어 있다고 한다. 어떻게 되어 있을까?

몽골어에 활을 잘 쏘는 사람을 주몽(朱蒙)이라는 이름으로 불렀다는데, 이것도 사실은 이두문자다. 주몽은 광개토왕릉비에는 추모(鄒牟), 신라 문무왕 시대의 문헌에는 중모(中牟)라고 쓰여 있으며 그 밖에 중모(仲牟), 도모(都慕) 등으로도 쓰여 있다. 그런데 모두 발음은 엇비슷하다. 아마 옛날 발음에서는 더욱 비슷했을 것이다. 주몽은 중국 문헌에서 많이 쓰이는 이름이며, 《삼국사기》에서 주로 그렇게 기록된 탓에 지금은 어쩔 수 없이 주몽이라고 쓰지만 앞으로는 광개토왕릉비를 좇아 추모라고 불러야 옳을 것이다. 광개토왕릉비는 고구려 사람들이 직접 자신들의 역사를 기록한 것이니까 그보다 더 정확할 수는 없기 때문이다.

호동 왕자의
뒷이야기

한반도의 패자가 된 고구려

낙랑공주와 호동왕자의 이야기는 아마도 할머니가 손주에게 해주는 가장 오래된 역사 이야기일 것이다. 옛날 옛적 낙랑이라는 나라가 있었는데, 그 나라 공주를 고구려의 왕자 호동이 사랑했다. 마침 그 나라에는 적이 침입하면 저절로 울려 이를 알리는 자명고라는 북이 있었는데, 공주는 호동왕자를 너무 사랑한 나머지 왕자와 밀약을 맺고 고구려가 낙랑을 공격할 때 미리 자명고를 찢어 울지 못하게 했다. 그러나 슬프게도 왕자는 목적을 이룬 뒤 공주를 배신했고 공주는 그것 때문에 아버지의 손에 죽고 말았다는 줄거리다. 자명고라는 보물이 실제로 있었는지는 의문이지만, 이야기에 나오는 낙랑공주와 호동왕자는 실존 인물이다. 그렇다면 어떤 방식으로든 적의 침략을 도운 낙랑공주는 낙랑국의 입장에서는 매국노가 된다. 나라를 팔아도 사랑 때문에 판다면 후

중국 지린성 지안에 있는 고구려 시대 고분인 무용총의 벽화. 이 그림의 인물처럼 호동은 멜로드라마의 주인공이라기보다는 기상 높은 무사의 풍모를 지니고 있었다.

세에 아름다운 이야깃거리로 전해지게 되는 걸까? 그런데 사랑 때문에 죽은 낙랑공주는 그렇다 치고, 사랑 때문에 공을 세운 호동왕자는 후에 어떻게 되었을까? 다른 여자와 결혼하여 행복하게 살았을까? 할머니의 이야기는 대개 호동왕자의 그 다음 삶을 전해주지는 않는다. 그렇다면 여기서 그 사건의 전후 맥락과 뒷이야기를 알아보자.

우선 낙랑이 무엇인가의 문제다. 고구려가 왕자까지 적지에 보낼 정도라면 상당한 강국이었다는 것인데, 낙랑은 우리 역사의 고대 삼국에도 포함되지 않고 별도로 다뤄지지도 않는다. 무엇보다 낙랑이 나라였는지, 다른 어떤 집단이었는지도 확실치 않다. 낙랑은 정체가 뭘까?

결론부터 말하면 낙랑은 나라가 아니지만 우리 고대사에서 나라와 같은 위상을 가졌다. 낙랑은 중국의 역사와 깊은 관련이 있다. 기원전 3세기 초반 중국 대륙은 역사상 최초로 한 나라에 의해 통일되었다. 그 역사적 과업을 이룩한 인물이 바로 만리장성으로 유명한 진나라의 시황제, 진시황이다. 그러나 진시황이 죽자 새 통일제국은 곧바로 무너져버렸다. 강력했던 황제가 사라지자 진나라는 다시 분열 상태로 접어들었다가 한(漢)나라에 의해 통일되었는데, 이 과정은 항우와 유방의 결전으로 후대에 널리 알려져 있다(오늘날 장기판에 나오는 푸른색의 초[楚]와 붉은색의 한[漢]이 바로 그들이다). 이후 한나라는 중간에 왕망에 의해 잠시 왕통이 끊어지기는 했으나 무려 400년 이상을 존속했다. 중국 대륙의 첫 통일 국가는 진나라지만, 사실상의 첫 주인은 한나라라고 할 수 있다. 오늘날 중국 민족을 한족(漢族)이라고 부르며, 중국 문자를 한자(漢字)라고 부르는 이유는 그 때문이다.

무엇이든 그렇겠지만 처음 생겨날 때부터 힘센 것은 없다. 신생국 한나라는 북방의 몽골 초원에 도사리고 있는 흉노 제국보다 힘이 약해 흉노에게 조공을 바쳤다. 이런 한나라를 강국으로 만든 사람은 중국 역사상 불세출의 군주로 손꼽히는 한 무제(기원전 156~87)였다. '변방'을 다지지 않으면 나라가 위태로워질 거라고 믿었던 그는 국력을 크게 키워 숙적이던 흉노를 멀리 서쪽으로 내쫓고(이후 흉노는 중앙아시아로 가서 '훈족'이라고 불리게 되며, 유럽의 역사에도 큰 영향을 미치게 된다), 남쪽의 남월 지역과 북동쪽의 만주, 한반도 북부를 정복했다. 앞에서 보았듯이 이때 한반도 북부에 설치된 군이 바로 한4군이다. 그러나 한4군 중 세 개의 군은 얼마 가지 못했고, 낙랑군만이 홀로 남아 있다가 4세기 초 고구려의 공격으로 멸망했다.

낙랑은 비록 한나라가 설치한 군(郡), 즉 하나의 지방에 불과했지만, 실제로는 독립국이나 마찬가지였다. 당시 한나라는 중원(황허 유역)과 강남(양쯔강 이남)의 일부만을 영토로 거느렸을 뿐, 그 바깥의 변방 지역은 정복하고 나서 토착 정권의 자치에 맡기는 행정 제도를 취하고 있었다. 호동왕자 이야기는 고구려 초기, 낙랑이 아직 강성했던 시기를 배경으로 한다.

고구려 2대왕인 유리왕은 일찍이 꾀꼬리가 노는 모습을 보고 '황조가(黃鳥歌)'를 지어 국문학사에도 이름을 남길 정도로 감성이 풍부한 인물이었다. 그는 신생국 고구려의 안위를 늘 걱정했는데, 맏아들이 먼저 죽어 둘째 아들 해명을 태자로 다시 책봉한 지 몇 년 되지 않아 이웃의 황룡국 왕이 고구려에게 강궁(强弓, 튼튼한 활)을 선물로 보내온 일이 있었다. 힘자랑을 즐겼던 해명은 사신이 보는 앞에서 강궁을 손으로 꺾어버리고는 호기롭게 "내가 힘이 센 게 아니라 활이 약하다"고 말했다. 사신이 돌아가 그 말을 전하니 황룡국 왕은 기분이 나쁠 수밖에 없었고 곧바로 해명을 불렀다. 원래는 해치려는 심산이었으나 해명이 그 명령을 거부하지 않고 단신으로 황룡국에 오자 황룡국 왕은 그 용기에 감탄하여 오히려 후히 대접하고 돌려보냈다.

오히려 좌불안석에 빠진 건 아버지 유리왕이다. 유리왕은 이웃 나라와 원한을 맺었다는 이유로 해명에게 칼을 주고 자결하라고 명했다. 해명은 황룡국이 고구려를 가벼이 여길까 우려하여 사신 앞에서 활을 꺾어 시위한 것이었는데, 아버지가 그 뜻을 몰라주니 섭섭하게 여기면서도 명을 따라 자결하고 말았다. 이렇게 해서 셋째 아들이 태자가 되어 다음 왕인 대무신왕으로 즉위하게 되었다.

이 이야기가 말해주는 것은 건국 초기에 고구려는 전혀 강국이 아니었다는 사실이다. 황룡국이 고구려의 태자를 소환할 수 있었다면 적어도 고구려는 황룡국보다 힘이 약했을 것이다. 게다가 유리왕이 용감하게 적국에 갔다 온 아들에게 자결하라는 명을 내릴 정도라면, 황룡국의 심사를 건드린 것이 고구려에게 국가적 위험으로 간주되었다는 의미다. 그러나 주변과의 그런 관계는 대무신왕 때부터 역전되기 시작한다.

그는 왕위에 오르자마자 활발한 정복 활동을 벌여 부여를 물리치고, 동명왕(주몽) 때부터 고구려의 숙적이었던 부여왕 대소를 죽였다. 그리고 중국의 대국인 한나라와 싸워 영토를 늘리고 변방을 개척했다. 이렇게 '몸통'을 물리쳤으니 그 다음에는 '깃털'인데, 그것은 한나라의 지방으로 남아 있는 남쪽의 낙랑이다. 이때 등장하는 인물이 바로 왕자 호동이다.

호동은 대무신왕의 후궁 소생인데 얼굴이 예쁘게 생겨 왕의 총애를 받았다고 한다. 기원후 32년 4월 호동은 지금의 함흥 지역에 놀러 나갔다가 낙랑왕 최이를 만났다. 최이는 대뜸 그를 알아보고 데려다가 후히 대접하고는 자신의 딸(낙랑공주)과 혼인시켰다. 그러나 아버지의 허락을 받지 않고는 온전한 결혼이 될 수 없으므로 호동은 일단 고구려로 돌아가기로 한다. 이때 이미 호동은 비밀 계략을 세워두고 있었다. 그는 아내에게 은밀히, 자명고를 찢어야 자기와 정식으로 결혼할 수 있다고 말했다. 사랑과 함께 비극이 잉태된 것이다. 그리고는 고구려로 돌아가 대무신왕에게 낙랑을 치자고 권유했다.

순진한, 혹은 사랑에 눈먼 낙랑공주는 호동의 말대로 무기고로 들어가 자명고를 찢었다. 고구려 군이 물밀듯 쳐들어왔을 때 낙랑은 무방비 상태로 당하고 말았다. 결국 딸의 소행을 알게 된 낙랑왕 최이는 제 손으로 딸을 죽이고 대무신왕 앞에 나가 항복했다.

이상이 잘 알려진 낙랑공주와 호동왕자 이야기의 끝이다. 그런데 호동은 어떻게 되었을까? 좀 더 '용감한' 할머니는 손주들에게 호동왕자가 결국 자살했다고 들려주기도 한다. 그렇다면 호동은 왜 자살했을까? 낙랑공주와의 이루지 못한 사랑 때문에?

그렇지 않다. 호동은 애초부터 낙랑공주를 이용할 목적이었으므로 사랑 따위에 연연하지 않았다. 호동은 원래 대무신왕의 총애를 독차지하여 왕후의 질시를 받고 있었다. 왕후에게는 해우라는 아들이 있었으나 나이도 호동보다 어리고 인물 됨됨이가 변변치 못한 탓에 대무신왕은 태자 책봉을 차일피일 미루고 있었다. 그런 상황에서 호동이 큰 공을 세우니 왕후에게는 호동이 눈엣가시일 수밖에 없었다.

고심하던 왕후는 호동을 모략하기로 마음먹고, 호동이 자기에게 예의를 다하지 않는다고 왕에게 모함했다. 왕이 그 말을 믿지 않자 왕후는 더 과감한 모함을 덧붙인다. 호동이 자기에게 음심을 품고 있다는 것이다. 이 말에 놀란 왕은 호동이 후궁의 소생이라고 미워하는 게 아니냐고 묻는다. 왕후는 눈물까지 뚝뚝 떨구면서 왕에게 잘 지켜보라고 말한다. 만약 그런 징조가 발견되지 않는다면 자기가 대신 죄를 받겠다는 것이다. 이렇게까지 말하니, 마침내 왕은 왕후의 말에 넘어가 호동에게 벌을 내리려고 했다. 호동의 주변 사람들은 그에게 왜 변명하지 않느냐고 묻지만 호동은 당당했다. "내가 변명하면 결국 계모(왕후)의 악함을 드러내어 그 역시 부왕의 걱정거리가 될 뿐이니 어찌 효라 할 수 있겠는가?" 이렇게 말하고 나서 호동은 스스로 목숨을 끊었다. 낙랑공주가 아버지 손에 죽은 그 해 11월의 일이었다.

결국 호동은 한 나라를 경영할 지모와 용기를 갖추었으면서도, 여자로 인해 공을 세울 수 있었고 여자로 인해 삶을 마감한 뒤틀린 운명의 소유자였다(한 여자를 이용하고 버린 배신의 대가였을까?). 고구려 역사를 대수롭지 않게 생각했던 김부식도 호동의 죽음만은 안타까웠던지, 대무신왕의 지혜롭지 못함을 탓하는 동시에 호동왕자에게는 차라리 도망이라도 쳐서 아버지가 자식을 죽이는 더 큰 죄를 범하지 않도록 하는 것이 진정한 효라고 말하고 있다. 호동을 모함하여 죽게 한 왕후의 아들 해우는 이후 태자로 책봉되었으나 아버지 대무신왕이 죽을 무렵 나이가 너무 어려 즉위하지 못하고 다음 왕인 민중왕의 뒤를 이어 모본왕으로 즉위했다. 그러나 그는 폭정을 일삼다가 재위 6년 만에 신하의 손에 죽고 말았다.

호동의 활약에도 불구하고 낙랑은 300년 가까이 더 존속하다가 313년 고구려 미천왕의 손에 의해 명을 다한다. 그러나 호동이 아니었다면 신생국 고구려는 당시 한반도 북부의 최강국 낙랑에게 오히려 정복당했을지도 모른다.

한 무제의 변방 정리 사업은 한반도만이 아니라 세계사 전체에 엄청난 영향을 미쳤다. 어떤 영향이었을까?

> 한 무제의 공격을 받은 흉노는 대규모 민족 이동을 시작했다. 어디로 갈까? 북쪽은 조금 더 가면 시베리아이므로 갈 곳은 서쪽밖에 없다. 서쪽의 중앙아시아로 간 흉노는 훈족으로 불리면서 수백 년에 걸쳐 민족 이동의 도미노 현상을 만들어냈다. 우선 중앙아시아에서 훈족에게 밀려난 쿠샨족은 남쪽 인도로 내려가 쿠샨 왕조를 열었다. 계속해서 유럽까지 진출한 훈족 때문에 유럽에서는 게르만족의 대이동이 일어났다. 이로 인해 결국 5세기에는 로마제국이 망하게 된다. 중국의 한 무제로서는 수백 년 뒤 그런 일이 일어날 줄 전혀 예상치 못했을 것이다.

94년을 왕으로 산

태조왕

만주로 뻗어가는 고구려

옛날 사람들의 수명은 어땠을까? 의학이 발달하지 못했으니 지금보다 짧았을까? 아니면 환경오염이 거의 없고 자연 식품을 섭취했으니 지금보다 오래 살았을까? 서로 상반되는 두 가지 가정을 하나로 통합하면 결론은 이렇다. 의학이 발달하지 못했으므로 유아 사망률도 높았고 질병에 걸리면 죽는 확률도 높았으니 평균 수명은 짧았을 것이다. 반면 생활환경이 좋았으므로 유아기의 위기를 넘긴 사람들은 충분히 수를 누리지 않았을까. 물론 당시의 평균 수명이 기록으로 남아 있는 것도 없으니 추측에 불과하다.

일반 백성들의 수명은 알 수 없어도 역대 왕들의 수명은 문헌으로 전해지는 게 많다. 챔피언은 누굴까? 문헌상으로는 김해 김씨의 시조인 금관가야의 김수로왕으로 158세다. 하지만 그 기록은 상식적으로 믿기 어렵다. 더구나 그는 하늘에서 떨어진 금란(金卵)에서 나왔고 나오자마자 왕으로 즉위해 생존 기간과 재위 기간이 같다. 이런 신화적 존재이므로 그의 수명을 '공식' 기록으로 인정하기는 어렵다. 김수로왕을 제외하고 나면 언뜻 떠오르는 왕이 고구려 장수왕이다. 오죽 오래 살았으면 시호가 장수(長壽)일까? 그는 이름처럼 98세까지 장수했고, 재위 기간만 해도 78년이었다.

그러나 장수의 금메달은 의외의 인물에게 돌아갔다. 고구려 6대왕인 태조왕이 그 주인공이다. 태조왕은 세 자리 숫자의 해수(119세)를 살았으며 무려 94년이나 왕위에 있었다. 나면서부터 눈을 뜨고 볼 줄 알았다는 기록이 전해지는데, 그것은 꾸며진 이야기일 것이다. 전 왕인 모본왕이 학정을 일삼아 쿠데타 세력에게 살해당한 뒤, 불과 일곱 살인 태조왕을 옹립하고 태후가 섭정했으므로 쿠데타를 정당화할 필요성이 있었을 것이다.

고구려 강서대묘 사신도 중 현무. 고구려 벽화는 고구려의 영토 확장 과정에서 다양한 문화와 접촉하며 발달했는데, 고구려의 팽창 배경에는 외척과 환관의 발호로 인한 한나라의 쇠퇴라는 요인도 있었다.

태조왕은 대무신왕과 더불어 초기 고구려를 크게 발전시킨 인물이다. 부여 지역의 약소국들을 복속시켰고, 중국의 한나라와 싸워 고구려의 명성을 중국 땅에까지 드높인 왕이다. 중국 문헌에는 이때 처음으로 고구려가 등장하는데, 《후한서》 고구려전에는 이런 기록이 남아 있다. "그 나라 사람들은 성질이 흉악하고 급하며 힘이 세고 전투를 잘하고 노략질을 좋아하여 옥저와 동예를 모두 복속시켰다." 아닌 게 아니라 태조왕 때는 중국에게 침입당한 사건보다 중국을 공격한 사건이 훨씬 많았고 대부분 승리를 거두었으니, 중국으로서는 역사 기록으로나마 그런 분풀이를 남길 만했다.

사실 당시 고구려가 빛나는 전과를 올릴 수 있었던 이유는 한창 신흥 강국으로 발돋움하면서 힘을 키운 결과이기도 하지만, 다른 한편으로는 황실의 외척과 환관들이 국정을 좌지우지하면서 중앙 권력이 붕괴한 한나라 내부 사정 탓도 있었다. 이렇게 중국과 한반도의 역사가 맞물리는 경우는 역사에서 많이 찾아볼 수 있다.

통치자는 생존 기간보다 집권 기간이 중요한 법이다. 생존 기간은 개인적·생물학적 수명이지만 집권 기간은 정치적·역사적 수명이라고 할 수 있다. 태조왕은 집권 기간이 길다 보니 말기의 정치적 상황이 몹시 불안했다. 사실 태조왕은 젊은 시절에 좋은 치적을 보였지만, 만년에는 그저 왕으로 군림하기만 했을 뿐 특별한 활동이 없었다. 그의 치세 후기에 중국과의 전쟁에서 거둔 승리는 대개 그의 아우인 수성의 활약 덕분이었다. 특히 수성이 기원후 121년 한나라의 변방을 공략해 랴오둥 반도를 빼앗은 전투는 워낙 규모가 컸던 탓에 자신들에게 수치스런 기록을 삭제하는 중국 역사서에도 제법 상세하게 기록되어 있다.

황해도 안악 3호 무덤의 주인 초상(主人像). 중앙집권체제가 미약했던 고구려 초기의 고구려는 왕의 힘이 미약하고 귀족들이 연합하여 지배하는 체제였다. 수성(차대왕)은 귀족체제를 타파하려다 반대 세력에게 피살되고 만다.

백성들의 신망도 높아지고 따르는 신하들도 많아지게 되자 수성에게 자연히 욕심이 생기지 않을 수 없다. 태조왕은 아우를 섭섭하지 않게 대했지만, 정치적 거물이 되면 개인적 정분이란 하찮은 것없게 마련이다. 사냥을 즐기며 울분을 달래던 수성은 마침내 부하들을 움직여 반란을 꾀했다. 마침 밀고자가 있어 이 사실을 태조왕에게 몰래 전했으나 왕은 그렇잖아도 마음을 비운 터였다. 올 것이 왔다고 여긴 태조왕은 즉시 왕위를 수성에게 물려주고 별궁에 퇴거한다. 하마터면 피로 얼룩질 뻔했던 사건이 백 세 노인의 지혜 덕분에 평화로운 정권 교체가 된 셈이다.

이렇게 해서 수성은 왕위에 올라(7대 차대왕) 목적을 달성했지만 이미 76세 노인의 몸이었다. 너무나 지겹게 기다려 왔던 탓일까, 그는 즉위하자마자 권력을 안정시키기 위해 조카인, 태조왕의 원자를 죽이는 등 20년간 혹독한 전제 정치를 일삼다가 그만 신하인 명림답부에게 살해되고 말았다. 늙은 왕이 장기 집권한 뒤 또다시 늙은 왕이 즉위하는 비정상적인 정치 상황이 빚은 비극이라고 할 수 있다.

한편 태조왕의 장기 집권은 사실이 아니라는 설도 설득력 있게 제시되고 있다. 이 부근에서 고구려의 몇 왕들이 누락되어 있다는 주장이다. 《삼국사기》에 의하면 건국 시조인 주몽이 사망한 이후부터 11대 동천왕이 즉위하기까지는 무려 246년의 기간이 지났는데도, 이 기간을 왕의 계보로 따지면 5세대에 불과하다. 그렇다면 한 세대당 재위 기간이 평균 53년이나 된다는 것인데, 사실로 믿기는 어렵다(보통 세대교체를 30년으로 잡으므로 재위 기간만 53년이라면 극히 비정상적이다).

사실 여기에는 몇 가지 추측의 단서들이 숨어 있다. 우선 태조왕과 수성 형제의 아버지인 재사(再思, 2대 유리왕의 아들이자 3대 대무신왕과 4대 민중왕의 동생)는 왕이 아니었는데도 《삼국사기》에서는 수성을 왕제(王弟, 왕의 동생)라고 하지 않고 왕자라고 불렀다. 그렇다면 혹시 재사는 왕계(왕들의 계보)에 누락된 또 한 명의 고구려왕이 아니었을까? 재사와 관련된 다른 문제도 있다. 태조왕의 섭정을 어머니(재사의 아내)가 맡았을 정도라면 재사는 필경 노인이었을 텐데, 어떻게 그가 태조왕과 20년 터울이 지는 둘째 아들 수성을 또 낳을 수 있었을까?

같은 시대 중국의 역사는 풍부한 기록을 자랑하지만 불행하게도 당시 한반도 역사에 관해서 우리에게는 오로지 《삼국사기》와 《삼국유사》밖에 기록이 없다. 어차피 빈약한 기록이라면 추리로 틈을 메워야 한다. 이렇게 우리 고대사에는 역사적 상상력과 추리력을 필요로 하는 부분이 많이 남아 있다.

차대왕 수성은 오랫동안 군사적 분야에서 크게 활약한 인물이었고 20년 동안 전제 정치를 했다. 그렇다면 정권의 기반이 매우 튼튼했을 텐데, 어떻게 해서 명림답부에게 쉽게 무너진 것일까?

　　《삼국사기》에는 차대왕의 재위 시절에 여러 가지 좋지 않은 일이 많이 일어났다고 기록되어 있다. 그런 것을 감안하면 차대왕이 신하에게 살해된 것은 당연한 일일 수도 있다. 그러나 명림답부의 쿠데타가 성공한 이유는 사실 그 때문이 아니다. 진짜 이유는 차대왕의 전제 정치 자체가 비정상적인 현상이었기 때문이다. 당시 고구려는 왕을 중심으로 하는 중앙 집권 체제가 완성되지 않았고, 귀족 집단들의 입김이 강한 귀족 정치 체제였다. 이런 상황에서 차대왕은 강력한 중앙집권을 꾀하려다가 명림답부가 이끄는 귀족 세력에게 거꾸로 당한 것이다. 당시에는 국왕을 중심으로 하는 중앙집권이 진보적인 정치 체제였고 귀족 정치는 보수적인 체제였다. 따라서 명림답부의 쿠데타는 수구파가 개혁파를 제압한 결과다.

상식 밖의

기원 2세기

역대 왕들의 장수 챔피언

　　고대 삼국 가운데 백제는 가장 덜 알려져 있고, 그나마 전하는 기록조차 가장 엉성하다. 물론 '삼국통일'을 이룬 신라의 역사는 후대에 가장 잘 전달되었고, 가장 강대국이었던 고구려도 북한 역사학계가 고대 한반도의 주역으로 대우해주고 있어 그다지 홀대되지 않았다. 그렇게 보면 백제는 승자도 강자도 아니었던 탓인지 31대왕, 678년의 역사에 비하면 초라하기 짝이 없는 기록만을 남기고 있다. 굳이 찾는다면 8세기에 일본에서 간행된《니혼쇼키(日本書記)》가 있다.《니혼쇼키》는 편찬자가 백제인이었고 삼국 가운데 백제가 일본과 가장 밀접한 관계를 가졌으므로 백제에 관한 기록이 꽤 있지만, 그것은 일단 한반도의 기록이 아니니까 문제가 있다.

　《삼국사기》에는 삼국이 서로 활발한 관계를 맺는 4세기경부터는 백제에 관한 기록도 상세해지지만, 그 이전의 초기 백제에 관해서는 고구려, 신라에 비해서 대단히 간략한 서술로만 되어 있다. 그래서 20세기 초반 한반도 역사학을 주도했던 일본 학자들은 《삼국사기》에 나온 초기 백제의 기록에 관해 심각한 불신의 눈길을 던지고 있다.

> 《삼국사기》 백제기에서 계왕(재위 344~346)까지의 기사는 전혀 믿을 수 없다. 계왕 이전의 기사는 백제 중대에 위조된 것이 억지로 역사의 체제로 갖추어져 《삼국사기》에 그대로 수록된 듯하다. 근초고왕(재위 346~375) 때에 이르러서야 그 이름이 《니혼쇼키》에 보인다.

《니혼쇼키》에 왕명이 기재되어 있어야만 신용할 수 있다는 어처구니없는 이 주장은 일본의 저명한 역사학자 이마니시 류(今西龍)의 말이다. 그에 따르면 백제의 역사는 4세기 중반에야 시작되는 것이므로 실제보다 약 350여 년이나 줄어들게 된다. 이런 입장은 의외로 상당한 파문을 던져 해방 후 한국 역사학계에서도 백제사의 초기 기록을 불신하는 경향이 강했다.

'식민지 역사학'을 했다는 문제점은 있지만 그래도 한국 초기 역사학의 기둥이었던 이병도(李丙燾, 1896~1989)도 백제 초기 기록을 불신했다. 그는 거기서 더 나아가, 백제는 기원전 18년 온조가 건국한 게 아니라 8대 고이왕(재위 234~286)이 기원후 260년에 건국한 것으로 봐야 한다고 주장했다. 이마니시보다는 백제 역사를 80년가량 늘렸지만, 이것도 역시 실제 역사를 280년이나 줄인 셈이 된다.

물론 백제가 고대 국가의 위상을 갖추게 되는 시기는 고이왕이 관직을 정하고 제도를 정비하는 3세기 중반이라고 볼 수 있다. 그러나 한 나라의 건국을 그런 식으로만 설명한다면 세계 모든 나라의 고대 역사가 모조리 바뀌어야 할 것이다. 초기 기록이 믿을 수 없다고 해서 초기의 역사가 존재하지 않는 것은 아니기 때문이다.

어쨌든 백제 초기 역사가 많이 알려지지 않았다는 게 불신의 요소가 된 것은 사실이다. 구체적으로 어떤 점이 그럴까? 실제로 백제에 관한 기록에는 여러 가지 수수께끼가 있다. 우선 초기 백제의 세력에 관한 부분이다. 고구려도 그랬지만 백제가 성립할 당시에도 주변에는 그보다 강한 나라들이 꽤 있었다. 기원전 6년 백제의 건국자인 온조왕은 마한 왕에게 천도(遷都)를 보고하고 강역을 획정했다. 이렇게 마한에게서 강역을 인가받을 만큼 힘이 약했던 초기 백제가 어떻게 처음부터 경기도 전역을 포괄하는 영역을 지배할 수 있었을까? 이 점은 실제로 타당한 문제 제기이며, 어쩌면 백제 중대의 상황이 건국 초기부터 있었던 것으로 잘못 이해된 탓일지도 모른다.

하지만 그보다 훨씬 더 분명한 수수께끼가 있다. 그것은 왕의 계보다. 이 점은 《삼국사기》 백제 본기의 초기 기록을 잘 읽어보기만 해도 드러난다. 덧셈이 틀리지 않도록 유의하면서 살펴보자.

백제 2대왕인 다루왕은 온조왕 28년(기원후 10년)에 태자로 책봉되고 18년 뒤에 왕위에 올라 50년간 재위했다. 갓난아기 때 태자 책봉을 받았다 해도 최소한 68세 이상을 산 것이지만 여기까지는 전혀 신기할 게 없다. 그런데 그의 아들인 3대 기루왕은 다루왕 6년에 태자로 책봉되어 52년을 재위했다. 그는 '44년(다루왕이 그를 낳은 뒤에 재위한 기간)+52년(기루왕 자신의 재위 기간)', 최소한 96세 이상의 수명을 누린 게 된다. 그것도 한 살 때 태자로 책봉되었어야 그런 것이고 네 살 때 책봉되었다고 해도 100세가 넘는다. 그런데 《삼국사기》에는 이 특별한 수명에 대해 언급이 없다. 역대 왕 중 장수 금메달 수상자인 고구려 태조왕이 119세를 살았다는 기록이 있는 것에 비하면 이례적이다.

더 큰 문제는 그 다음이다. 4대 개루왕은 언제 태자로 책봉되었다는 기록은 없으나, 100세 노인 기루왕의 아들이었고 39년을 재위했으므로 그도 역시 최소한 70세 이상을 살았다고 봐야 한다. 그것도 기루왕이 60세가 넘어서 개루왕을 낳았어야만 가능한 일이다. 이어서 5대 초고왕(재위 49년), 6대 구수왕(재위 21년), 7대 사반왕(나이가 너무 어리다는 이유로 즉시 폐위되었다)을 거쳐 8대 고이왕이 즉위하는데, 고이왕은 놀랍게도 4대 개루왕의 둘째 아들이다. 그렇다면 그는 개루왕 시절(아버지가 50세에 고이왕을 낳았다 하더라도 20년), 초고왕 시절(49년), 구수왕 시절(21년)을 합쳐 90세를 넘은 노인으로 즉위한 것이 된다. 그런데도 그는 무려 53년간 왕위에 있었다.

이 기록이 분명 잘못이라면 백제 본기의 초기 기록은 왕계에 관한 한 잘못되었다고 볼 수 있다. 왕들의 계보가 틀렸다면 그에 따라 서술된 다른 기록도 연대가 틀려 있다는 것이므로 결코 사소한 문제가 아니다. 더구나 김부식의 《삼국사기》는 사마천의 《사기》를 본받아 기전체(紀傳體) 서술 방식을 취하고 있는데, 기전체는 왕의 재위 연월에 따라 국가의 대소사를 기록하는 방식이기 때문에 왕계가 잘못되면 모든 게 잘못된다. 하지만 김부식은 그 점에 관해서는 아무런 의문도 제기하지 않았다.

오늘날보다 고대사에 관한 사료가 훨씬 더 많았던(김부식은 당시까지 전해지는 여러 문헌을 참조해 《삼국사기》를 썼다) 고려시대에도 몰랐던 사실을 지금 우리가 말끔히 해결하기는 어렵다. 혹시 고구려 태조왕 때와 같이 몇몇 왕이 누락된 게 아닌가 하는 의문을 품어볼 수도 있겠다. 그렇다면 그 이유를 또 찾아야 하지 않을까?

공교롭게도, 《삼국사기》에 나오는 삼국 왕의 계보는 기원 2세기 무렵에서 상식을 벗어난 부분이 공통적으로 보인다. 119세까지 장수했다는 고구려 태조왕도 2세기에 재위했던 왕이며, 백제의 기루왕, 개루왕도 2세기의 왕들인데, 이런 문제점은 신라 역사에도 보인다. 신라의 2세기 왕인 7대 일성이사금의 경우가 그렇다. 5대 파사이사금은 3대 유리이사금의 둘째 아들이며, 재위 기간 33년이다. 유리와 파사 사이에는 석씨인 탈해이사금이 24년간 재위했다. 6대 지마이사금은 파사의 아들이며, 재위 기간 23년이다. 그런데 다음 왕인 일성이사금은 3대 유리의 맏아들이라고 되어 있다.

유리는 탈해와 잇금을 따져 누가 연장인지를 가릴 정도였으므로 나이가 탈해와 엇비슷했을 터다(4대 탈해는 62세로 즉위했다). 그렇다면 유리는 즉위할 때 최소 20세는 되었을 테고, 그의 재위 기간은 34년이므로 유리의 맏아들인 일성은 탈해(24년), 파사(33년), 지마(23년) 합계 80세에다(그것도 유리가 50대 중반의 나이에 맏아들을 보았을 경우), 파사의 형이므로 80여 세에 즉위한 것이 된다. 더욱이 탈해는 62세의 노인으로 즉위한 사실을 특기하고 있으면서도 일성이 80세 이상으로 즉위한 것은 특별한 언급이 없을뿐더러, 일성은 21년을 재위했으니 100세 이상 산 것이 된다.

2세기에 고구려, 백제, 신라의 왕들이 100세 이상 장수했다면 분명히 뭔가 잘못된 것이다. 더구나 그 전 시대가 오히려 더 정상적이라는 것은 2세기의 역사에 뭔가 생략되었거나 큰 변동이 있었을지 모른다는 추측을 가능케 한다. 그것은 혹시 삼국이 함께 연동되어 있는 수수께끼가 아닐까?

한국사 질문하는 시간 고구려, 백제와는 달리 신라의 초기 왕들은 왕이라 부르지 않고 다른 명칭들을 사용했다. 왜 그랬을까?

신라를 건국한 박혁거세는 왕이 아니라 혁거세거서간이라고 부른다. 또 2대왕인 남해는 차차웅이라는 명칭을 써서 남해차차웅이라고 한다. 3대왕인 유리에서부터 16대왕인 흘해까지는 명칭이 또 바뀌어 이사금이 되고, 17대왕인 내물에서부터 22대왕인 지증까지는 마립간이라는 명칭을 쓴다. 중국식 명칭인 '왕'이 정식 명칭으로 자리 잡는 것은 23대왕인 법흥왕(재위 514~540) 때부터다. 신라 초기에 거서간, 차차웅, 이사금, 마립간이라는 명칭들이 사용된 것은 당시 신라가 아직 고대 국가라기보다는 부족 연맹체의 성격이 강했음을 보여주는 증거다(앞에서 보았듯이 거서간의 간, 이사금의 금, 마립간의 간은 우두머리를 뜻하는 말일 수도 있다. 다만 단 한 번 사용된 차차웅은 종교적 의미를 가졌을 것으로 추측된다. 남해차차웅을 남해거서간이라고 표기하기도 한다). 그래서 연호를 제정하고 왕명을 처음 사용하기 시작하는 법흥왕 때에야 비로소 신라가 사실상 건국되었다고 보는 학자들도 있다.

최초의
매국노

두 임금을 남편으로 둔 여인

　　지금은 한 나라의 최고 지도자가 대통령이나 총리고, 왕이 존재하는 나라에서도 대부분 입헌군주제를 취하고 있어 왕은 상징으로만 군림할 뿐 실제로 통치하지는 않는다. 하지만 옛날에는 왕이 명실상부한 최고 권력자였다. 따라서 왕의 아내인 왕후라면 당연히 그 나라의 여성들 가운데 가장 높은 신분이다. 그런데 그 지체 높은 왕후의 신분을 두 번이나 누린 여인이 있었다. 하지만 그것은 우리 역사상 최초의 '매국노' 덕분이었다.

　2세기 말의 고구려왕 고국천왕은 20년가량 재위하면서 훌륭한 정치를 베풀었다. 그는 걸출한 인물이었던 을파소를 국상(國相)으로 중용하고 소신껏 일하도록 뒤를 밀어주었으며, 주린 백성을 보고 진대법(賑貸法, 춘궁기에 관곡을 내어주고 가을 추수기에 갚도록 하는 빈민 구제 정책)을 실시해 후대에 고구려의 현군(賢君)으로 칭송을 받았다. 하지만 고국천왕은 불행히도 자식을 두지 못해 후계 문제를 남기고 죽었다. 그래도 그의 아내가 남편처럼 현명했더라면 별 문제가 없었을 것이다. 그러나 고국천왕의 왕후 우씨는 교활하고 야심찬 여인이었다. 권력을 놓치고 싶지 않았던 그녀는 일단 왕의 죽음을 숨기고 비밀공작을 폈다.

사실 우씨는 남편이 살아 있을 때도 자신의 친척들을 등용하는 등 정치에 간섭했다. 그들은 악행을 일삼았고 심지어 반란을 꾀하다가 진압된 일도 있었지만(좌가려의 난), 뛰어난 아름다움으로 왕의 총애를 받았던 덕분에 우씨는 그 사건에서도 무사했다. 그러나 이제 왕이 죽고 나니 그녀는 한편으로 권력을 잃게 될까 초조하기도 했고 다른 한편으로 더 큰 권력을 얻으려는 욕심도 났다.

왕조 시대에 여자의 몸으로 직접 권력의 정상에 오를 수는 없다. 그래서 우씨는 은밀히 고국천왕의 동생(즉 시동생)인 발기를 찾아가 왕에게 후사가 없으니 왕위를 계승할 사람은 바로 당신이 아니겠느냐고 의사를 타진했다. 아직 왕의 죽음을 알지 못하는 발기로서는 어처구니없는 말이다. 발기는 하늘의 뜻을 가벼이 의논할 수 없으며 부인네가 어찌 야밤에 나와 다니느냐고 오히려 형수에게 호통을 쳤다. 사실 왕의 후사가 없다는 것은 그도 모르는 바가 아니었다. 그렇다면 다음 왕위는 당연히 그의 차지가 될 게 아닌가? 결국 우씨는 왕이 될 발기에게 자신을 의탁하려 한 것이었고 발기는 그것을 거부한 셈이다.

1차 음모가 실패로 돌아갔지만 그래도 우씨는 왕의 죽음을 알고 있는 유일한 사람이므로 발기보다는 전략상 우위에 있다. 그녀는 그 길로 다음 시동생인 연우를 찾아갔다. 이번에는 메뉴가 하나 더 늘어 발기에 대한 모략을 덧붙이고 같은 제안을 했다. 형인 발기와 달리 고국천왕이 죽은 뒤에도 왕위와는 인연이 없었던 연우는 옳다구나 싶어 즉시 형수의 청을 수락하고 함께 궁으로 들어가 부부의 인연을 맺었다.

다음날 아침 우씨는 군신에게 왕의 죽음을 공표하고 왕의 유언으로 연우가 왕위를 계승하게 되었다고 말했다. 뒤통수를 얻어맞은 발기는 당연히 발끈할 수밖에 없다. 그는 군사를 이끌고 왕궁을 포위한 뒤 "형이 후사 없이 죽으면 동생이 왕위를 계승하는 게 당연한데 너는 차례를 뛰어넘었으니 큰 죄악을 지었다"고 악을 썼다. 이미 왕위를 차지한 연우가 고분고분하게 말을 들을 리 없다. 그렇다고 형을 칠 수도 없고 해서 연우는 왕궁 문을 닫은 채 사흘 동안 안에서 버텼다.

신하들도 자기를 따라주지 않자 발기는 한나라의 랴오둥 태수 공손탁에게로 도망가서 자기 아우가 형수와 공모하여 천륜의 의를 무시했다고 말했다(당시 고구려는 한나라의 영향을 받았으며, 한나라는 고구려를 중국과 대등한 나라라고 여기지 않았기 때문에 발기는 한나라의 지방 정부에 호소한 것이다). 여기서 자신의 몸을 의탁하는 데 만족하고 자제했으면 좋았을 것을, 그는 그만 분함을 참지 못하고 아우를 치기 위해 공손탁에게 군사 3만 명을 빌려달라고 청했다. 제 형제, 제 나라를 치기 위해 남의 군사를 빌린 것인데, 말하자면 역사에 기록된 최초의 매국노다!

때마침 공손탁은 랴오둥의 주요 지역을 고구려 차대왕에게 빼앗기고 서쪽 끝으로 밀려가 있었으므로, 발기의 제안에 이게 웬 떡이냐 싶은 마음에 그에게 군대를 주고 고구려를 침략하게 했다.

발기의 군대는 차대왕의 북벌군이 근거지로 삼았던 환도성을 점령하고 졸본성까지 넘보았다. 그러자 연우는 아우인 계수를 선봉으로 삼아 랴오둥 군과 맞서게 했다. 여기서 계수의 맹활약으로 마침내 전세가 역전되었다.

궁지에 몰린 발기는 도망치다가 계수가 끝까지 추격하자, "불의한 연우를 위해 네가 형을 죽이려느냐?" 하고 형제애에 호소했다. 이때 계수는 의연히 대답한다. "연우 형의 행동도 의롭지 못하나 외국 군대를 끌어들여 사사로운 분풀이를 하려 하는 것은 더욱 그렇습니다. 이래 가지고 어찌 조상들을 뵙겠습니까?" 조상 운운한 것은 이미 당신을 살려둘 수 없다는 뜻, 아우의 말에 그나마 양심을 되찾은 발기는 결국 수치심에 못 이겨 자살하고 만다.

계수는 형의 시신을 거두어 간단하게나마 장례를 치르고 개선했다. 그러나 연우는 그에게 발기를 직접 죽이지 않은 것을 탓하며 왜 장례까지 치러주었느냐고 윽박질렀다. 계수는 연우의 왕위 찬탈이 옳지 않았음을 밝히고 어찌 형을 죽일 것이며 죽은 형의 시신을 그대로 놓아둘 수 있겠느냐고 눈물로 호소했다. 정작 왕이 되었어야 할 인물은 군사적 능력만이 아니라 의리와 정의를 모두 갖춘 막내 동생이었던 셈이다.

어쨌든 이 사건으로 인해 고구려는 아무것도 얻지 못하고 궁실만 피로 얼룩졌다. 차대왕이 이루었던 북벌의 전과를 대부분 잃었고, 오히려 환도성을 동쪽으로 옮겨 다시 지어야 했다. 남의 내분을 교묘히 이용한 공손탁만이 알짜배기 실익을 거두었다. 잃은 땅을 회복하고 명실상부한 랴오둥 반도의 패자가 된 공손탁은 이내 한나라 말기의 혼란을 틈타 랴오둥왕으로 자칭하고 위세를 떨치게 된다. 매국노 한 사람이 사사로운 감정으로 초래한 결과라기에는 너무도 엄청난 것이 아닐 수 없다.

한편 연우를 왕위에 올리는 데 결정적인 공헌을 한 우씨는 연우와의 '사실혼'을 넘어 법적 혼인 관계에 들어가, 전왕 고국천왕에 이어 산상왕(연우)의 왕후가 되었다. 2대에 걸쳐 최고 신분의 여성이 되는 데는 성공했으나 그녀의 삶은 행복하지 못했다.

산상왕은 애초에 왕위계승을 목적으로 우씨와 정략 결혼했을 뿐이므로 우씨와의 사이에 자식을 두지 않고 달리 첩실을 얻어 아들 교체(후에 동천왕이 된다)를 낳았다. 그것도 꿈에서 천신이 나타나 너의 첩실로 하여금 아들을 낳게 할 터이니 후사가 없음을 걱정하지 말라고 했다는 구실을 내세웠다. 물론 우씨는 아이를 임신한 채 새로 들어온 첩실을 질투했으나 다음 왕의 어머니가 될 여인을 어찌할 수는 없었다. 우씨는 동천왕이 즉위한 후에도 8년을 더 살다가 마침내 죽음에 이르렀을 때, 지하에서 첫 남편인 고국천왕을 뵐 낯이 없으니 산상왕 곁에 묻어달라는 유언을 남기고 파란만장한 삶을 마감했다.

지금 같으면 고국천왕이 죽었다고 해서 그 왕비인 우씨가 시동생을 찾아가 결혼하자고 하는 상황은 이해하기 어렵다. 옛날에는 그런 제도가 있었을까?

부여에는 원래 형사취수(兄死取嫂, 형이 죽으면 동생이 형수를 아내로 맞는 제도)의 풍습이 있었다. 고구려는 부여에서 갈라져 나왔으므로 초기에는 그런 풍습이 잔존했다. 형사취수란 가부장제 사회에서 남자가 죽으면 여자가 식솔들을 거느리고 살아가기 어려운 탓에 생겨난 제도였다. 원래는 미풍양속이었는데, 우씨가 악용한 것이다. 이때 왕위계승에 문제가 있었던 것을 계기로 해서 이후 고구려는 그때까지 왕위계승 제도였던 형제 상속을 버리고 자식에게 왕위를 물려주는 세습 제도로 바꾸었다.

암탉이

울면?

신라에만 있었던 여왕

고구려, 백제, 신라 중에 유일하게 신라에만 여왕이 있었다는 사실은 잘 알려져 있다. 고구려, 백제, 신라의 왕들 총 115명(고구려 28명, 백제 31명, 신라 56명)은 물론이고 넓은 의미에서 우리 역사에 속하는 부여, 동부여, 가야의 여러 나라들, 발해, 나아가 고려, 조선까지 보아도 여왕은 신라의 선덕, 진덕, 진성의 세 명밖에 없다.

그 이유는 뭘까? 모든 나라들을 통틀어 신라의 역사가 가장 길고, 왕들의 수도 그만큼 더 많았으므로 여왕이 즉위할 기회도 많던 것일까? 혹은 삼국 중에 신라의 발달이 가장 늦었던 점에 착안한다면, 선사시대의 특징인 모계 사회의 조직 원리가 신라에 잔존해 있던 탓일까? 그것도 아니라면 혹시 신라가 여왕을 옹립할 정도로 여권을 존중한 나라였던 것은 아닐까?

세 가지 질문에 대해 모두 답은 '아니오'다. 그것은 우연도 아니고, 선덕여왕의 즉위가 7세기였던 만큼 모계 사회의 흔적도 아니며, 신라가 여권 존중 국가이기 때문은 더더욱 아니다. 결론부터 말하면 여왕의 즉위는 '비정상적인 사건'이었다. 신라의 세 여왕은 각기 다른 배경에서 즉위했지만, 선덕(632년 즉위)과 진덕(647년)은 치열한 왕권 다툼의 와중에서 왕위에 오른 것이며, 진성(887년)이 즉위할 때도 중앙 정치가 몹시 혼란스러웠다. 이들의 즉위 배경을 살펴보자.

먼저 선덕여왕(재위 632~647)은 전 왕인 진평왕의 맏딸이었다. 원래 이름은 덕만이었는데, 일찍이 출가해 스님이 되었다. 왕의 딸이면 공주인데 공주가 스님이 되다니? 지금 같으면 이해할 수 없지만 당시에는 이상한 일이 아니었다. 법흥왕 때 이차돈의 순교로 신라에 불교가 전해진 이래(법흥왕의 이름에서 '법'이란 불법(佛法)을 가리킨다) 진흥왕은 불교를 크게 진흥시켰으며, 진평왕은 한술 더 떠 자신의 이름을 석가의 아버지 이름인 백정(白淨)이라고 했고 왕비의 이름도 석가 어머니의 이름과 같은 마야부인이었다. 이런 집안에서 딸자식 하나 출가시키는 것은 어렵지 않은 일이다(지금도 티베트 같은 불교 국가에서는 자식 하나를 골라 승려로 만드는 풍습이 전해진다).

진평왕의 둘째 딸은 선화인데, 고대 사회 최대의 스캔들인 서동왕자와 선화 공주의 유명한 연애 사건을 통해 서동과 결혼한 인물이다. 셋째 딸 천명은 이찬(신라의 관직) 김용춘의 부인이다. 진평왕의 세 딸은 모두 선덕여왕의 즉위에 연관이 있다. 선덕여왕의 즉위는 한 편의 정치 드라마처럼 극적으로 진행되었다.

진평왕이 딸만 셋을 두고 아들을 두지 못한 탓에 다음 왕위계승 문제가 상당히 복잡해졌다. 신라는 초기에 박(朴), 석(昔), 김(金)의 세 성씨가 교대로 왕위를 계승한 데다(내물마립간부터 왕계가 김씨로 고정되었다), 왕족인 세 성씨는 족내혼만 해왔다. 바꿔 말하면 아들이나 사위가 왕위를 계승해온 것인데, 왕위계승자들은 모두 성골(聖骨, 부모가 모두 왕족인 신분) 출신이었다. 그러나 진평왕 대에 이르러 성골 출신의 남자는 끊어졌다. 그러므로 선화의 남편이 된 서동이나 천명의 남편인 김용춘은 둘 다 진평왕의 사위로서 왕위계승권이 있었다. 이때 서동의 신분은 무엇이었을까? 그는 백제 법왕의 아들로 나중에 백제의 무왕이 되는 사람이다.

　　어릴 때의 이름을 서동(薯童)이라고 했던 무왕은 후대 사람들이 말통(末通)대왕이라 부르기도 했다. 그는 즉위하기 이전에 선화 공주를 사모하여 신라에서 감자 장수로 위장하고 다녔다는 이야기가 전하는데, 아마도 이 때문에 마를 뜻하는 '서(薯)'자가 이름에 들어갔을 터다. 그렇다면 '말통'은 곧 '마'를 뜻하며 '통'은 '동'의 음역이라고 볼 수 있다.

　　서동의 라이벌에 해당하는 김용춘은 누구인가? 그는 진지왕의 아들이지만 아버지보다 아들 덕분에 후대에 유명해졌다. 그의 아들은 신라 삼국통일의 주역이며 나중에 진골(眞骨, 부계와 모계 가운데 한쪽만 왕족인 신분) 출신 최초의 왕이 되는 태종무열왕 김춘추였다. 김용춘은 비록 서열이 낮은 셋째 사위(덕만에게 남편이 없기 때문에 사위로만 치면 둘째다)지만 당대 왕의 사위에다 전 왕의 아들로서, 성씨도 다른 백제 무왕이 왕권을 넘보는 것은 참을 수 없었다(백제왕의 성은 부여씨였다). 결국 왕위계승을 두고 암투를 벌이던 두 사위의 세력들은 서로 타협을 이루어 출가한 진평왕의 첫째 딸 덕만을 불러 왕위를 잇게 한다. 어차피 성골 출신의 남자는 없었으므로 성골 출신의 여자를 왕으로 모시게 된 것이다. 이리하여 최초의 여왕인 선덕여왕이 탄생했다.

하지만 이 과정에는 문제가 있었다. 사실 전 왕의 아들이 없으면 형제나 조카에게 왕위를 잇게 하는 것이 당연한 일이었고 실제로 선대에 그런 사례도 많았다. 진평왕에게는 아들은 없어도 국반과 백반이라는 두 동생이 있었다. 그런데 왜 굳이 '최초의 여왕'을 옹립하는 모험을 하게 된 걸까? 정확한 사정은 알 수 없으나 당시 왕위계승을 둘러싼 정치 세력들 간에 다툼이 극도로 치열해져 국가의 존립이 위태로울 지경이었기 때문이라고 볼 수밖에 없다.

선덕여왕은 처녀의 몸이었으니 아들은커녕 딸도 있을 리 없다. 선덕여왕이 죽자 또다시 왕위 세습이 어려워졌다. 한 번 여왕을 옹립했으니, 두 번째는 더 쉽다. 진평왕의 동생인 국반의 딸 승만이 두 번째 여왕인 진덕여왕(재위 647~654)으로 즉위했다. 선덕과 진덕이 왕위에 있었던 20여 년을 지나면서 이미 (아들을 통한) 정상적인 왕위계승의 흐름은 끊겼다. 전통적 왕위계승자인 성골 신분은 남녀를 통틀어 씨가 말라버렸다.

이제 실력으로 왕위를 결정할 수밖에 없다. 그래서 등장한 인물이 바로 김춘추다. 선덕과 진덕의 치세에 정치가이자 외교관으로서 눈부신 활약을 보인 김춘추는 진덕여왕이 죽고 나서 드디어 53세의 나이로 왕위에 올라 개인적으로는 아버지 김용춘의 숙원을 이루었고, 공식적으로는 정상적인 왕위계승 과정을 회복했다. 결과를 놓고 보면 김춘추 앞에 두 명의 '비정상적인' 여왕이 왕위를 계

최초의 여왕인 신라 선덕여왕릉. 선덕여왕은 승려로 출가했다가 본의 아니게 왕위에 올라 파란의 삶을 살았다.

승함으로써 김춘추의 즉위가 훨씬 자연스러워진 셈이다.

　김부식은 선덕여왕의 즉위에 관해 그가 특히 좋아하는 중국의 고사를 예로 들어 해설한다. 그는 한 고조의 아내 여태후와 당 고종의 아내 측천무후도 남편이 죽고 나서 국정을 돌보았지만, 이들은 공공연하게 왕을 일컫지는 않았다고 칭찬한다. 그러면서 신라의 경우는 혹독하게 비판한다. "여자를 세워 왕위에 있게 하였으니 진실로 난세의 일이며, 이러고도 나라가 망하지 않은 것은 다행한 일"이라는 것이다. 하지만 중국 고대 정치사를 얼룩지게 했던 악명 높은 여태후나 측천무후에 비해 선덕과 진덕은 비담과 염종의 반란이 있었던 것을 제외하면 그런 대로 온전하게 나라를 이끌었고 또 그 여왕들이 전제 정치를 한 것도 아니었다. 그런 점에서 김부식의 평가는 여왕에 대한 지극히 부당한 편견이다. 더구나 중국의 여태후와 측천무후가 왕을 칭하지 않았다는 말은 의도적인 것이든 아니든 김부식의 잘못이다. 한나라의 여태후는 소제들을 두어 사실상 황제를 자청한 것이나 다름없었으며, 당나라의 측천무후는 690년에 국호를 주(周)라고 바꾸었고 3년 뒤에는 금륜성신

(金輪聖神) 황제로 자칭했다.

진덕여왕 이후 200여 년 뒤에 다시 즉위하게 되는 셋째 여왕 진성의 경우는 앞의 두 여왕과 약간 다르다. 진성의 오빠인 정강왕은 재위 1년을 채우지 못하고 중병에 걸려 신하들에게 유언을 남겼다. 내용인즉 후사를 이을 아들이 없으나 누이 만(진성여왕의 이름)의 재질이 뛰어나고 골격이 장부와 같으니 '선덕·진덕의 고사(故事)를 좇아' 왕위를 계승시키라는 것이다. 이제는 딸이 아니라 여동생이 왕위계승자다.

그냥 보아 넘길 만한 장면일 수도 있겠으나 당시의 정치적 상황은 그렇게 순탄하지 않았으리라는 추측이 가능한 시대였다. 이미 진성이 즉위(887년)하기 백여 년 전부터 신라는 말기적 증상을 보이기 시작했다. 혜공왕(재위 765~780)부터 정강왕까지 열네 명의 왕들 중 반란으로 살해된 왕만 네 명이며, 병사나 의문사 등 수명을 채우지 못하고 비정상적으로 죽은 왕이 여섯 명이다. 120년 동안 열네 명의 왕이 난립했으니 왕들의 평균 재위 기간은 불과 10년도 채 못 되었다는 이야기다. 또 《삼국사기》에는 이 시기에 부쩍 불길한 징조를 서술하는 부분이 많아지고 있다. 이를테면 태양 둘이 한꺼번에 나타났다든지, 다리가 다섯 개인 송아지가 태어났다든지, 태백(금성)이 달을 범했다든지 하는 따위의 기록이다. 이것들 중 상당수는 크고 작은 정변이나 반란을 뜻하는 것으로 간주할 수 있다.

더구나 '선덕·진덕의 고사를 좇으라'는 정강왕의 유언은 진심이 아니었으리라고 추리할 만한 증거가 있다. 정강왕의 외할아버지 헌안왕은 861년 병으로 누워 신하들에게 이런 유언을 남긴 일이 있다. "과인이 불행히 아들이 없고 딸만 있다. 비록 우리나라 고사에 선덕·진덕 두 여왕의 예가 있으나 이는 암탉이 울면 나라가 망하는 꼴이라 본받을 일이 못 된다. 그러니 경들은 사위인 위겸(경문왕의 이름)을 왕으로 세우도록 하라." 이건 뭘까? 불과 30년 전에 자신의 외할아버지가 여왕의 예를 따르지 말라는 유언을 남겼는데, 정강왕은 정반대로 여왕의 고사를 좇으라고 유언한 것이다. 정강왕의 아버지인 경문왕조차 선덕·진덕의 고사를 팽개친 덕분에 헌안왕의 사위로서 왕이 될 수 있었는데, 막상 정강왕 자신은 굳이 그 고사를 따라 누이를 여왕으로 즉위시키라는 유언을 남기다니?

그렇다면 정강왕이 그런 유언을 남긴 데는 그럴 만한 정치적 상황이 있었다고 볼 수 있다. 따라서 진성여왕의 즉위 역시 '정상적인' 왕위계승 과정은 아니었고, 신라 말기의 극심한 정치적 혼란과 왕권 다툼의 와중에서 이루어졌을 것으로 추측된다. 이러한 사정을 배경으로 즉위한 진성여왕이 국사를 제대로 처리할 능력이 있을 리 없다. 그녀는 궁중에 미모의 소년들을 두고 음행을 일삼다가 897년 조카인 효공왕에게 왕위를 넘기고 그해 말에 죽었다.

선덕, 진덕, 진성의 세 여왕은 결국 '정상적인' 왕위계승이 이루어지지 못한 결과로 등장했다. 그랬기에 그 여왕들의 치적과 무관하게 이후에는 어떤 왕조에서도 여왕이 즉위하는 사건이 없었다.

서양의 역사에는 유명한 여왕들이 많이 등장한다. 그런데 왜 동
양에서는 여왕이 드물었을까?

고대 로마제국에 항거한 브리타니아(영국)의 부디카, 중세 영국
을 강국으로 만든 엘리자베스 1세, 근대 러시아를 크게 발전시킨 에카테리
나 등은 모두 걸출한 여왕들이었다. 이에 비해 동양의 역사에서 여왕의 활
약이 드문 것은 7~8세기부터 중국을 비롯해 대부분의 나라들에서 유학이
국가 통치의 이념으로 자리 잡았기 때문이다. 신라의 세 여왕, 중국의 여태
후와 측천무후, 일본 고대의 여성 천황들은 전부 유학이 확고히 정착되기
이전의 군주들이었다. 그래서 서양에서는 근대까지도 여왕이 많았지만 동
양에서는 중세 이후 여왕이 전혀 없었다.

'지역감정'의
뿌리

원수가 된 백제와 신라

 지금은 많이 약해졌지만 아직 '지역감정'이라는 말이 심심찮게 쓰인다. 꼭 집어 말하면 주로 영·호남 간의 지역감정을 가리킨다. 사실 문자 그대로 '감정'의 문제라면 심리상의 문제에 불과하니까 어찌 보면 풀기 어려운 것이 아닐 듯싶다. 하지만 묵은 생강이 더 매운 것처럼 감정도 역사가 오랜 것이면 푸는 방법도 달라져야 한다.

지역감정의 뿌리는 멀리 보면 북변과 남도 지역 출신들을 등용하지 않은 데다 16세기에 영남학파가 성립하면서 영남 출신이 중앙 정계를 좌지우지했던 조선시대에 있으며, 가까이 보면 호남을 배척하고 영남 지방을 집중적으로 개발하고 육성한 박정희 군사정권의 정책에서 찾을 수 있다. 그런데 역사적으로 영·호남 지역 갈등의 흔적은 더 멀리 거슬러 올라가 삼국시대에서 맹아를 찾을 수도 있다. 그때는 지역이 아니라 백제와 신라라는 두 나라 사이의 갈등이었다. 지금 와서 그 역사적 갈등을 강조하면 자칫 지역감정을 조장하는 결과가 될지 모르지만, 달리 생각하면 그 역사를 정확히 이해해야만 지역감정을 다스리는 올바른 해법을 얻을 수도 있을 것이다.

《삼국사기》를 찬찬히 읽어보면, 신라가 백제를 적대시하는 태도는 때로 심하다 싶을 정도로 감정적이라고 느껴진다. 신라 본기에는 백제와 백제인을 싸잡아 비난하는 장면이 자주 등장하며, 백제 본기는 백제가 애초부터 뭔가 비뚤어지고 잘못된 나라였다는 느낌을 준다. 실제로 고대 삼국시대에 백제와 신라의 관계가 나빴을 수도 있고,《삼국사기》가 편찬된 고려시대에 그렇게 생각했을 수도 있으며, 편찬자인 김부식의 관점이 그랬을 수도 있다. 혹은 세 가지 다 사실일 수도 있다.

원래 신라는 고구려나 백제에 비해 고대 국가로의 출발이 늦었으므로 처음에는 아예 두 나라의 경쟁 상대가 되지 않았다. 고구려는 신라와 워낙 수준 차이가 크고 북쪽 멀리 위치해 있으므로 그런가 보다 하고 넘어갈 수 있지만 백제는 달랐다. 신라는 늘 한 발 앞서 가는 백제에게 심하게 시달렸다.《삼국사기》에는 백제가 2대왕인 다루왕 때 이미 신라를 공격한 기록이 보인다. 건국 때부터 왕의 씨족(왕족)이 고정되었던 고구려, 백제와 달리, 신라는 박, 석, 김의 세 성씨가 돌아가며 왕위를 계승하다가 4세기 중엽 내물 마립간부터 왕위가 세습되기 시작했으며, 6세기 중엽 법흥왕 때부터 마립간이라는 부족국가의 흔적을 벗고 왕이라는 칭호를 쓰기 시작했다. 이처럼 고대 국가 체제가 늦게 들어섰던 만큼 초기 신라는 백제에게 거의 일방적으로 당하기만 했을 뿐 대등한 경쟁이나 전쟁을 벌인 적이 없었다.

이렇게 당하는 형편이었으니 신라가 백제에 대해 지니는 감정이 좋을 리 없다. 신라에게는 조금 더 강한 백제가 늘 고통을 안겨주는 존재다. 295년에 신라 유례이사금은 왜(倭, 일본)가 자주 침범하니 백제와 결탁해 바다 건너 왜를 정벌하는 게 어떠냐고 군신들에게 물은 적이 있었다. 이때 홍권이라는 신하의 대답이 다분히 감정적이다. "우리가 수군에 익숙하지 못하므로 위험하오며, 더구나 백제는 거짓이 많고 항상 우리를 삼키려는 마음이 있은즉 더불어 행동을 같이하기 어렵다고 생각되옵니다." 왜의 정벌이 쉽지 않다는 것은 이해할 수 있지만, 백제가 거짓이 많아 공동 작전을 취하기 어렵다고 말하는 것을 보면 신라가 백제에게 품은 불신감이 상당했던 듯하다.

삼국 사이에 정식 전쟁이 시작된 것은 고구려와 백제가 먼저다. 이때까지 신라는 백제와 달리 고구려의 관할을 받는 속국 상태였으므로 두 나라의 분쟁에 어떤 식으로든 관여할 처지가 못 되었다. 그러므로 사실 이때까지는 삼국시대가 아니라 '이국'시대다. 나중에 신라가 통일하게 되는 지금의 경상도 지역은 신라와 가야 6국을 비롯한 군소 국가들로 분열되어 있었다. 4세기 무렵 고구려는 한반도보다 중국 대륙 쪽에 촉각을 곤두세우고 있었다. 당시 중국은 위, 오, 촉의 삼국이 서로 정립을 이루며 대치하는 분열 시대였다. 특히 중국 대륙 북부를 관장하는 위나라는 국력을 키우기 위해 북변 공략에 힘을 기울였으므로 고구려와 일촉즉발의 상태에 있었다. 따라서 고구려에게 약소국 백제와 신라가 대립하는 상황은 안중에도 없었다. 결과적으로 보면 고구려가 한반도의 대표 주자로서 중국으로부터 한반도를 지켜주었기 때문에 백제와 신라가 발달할 수 있었던 것이다.

그러나 고구려에게 백제는 다소 부담스런 존재였다. 강국 위나라와 맞서기 위해서는 백제가 도사린 후방을 안정시켜야 했다. 장수왕이 대규모 백제 공격을 감행한 데는, 아버지 광개토왕의 위업을 이어가려는 목적 이외에 그런 배경도 작용했다. 백제가 고구려 장수왕에게 밀려 신라와의 동맹을 추구하면서 신라는 비로소 삼국의 하나로 자리매김하게 된다. 장수왕의 강력한 압박 전술에 눌린 백제와 신라는 그때까지 서로 다투던 관계를 청산하고, 공동방어를 위한 동맹(나제동맹)을 맺고 왕실 간에 통혼까지 했다. 좁게는 493년(백제 동성왕과 신라 소지마립간)부터, 넓게는 433년(백제 비유왕과 신라 눌지마립간)부터 백제와 신라는 장수왕에 대항해 동맹을 맺었다. 그러나 그 밀월 관계가 무참히 깨지는 비극이 일어난다.

백제가 강성해지면서 고구려와의 충돌이 불가피해졌듯이, 신라가 고대 국가 체제를 확립하면서 백제와의 충돌이 불가피해졌다. 신라의 진흥왕은 548년 고구려가 백제를 공격했을 때 백제를 돕

경주 황룡사지의 삼존불상 지대석과 황룡사 복원 추정도. 황룡사 목탑은 몽골 전란 때 불타 없어졌지만 남아 있었더라면 아마 세계 최대의 목탑이 되었을 것이다.

기 위해 지원군을 보내는가 싶더니, 불과 2년 만에 태도를 돌변해 고구려와 백제가 전투를 벌이는 틈을 타서 백제의 옛 영토인 한강 유역을 빼앗아버렸다. 100여 년간 유지되어온 동맹 관계는 신라의 일방적인 배신행위로 일순간에 깨졌다. 엎친 데 덮친 격으로 울분에 찬 백제 성왕은 실지를 회복하기 위해 무모한 전투를 벌이다 전사하고 말았다.

《구당서(舊唐書)》 동이열전 신라기에 이 사실이 기록되어 있다. 당의 고조가 신라의 사신에게 왜 백제와 신라가 원한을 맺게 되었느냐고 물으니 사신은 이렇게 대답했다. "지난날 백제가 고구려를 칠 때 신라에게 구원을 청하자 신라는 군사를 동원해서 백제를 쳤습니다(진흥왕이 한강 유역을 빼앗은 사건). 이로 인해 서로 원수가 되어 전쟁을 하게 되었으며, 그 후 신라가 백제의 왕을 죽였으므로(554년 백제의 성왕이 전사한 사건) 원한은 여기에서 비롯되었습니다."

신라 사신도 '원한'의 원인이라고 인정한 진흥왕의 기습 공격은 개인끼리의 일이 아니라 나라와 나라의 사건인 만큼 으레 있는 군사 분쟁이라 치고 넘어갈 수도 있다. 하지만 여기서 이 점에 특히 주목하는 이유는 이 사건을 계기로 백제와 신라가 돌아오지 못할 다리를 건넜기 때문이다. 동맹 관계에 있던 어느 한 측이 일방적으로 그 관계를 깼을뿐더러 그 와중에서 일국의 왕이 죽음을 당하는 비극이 발생하는 바람에, 가뜩이나 좋지 않았던 두 나라는 불구대천의 원수지간이 되어버렸다. 따라서 그 이전까지 사소한 다툼이었던 갈등의 양상이 이후에는 훨씬 잔인하고 보복적인 전쟁의 양식으로 전개된다.

그러는 와중에서 이번에는 신라가 백제에게 원한을 품을 만한 사건이 발생한다. 642년의 대야성 전투에서 김춘추의 딸과 사위가 백제에게 무참히 죽음을 당하는 사건이다. 이 사건의 파문은 대단히 컸다. 김춘추는 이 개인적 원한 때문에 고구려와 당나라에 원군을 청했고, 김춘추의 아들 김법민(문무왕) 역시 누이가 죽은 데 대한 복수심에 불타 왜곡된 백제관을 가지게 되었다. 이 무렵부터는 정치적 측면과 또 다른, 다분히 감정적인 측면이 두 나라의 관계를 지배하게 된다.

나중에 신라는 삼국을 통일하던 시기에도 오로지 백제의 정벌만을 노렸다. 사실 삼국통일 전쟁은 당나라 대 고구려, 신라 대 백제의 이중적인 양상을 보였다. 실제로 당나라는 고구려만 정벌하면 되었을 뿐 백제는 안중에도 없었던 반면 신라는 전부터 고구려를 상국으로 받들었으므로 고구려는 아무래도 좋았고 오로지 백제의 멸망만을 원했다.

그래서 신라가 고구려와의 전쟁에 참여하는 것은 당나라의 압력에 떠밀려 반강제로 동원되는 형식이었다. 삼국통일의 신라 측 주역인 문무왕은 667년에 고구려 원정에 협력하라는 당 고종의 명령을 받았지만, 신라군은 전쟁에 직접 참여하기보다 군량을 당군에 전달하는 보급대의 역할만 맡았다.

특히 문무왕은 백제에 대한 원한의 감정을 노골적으로 보였다. 백제가 멸망한 뒤 부흥운동이 한창이던 671년에 그는 백제인에 대한 깊은 불신을 드러냈다. 당나라가 신라에게 옛 백제 세력과 화목하게 지내라고 명하자 그는, "백제인은 간사하여 늘 바뀌니 지금 화목하게 지낸다 하더라도 후에 어떤 일이 있을까 두렵다"며 명령을 재고해달라고 당에게 요청한 바 있다.

백제인이 '믿을 수 없고 간사하다'는 그의 사고는 유레이사금 시절부터 있었던 왜곡된 백제관의 재현이자 증폭이었다. 그 견해에 따른다면 백제 부흥운동을 진압하는 것만이 아니라 아예 '간사한' 백제인을 근절해야만 나라가 온전할 수 있게 될 것이다. 백제라는 '나라'가 없어졌는데도 백제 '사람' 자체를 문제시할 정도라면, 당시 신라와 백제의 관계는 '정상적인' 이웃 관계가 전혀 아니었다고 볼 수 있다. 신라가 삼국통일에 집착했던 데는 이렇게 백제와의 원한 관계가 큰 작용을 했다.

한국사 질문하는 시간   백제는 원래 고구려에서 갈라져 나왔으므로 이를테면 형제 국가인 셈이다. 그런데 왜 백제는 신라와 동맹을 맺고 고구려와 대립했을까?

백제의 건국자 온조는 주몽의 아들이었으나 그 혈연관계는 고구려와 백제가 한반도의 패권을 다투게 되면서 완전히 끊어졌다. 초기에 고구려에게 자주 침공을 당하던 백제는 4세기 중반 근초고왕이 고구려의 평양까지 공격해 고국원왕을 전사시키면서 전세를 역전시켰다. 이후 고구려 광개토왕은 백제 정벌에 나서 할아버지의 원수를 갚았다. 그러나 광개토왕은 주로 만주와 중국 정복에 주력한 반면 다음 왕인 장수왕은 그 반대로 남진 정책을 구사했다. 따라서 백제는 물론이고 광개토왕 시절까지 고구려에게 복종했던 신라도 고구려와 맞서 싸우기로 결심하게 되었다. 그래서 생겨난 것이 백제-신라의 나제동맹이다.

굴욕적인

삼국통일

중국 중심적 고대 질서의 완성

혼히 신라의 삼국통일은 영토의 측면에서 '불완전한 통일'이라고 말한다. 삼국이 신라로 통일되는 과정에서 고구려의 옛 영토를 대부분 중국에게 빼앗겼기 때문이다. 그러나 삼국통일의 진짜 문제점은 영토의 측면이 아니라 대외관계의 측면에 있다. 통일 이후 신라가 중국과 대등한 관계를 유지했다면 잃은 땅이야 언제라도 기회를 보아 되찾을 수도 있는 일이다. 하지만 '통일신라'의 경우 그것은 원천적으로 불가능한 일이었다. 왜냐하면 삼국통일 과정에서 신라는 중국의 한 군현에 불과한 위치로 전락했고, 더욱이 그런 지위를 신라가 스스로 받아들였기 때문이다. 신라가 중국의 한 지방이라면, '잃은 땅'을 운위할 자격이 있을 수도 없거니와 삼국통일 자체도 중국적 관점에서 고구려와 백제라는 '반란군'을 진압한 것이 된다. 나중에 보겠지만 신라가 통일한 이후에 고구려와 백제의 역사를 편찬하지 않은 것도 고구려와 백제를 독립 왕조로 인정하지 않았던 탓이 크다.

고구려, 백제에 비해 고대 국가의 성립이 늦었던 신라는 후발 주자의 불리함을 극복하기 위해 두 나라보다 훨씬 더 노력해야 했다. 신라가 강성해진 것은 진흥왕(재위 540~576)기에 이르러서다. 진흥왕은 백제와의 동맹을 일방적으로 깨고 한강 유역을 차지하면서 변방에 순수비들을 세웠다. 하지만 진흥왕 이후 신라는 백제와 어깨를 겨룰 만큼 성장했어도 물리력에서 백제를 앞서지는 못했다.

이웃 나라이면서도 항상 불편한 관계에 있고 또 항상 약간씩 앞서가는 백제를 상대하기에는 신라 혼자의 힘만으로 부족하다. 결국 신라는 외부의 도움을 청해 백제와 맞서기로 한다. 그 대상으로 일찍부터 고구려를 마음에 두었던 신라는 내물마립간이 고구려에 볼모를 보낸 이래 계속 볼모를 두고 조공을 바쳤다. 그리고 381년에는 고구려 사신을 따라가 중국의 전진(前秦)과 수교했다(당시 중국은 분열기에 있었으므로 여러 나라들이 우후죽순처럼 생겨났다가 스러지곤 했는데, 전진도 그 중 하나다). 아마 신라는 10년 전인 372년에 백제가 중국의 진(晉)과 수교한 일을 다분히 염두에 두었을 것이다.

그 후로도 백제는 계속 중국과 통교했으나 신라는 독자적으로 중국과 관계를 맺지 못하고, 521년(법흥왕)에야 다시 백제 사신을 따라 양(梁)나라에 조공하게 된다. 《양서(梁書)》 동이열전에는, "신라어는 백제의 통역이 있어야 의사소통할 수 있다"고 되어 있다(신라는 양나라 역사서인 《양서》에서 처음으로 중국 문헌에 등장했다).

이것은 당시 신라의 사신이 중국어를 하지 못할 정도로 신라가 중국과의 교류를 늦게 시작했다는 의미다.

신라는 중국과의 교류를 절실히 필요로 하고 있었음에도 그렇게 하지 못한 이유가 있었다. 처음에는 중국으로 가는 길을 백제가 가로막고 있었던 게 크다(바닷길로 돌아가는 방법이 있지 않느냐고 생각한다면 잘못이다. 신라에서 뱃길로 중국까지 가는 것은 거리가 너무 멀뿐더러 동아시아 최정예인 백제의 수군을 따돌려야 했다). 493년부터는 백제와 신라가 동맹 관계였으므로 백제가 가로막을 이유는 없었으나 같은 이유로 그때부터는 백제가 중간 역할을 해주었으므로 신라가 굳이 중국과 직접 통교할 필요가 없었다.

그러나 진흥왕이 동맹국 백제를 기습해 한강 유역을 차지하면서 그런 상황이 180도 바뀌게 된다. 이제 신라는 백제의 도움 없이 직접 중국과 통교해야 했고 그 루트(한강 유역)도 확보했다. 이 사건은 매우 중요한 의의를 지닌다. 신라의 입장에서는 이때부터 비로소 비약적인 발전을 시작할 발판을 마련한 셈이며, 한반도 전체의 입장에서는 삼국통일의 기반이 놓인 것이다. 더 장기적이고 중요한 변화는 장차 19세기 후반에 이르기까지 1천300년에 달하는 중국에 대한 한반도 왕조들의 사대관계가 이 무렵에 시작되었다는 점이다.

이후 신라는 거의 해를 거르지 않고 중국에 조공했다(《삼국사기》에 나온 조공 회수만 해도 삼국 가운데 단연 으뜸이다). 이윽고 6세기 말 중국에서 수백 년에 걸친 분열기가 끝나고 통일 왕조인 수나라가 들어서자, 백제와 신라는 마치 경쟁이라도 하듯이 607년에는 백제가, 4년 뒤에는 신라가 각기 수나라에게 고구려 공격을 부탁했다. 물론 수나라가 신라의 요청 때문에 고구려를 공격한 것은 아니지만, 적어도 그게 명분이 된 것은 사실이다. 수나라가 무리한 고구려 침공에 나섰다가 멸망하고(124쪽 참조) 당나라가 들어서자 신라는 621년 삼국 가운데 일착으로 당나라에 조공했고, 백제는 신라보다 3개월 늦게 당에 사신을 보냈다. 심지어 신라는 그 4년 뒤에는 조공하는 길을 고구려가 막고 있다고 당에 호소했다.

옛 한나라의 경우에서 보듯이, 중국의 역대 통일 제국은 늘 건국 초에 국가의 안정을 위해 변방을 정복해야 했다. 제국의 동북방에 해당하는 만주와 한반도도 그런 변방 중 하나였다(그래서 한나라는 이 지역을 복속시키고 한4군을 설치한 바 있다). 당나라도 마찬가지였다. 그런 사정에다 신라와 백제의 요청이 더해져 당이 고구려를 칠 명분은 계속 쌓였다.

이때부터 신라는 대중국 관계에서 백제를 앞서기 시작한다. 643년에 선덕여왕은 정식으로 병력을 요청하는 다음과 같은 서신까지 보냈다. "고구려와 백제가 번갈아 침공하여 수십 개의 성을 잃어, 삼가 사신을 보내오니 약간의 군사로나마 구원해주시기 바랍니다."

어차피 당은 고구려 침공에 나서겠지만 신라는 그 과정을 앞당기고자 했다. 목적 달성을 위해 신라는 본격적인 사대 외교에 들어갔다. 하이라이트는 진덕여왕 2년인 648년의 일이다. 이때부터 신라는 법흥왕 때(536년)부터 쓰기 시작한 연호를 포기했다. 연호는 독립국의 상징이니 신라는 독립국의 지위를 버린 셈이다. 여기에는 당의 요구도 있었다.

그 무렵 당 태종이 신라의 사신에게 "신라는 대조(大朝, 당)를 섬기면서 어찌하여 따로이 연호를 쓰는가?" 하고 묻자, 기겁을 한 사신은 이렇게 대답했다. "대조께서 그런 명령을 내리신다면 소국이 어찌 감히 거역하겠습니까?" 이때부터 신라는 당의 연호를 사용하기 시작했다. 이렇게 해서 중국의 연호를 사용하기 시작한 이래 한반도의 모든 왕조들은 19세기 말 대한제국이 탄생할 때까지 무려 1천300여 년이나 중국의 연호를 쓰게 된다(특히 조선시대에는 공식 역사서나 문헌에서는 말할 것도 없고 판소리 같은 민간 예술에서도 중국 연호를 썼다).

또 같은 해에 신라의 김춘추는 당에 들어가 중국의 의식(儀式)

통일신라의 유물들. 경주 안압지에 출토된 향로 뚜껑(왼쪽)과 김유신 장군 무덤에서 출토되었다고 전하는 십이지상(오른쪽 면). 신라는 삼국을 통일하고 금관과 반가사유상 등 빼어난 문화유산의 창조 주체로 기억되지만 19세기 후반에 이르기까지 중국에 대한 1천300년 사대 관계가 신라로 인해 시작되었다.

과 복식(服飾)을 따르겠다고 요청해 당의 허락을 얻었다. 그 이듬해부터 신라인들은 중국 의관을 갖춰 입게 되었다. 외국의 병력을 초청하고, 독자적인 연호를 포기하고, 외국의 의식과 복식을 자진해서 따르는 일련의 사건들을 보면 진덕여왕 2년, 서기 648년은 가히 '사대주의 원년'이라 부를 만하다. 사실상 이때부터 신라는 스스로 당의 속국이 되었다.

더욱이 백제, 고구려가 멸망한 직후인 671년에 문무왕은 군대를 이끌고 신라를 침략하러 온 설인귀에게 보낸 서신에서 신라가 당의 속국이라는 것을 명백히 밝혔다. 더구나 당시 상황은 당이 전략을 바꾸어 한반도 전체를 집어삼키려는 야욕을 노골적으로 드러내고 있는 판인데도 문무왕은 당에 배반할 의사가 없다고 말하면서 이렇게 덧붙였다. "백제와 고구려를 평정할 때 신라는 국가[당]에 잘못한 바가 없었는데도 무슨 죄로 저버림을 받는지 알 수 없습니다. …… [670년 고구려 유민들이 반란을 일으킬 때에] 고구려가 이미 반(反)하였으니 불가불 쳐야 하겠고, 피차[신라와 백제가 다

황제의 신민인즉 사리가 같이 흉적을 쳐야 할 것이며 …… 신라가 이미 국가의 주군이 되어 양국으로 나눌 수 없는 관계이니 원컨대 일가(一家)가 되어 길이 후환이 없도록 해달라고 하였습니다."

아무리 백제를 멸망시키는 데 당이 결정적인 도움을 주었다 하더라도 위의 서신은 그저 감사하고 치하하는 내용이 아니다. '황제의 신민'이라든가 신라와 당이 '양국으로 나눌 수 없는 관계'라

는 말은 신라가 당 제국의 일부이며 군현과 같은 지위임을 신라의 국왕 스스로가 인정하고 있다는 의미다.

게다가 군대의 작전권과 통수권도 신라에 있지 않았다. 672년에 백제의 잔존 세력이 신라를 침범하자 문무왕은 미처 당에 보고하지 못한 상태에서 군사를 동원해 토벌한 사건을 두고 당의 용서를 구했다. "신이 죽을죄를 지었습니다. 성조께서 성언을 내리고 나의 죄를 치니 신은 죽어도 모자랄 것입니다. 만일 용서를 내리시고 목숨을 살려주는 은혜를 주신다면 죽는다 해도 산 것과 다름없겠습니다." 신라의 생존을 위해 군대를 동원한 것이 '죽을죄'로 부를 만한 일일까? 오늘날 대한민국 정부도 군사 작전권을 미군에 맡기고 있지만 이만큼 저자세는 아니다.

어쨌든 이런 전통은 후대에도 이어져 733년 성덕왕은 당 현종의 명령으로 군사를 동원해 발해와 말갈을 쳤다. 중국 역대 왕조가 전통적으로 사용해온 이이제이(以夷制夷, 오랑캐의 힘을 빌려 다른 오랑캐를 제압하는 것) 수법에 이용된 셈이다. 심지어 819년에는 당의 절도사 이사도가 일으킨 반란에 당 헌종이 신라의 병마를 징발하자 신라는 3만 명의 군사를 보내 당의 관군을 지원했다. 말하자면 '중앙정부'의 요청에 따라 지방정부가 지방군을 파견한 격이다.

그 밖에도 여러 가지 사건으로 당은 신라의 내정에 간섭하면서 종주국임을 과시했다. 692년에는 당의 중종이 자기 조상인 당 태종과 신라의 태종무열왕(김춘추)이 같은 시호(태종)를 쓴 것에 분노해 급히 고치라는 구두 명령을 내리자 신문왕이 사죄와 하소연으로 넘겼다. 성덕왕은 당 현종과 '융기'라는 이름이 같은 탓에 '흥광'이라는 다른 이름으로 개명하기도 했다. 또 안녹산의 난을 피해 쓰촨으로 달아나 있던 당 현종에게 양쯔강을 거슬러 올라가 조공한 일은 당의 황제마저도 감격시켜 현종이 신라왕에게 오언시를 하사한 일도 있었다.

  정치적인 문제 이외에 제도의 면에서도 신라는 속국의 본분을 잊지 않았다. 혜공왕 때는 왕이 지내는 제사를 5묘(김씨 시조인 미추왕, 무열왕, 문무왕, 그리고 당대 왕의 할아버지와 아버지)까지로 확정했는데, 이것도 중국의 《예기(禮記)》에 나오는 '제후'의 예에 따른 것이다. 《예기》에는 "천자(중국 황제)는 7묘, 제후는 5묘를 제사한다"고 되어 있기 때문이다. 또한 757년 경덕왕이 신라의 지명을 대부분 중국식으로 고친 일은 사대주의의 문제만이 아니라 그때까지의 한반도 역사를 크게 왜곡·은폐하는 결과를 낳았다. 중국식으로 정리한 것 자체는 그렇다 치더라도, 상당 부분 이두문으로 쓰고 있던, 즉 사실상 우리 고유의 이름이었던 그때까지의 지명을 확연히 다른 한자어로 고쳐놓은 것들도 꽤 있었기 때문에 후대의 사가들은 원래 지명을 찾는 데 고심해야 했던 것이다. 뿐만 아니라 이로 인해 한자로 기록된 지명이 오히려 현실 생활에 거꾸로 파고들어 오늘날까지 한반도 전국이 한자 지명으로 도배되는 현상을 만들었다(예를 들어 웅진은 곰나루라고 읽고 한자로 표기할 때만 熊津이었는데, 경덕왕이 이것을 중국식 이름인 熊州로 바꾼 이후 곰나루라는 말은 점차 쓰이지 않게 되었다. 그밖에 상주, 전주, 충주 등 '州'자가 들어가는 중국식 지명은 대부분 이때 바뀐 것들이다).

  '사대(事大)'란 원래 조선시대에 중국과 수립된 정식 외교 관계를 말하는 용어이므로 그보다 1천 년 전의 사정을 가리키는 데는 적합하지 않을 수 있다. 더구나 신라의 '사대'는 당시 신라의 입장에서는 나름대로 훌륭한, 어쩌면 유일한 외교 정책일 수도 있다. 따라서 당시 신라의 사대를 두고 오늘날의 가치 기준을 적용해 '굴욕적'이라고 말하는 것은 잘못이다. 또한 단일 민족의식이 희박했던 때이므로 신라의 삼국통일을 "남의 나라 군대를 끌어들여 제 민족을 쳤다"고 비난할 필요도 없다.

하지만 사실은 사실대로 밝혀져야 한다. 중국에 대한 신라의 입장이 사대냐 아니냐가 중요한 게 아니다. 우리가 분명히 알아야 할 사실은 신라가 중국의 한 지방과 같은 입장이었고, 스스로도 그런 관계를 원했다는 점, 나아가 당시 동양의 국제 질서가 그랬다는 점이다. 한반도의 역사를 중국과 독립적이고 상당 부분 자주적인 것으로 보는 '현대적' 관점은 과거 우리 역사의 본 모습을 오히려 감추고 있는 것이다.

중국과 대등한 관계에서 대립했던 고구려, 백제가 멸망한 뒤부터 중국이 서양 세력에게 무릎을 꿇는 19세기 후반에 이르기까지 1천300년간 한반도는 중국과 대등한 관계에 있어본 적이 없다. 그런 점에서 보면, 신라의 '삼국통일'이란 신라가 한반도를 통일한 게 아니라 중국이 동아시아를 통일하고 중국 중심의 고대적 국제 질서를 확립한 사건이라고 보는 게 더 정확한 이해일 것이다.

진덕여왕 때인 648년 이후부터 신라는 독자적인 연호를 쓰지 않고 중국 당나라의 연호를 쓰게 된다. 그렇다면 우리나라 역사에서 독자적인 연호를 쓴 것은 언제였을까?

《삼국사기》에는 신라가 법흥왕 때부터 건원(建元)이라는 독자적인 연호를 썼다가 진덕여왕 때 당나라 연호로 바꾸었다는 기록만 나온다. 하지만 고구려와 백제는 원래부터 독자적인 연호를 사용했다. 연호를 쓰지 않았다면 역사 기록이 불가능한데, 고구려와 백제는 각각 독자적인 역사서를 서술했기 때문이다(108쪽 참조). 이후 우리 역사에서 중국과 다른 독자적인 연호를 사용했던 경우는 고려 초기와 19세기 말 대한제국이 성립했을 때뿐이다.

우리 역사의
공백

신라보다 강했던 가야

한반도 고대사는 흔히 고구려, 백제, 신라의 '삼국'시
대로 알려져 있다. 그러나 그것은 당시의 역사를 기록한 문헌들
이 《삼국사기》와 《삼국유사》 등 고려시대에 편찬되었기 때문이
다. 아쉽게도 고구려의 《유기(留記)》와 《신집(新集)》, 백제의 《서
기(書記)》, 신라의 《국사(國史)》 등 고대 국가 팽창기에 삼국이 각
기 자기 나라의 역사를 기록한 당대의 문헌들은 모두 후대에 전하
지 않는다. 게다가 신라는 삼국통일을 이루고서도 삼국에 관한 공
식 역사서를 편찬하지 않았다. 《화랑세기》, 《고승전》, 《제왕연대
력》 등 특정한 분야의 역사서들만 있을 뿐이다. 그 이유는 쉽게 알
수 있다. 이미 중국의 속국이 되었으므로 독립국로서의 자체 역사
서는 편찬하지도 못할뿐더러 필요도 없어졌기 때문이다. 신라 자
체도 중국의 한 지방인데 고구려, 백제의 '공식' 역사를 편찬할 이

유가 없다.

'삼국'시대로 인해 가장 크게 피해를 본 역사는 바로 가야의 역사다. 가야 6국 가운데 가장 강성했던 김해의 금관가야는 무려 500년 가까이 존속했던 왕조인데, 우리가 배우는 역사 교과서에는 단 한 페이지 분량으로 소개하고 있는 게 고작일 정도로 부당한 대우를 받고 있다.

우리나라의 단일 씨족으로는 가장 수가 많다는 김해 김씨의 시조가 바로 금관가야의 건국자인 김수로왕이다. 하늘에서 떨어진 알에서 태어났다는 그는 무려 158세를 살았고 인도 부근의 아유타국에서 온 허황옥(그녀도 157세를 살았다)을 맞아 왕후로 삼았다고 전한다. 물론 이 기록은 역사적 사실이라기보다 신화이자 설화다. 그런데 고조선시대쯤 거슬러 올라간다면 몰라도, 김수로왕이 살았던 기원후 1~2세기 무렵의 역사가 그런 설화의 형태로밖에 전하지 않는다는 것은 고대에 아무도 가야의 역사에 관심을 두지 않았다는 뜻이다. 신라의 문무왕은 어머니가 가야 왕족 후예인 김유신의 누이였으므로 가야 왕족과 인척 관계가 있었다. 그래서 그는 즉위하자마자 그동안 단절되었던 김수로왕의 제사를 계속 지내라는 명을 내리고 그 경비를 충당할 토지를 책정했다. 하지만 그것도 개인적인 조상 받들기에 불과할 뿐 가야에 대해 역사적인 관심을 보인 것은 아니었다.

이 점에 대해서는 우선 신라가 책임을 지지 않으면 안 된다. 가야를 멸망시킨 것이 신라의 법흥왕(혹은 진흥왕)인데도 신라는 가야의 역사를 제대로 보존하지 못했기 때문이다. 또한 신라가 당당한 독립국이었다면 '삼국통일'을 이룬 즉시, 이제 신라의 한 부분이 된 고구려와 백제, 가야 등에 관해 공식 역사서를 편찬해야 했을 것이다(중국의 경우 전 왕조를 타도하고 들어선 새 왕조는 50년 이내에 전 왕조의 공식 역사서를 편찬하는 게 관례였다). 한 다리 건너뛴 고려시대에 겨우 삼국에 관한 역사서가 편찬되었지만 여기에도 가야에 관한 기록은 거의 없다. 그나마 가야에 관해 전하고 있는 문헌은 고려 말의 《삼국유사》밖에 없는데, 이것도 가야가 멸망한 뒤 가야 유민이 남긴 《개황록(開皇錄)》을 참조한 지극히 간략한 기록에 불과하다.

김수로왕 시절만 해도 가야는 신라보다 강국이었다. 그 점을 보여주는 한 가지 사건이 있다. 기원후 102년에 신라의 주변에 있던 음즙벌국과 실직곡국 사이에 영토 분쟁이 일어났다. 서로 다투던 두 나라는 더 강국인 신라에게 중재를 의뢰했는데, 신라의 파사이사금은 중재할 자신이 없어 가야의 김수로왕에게 다시 의뢰했다. 김수로왕이 문제가 된 지역을 음즙벌국의 소유라고 정해주자 골

가야의 세련된 토기들. 왼쪽부터 뿔 모양 잔, 오리 모양 토기, 바퀴 달린 잔. 가야 6국 가운데 가장 강성했던 김해의 금관가야는 무려 500년 가까이 존속했던 왕조임에도 우리 역사 교과서에서 몇 줄로 처리되는 부당한 대우를 받고 있다.

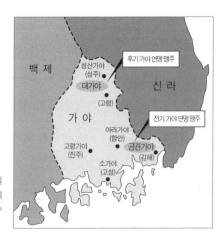

백제
성산가야
(성주)
후기 가야 연맹 맹주
대가야
신 라
(고령)
가 야
전기 가야 연맹 맹주
아라가야
(함안)
고령가야
(진주)
금관가야
(김해)
소가야
(고성)

가야 6국과 그 도읍. 우리나라의 단일
씨족으로는 가장 수가 많다는 김해 김씨
의 시조가 금관가야의 건국 시조인 김수
로왕이다.

칫거리가 해결된 파사이사금은 그 보답으로 6부에 명해 김수로왕
을 후히 접대하도록 했다. 그런데 6부 중 한지부라는 곳은 서열이
낮은 자를 시켜 왕을 접대했다. 이에 분노한 김수로왕은 부하를
시켜 한지부의 우두머리를 죽여버렸다.

6부의 수장이라면 중신인데 이웃 나라 왕에게 죽었으니 파사이
사금으로서는 펄쩍 뛸 일이다. 하지만 그는 감히 김수로왕을 탓하
지 못하고 하수인만을 잡으려 했다. 그 하수인은 음즙벌국으로 도
망쳤는데, 음즙벌국은 파사의 송환 요구를 거절하고 버티다가 마
침내 군사를 일으킨 신라에 항복했다. 이 사건은 당시 가야와 신
라의 역관계를 말해주는 좋은 사례다. 신라의 왕이 가야의 왕에게
중재를 요청하고 가야의 왕이 신라의 중신을 처단했는데도 신라
의 왕이 어쩌지 못했다면 당시 가야는 확실히 신라보다 강국이었
을 것이다.

하지만 과거에 그렇게 강성했던 가야는 6세기 초에 신라에게
멸망당했고, 잔존 세력이 백제에 의탁해 백제와 신라의 전쟁에 참

전했다가 그마저도 신라의 손에 전멸당했다. 당시 신라의 장수는 김유신의 할아버지인 김무력이었는데, 그는 가야 왕족 출신이었으므로 결국 가야는 가야 왕족의 후손에 의해 멸망당한 셈이다.

그런데 500년간을 존속한 가야 왕조가 어째서 고대 국가로 발전하지 못했을까? 기록이 워낙 부실해 정확히 알 수는 없지만, 아마 신라와 패권을 다투다가 패했기 때문일 것이다. 그러나 가야가 실제로 고대 국가를 이루지 못했는지조차 확실한 사실은 아니다. 그만큼 가야에 관해 알려진 사항이 없기 때문이다. 지역과 개략적인 연대 이외에는 전해지는 게 없는 가야 왕조의 역사를 밝히는 일은 당대에는 신라의 책임이었지만, 지금은 우리 민족 모두의 공동 책임이 되었다.

한국사 질문하는 시간 일제 강점기에는 고대에 일본이 가야를 속국으로 거느렸다는 학설이 제기된 적이 있었다. 일본이 어떻게 한반도의 가야를 다스렸다는 것일까?

일본이 4세기 중반에 가야를 정벌했고 6세기 중반까지 약 200년 동안 가야를 통해 한반도 남부를 경영했다는 설을 임나일본부설이라고 부른다. 이는 《니혼쇼키》의 기록을 근거로 하여 주장된 것인데, 일본이 날조한 우리 역사의 대표적인 예로 꼽힌다. 《니혼쇼키》는 고대 천황에 신적인 권위를 부여하기 위해 과장이 많이 섞인 역사서인 데다 당시 일본은 고대 국가도 성립되기 이전이므로 바다 건너까지 진출했다는 것은 정황에 맞지 않는다. 다만 가야가 고대 일본과 무역 등의 교류를 어느 정도 했던 것만은 사실로 보인다.

김춘추의
화려한 외출

고대 최고의 외교관

　　"저희 나라는 그간 천조(天朝, 천자의 나라, 즉 당나라)를 오랫동안 섬겨왔는데, 백제가 교활하고 강하여 침략을 거듭하다가 입조(入朝, 당에 사신을 보내는 일)의 길을 막아버렸습니다. 폐하께서 천병(天兵)을 내어 그 흉악한 적을 물리쳐주시지 않으면 저희 백성은 다 사로잡히어 다시 조공하지도 못하게 될 것입니다."

　　"듣자니 그대 나라에 김유신이라는 장수가 있다는데 그의 사람됨이 어떠한가?"

　　"유신에게 재주와 지혜가 조금 있기는 하지만 황제의 위엄을 빌지 않고 어찌 쉽사리 나라의 우환을 없애겠습니까?"

　　진덕여왕 2년(648년) 백제를 없애달라고 부탁하기 위해 당나라에 간 신라의 김춘추와 당의 황제 태종이 나눈 대화다.

안으로는 성골 출신 왕의 계보가 무너지면서 극심한 권력투쟁이 벌어지고, 밖으로는 고구려와 백제가 신라의 성장을 견제하는 상황에서 '출장 외교'를 떠난 김춘추는 그 안팎의 문제를 해결하는 유일한 길로 당나라 군대를 끌어들이는 방법을 택했다. 적어도 신라의 운명에 관한 한 그의 판단은 옳았다. 결국 당나라는 신라를 위협하던 백제와 고구려라는 나라를 한반도 지도상에서 영원히 지워버렸으니까. 그것으로 '삼국통일'이 이루어졌고, 이후 우리 역사에서는 20세기에 남북 분단이 있기 전까지 분열 시대가 없었다. 그러나 당시 김춘추는 그런 역사적인 사명을 품은 게 아니라 주로 백제에 대한 국가적·개인적 원한에서 '출장 외교'를 구상한 것이었다. 그 '원한'의 내용을 보자.

왕위계승을 둘러싸고 동서지간인 백제 무왕과 신라 김용춘이 다툼을 벌이면서 백제와 신라는 다시 치열한 전쟁에 휘말렸다. 이때부터 백제가 멸망할 때까지 약 50여 년간 두 나라는 수많은 전투를 벌였는데, 그 가운데 가장 큰 것이 바로 642년의 대야성 전투다.

대야성은 지금의 합천, 그러니까 백제와 신라를 잇는 교통의 요지다. 지금은 국립공원이 된 거대한 지리산 자락이 백제와 신라를 구분하고 있어 두 나라는 대야성을 거치지 않으면 육로 왕래가 어려웠다. 그래서 대야성은 일찍부터 한강 유역과 더불어 백제와 신라 간의 중요한 쟁탈지였으며, 그 자체로도 40여 성읍을 관할하고 있어 전략적 가치가 매우 큰 곳이었다.

당시 대야성의 책임자는 김품석이었고, 백제 공격군의 선봉은 부여윤충이었다. 양측은 장수의 자질에서부터 차이가 컸다. 윤충은 명장 성충의 동생으로 이미 여러 차례 빛나는 전공을 세워 이름이 높았고, 품석은 당대의 실력자 김춘추의 사위라는 것만 믿고 위세를 떠는 소인배였다. 더군다나 품석은 부하인 검일의 아내를 빼앗아 첩으로 삼은 일로 검일의 원한을 사고 있었다. 결국 검일이 백제와 결탁하면서 대야성은 내외의 공격으로 쉽사리 백제군에게 함락되고 말았다.

문제는 성을 함락시킨 백제군이 김품석 부부를 무참히 살해한 사실이다. 예전에 백제 성왕이 신라군에게 죽은 데 대한 보복적 성격이 짙었으나 그것은 벌써 100년 전의 일이다. 김춘추는 대야성이 함락된 사실에 못지않게 끔찍이 아끼던 딸과 사위의 죽음으로 백제에 대한 원한이 뼈에 사무쳤다. 그는 그 비보를 듣고 멍한 눈으로 하루 종일 기둥에 기대어 서 있다가 피눈물을 떨구며 이렇게 다짐했다고 전한다. "슬프도다. 대장부가 되어 어찌 백제를 멸하지 못하리!"

그러나 아직 신라의 군사력은 백제에 비해 열세였다. 그래서 그는 그 다짐을 자신의 손으로 실현하지 못하고 원군을 청하고자 했다. 일차 대상은 고구려다. 왕의 허락을 얻어 고구려로 떠나면서 고대 최고의 외교관 김춘추의 화려한 외교 활동이 시작되었다. 《니혼쇼키》에 전하듯이 잘생긴 외모에다 언변이 화려했던 김춘추는 외교관으로서는 적격이었다.

마침 그 해 고구려는 연개소문이 유혈 쿠데타로 집권해 허수아비 보장왕을 옹립한 상태였다. 김춘추가 백제의 '죄상'을 낱낱이 보고하고 군사를 청하자, 연개소문은 그가 미처 예상치 못한 조건을 내걸었다. "죽령[지금처럼 경상북도와 충청북도를 가르는 고개가 아

태종무열왕릉비. 거북 형상을 하고 있지만 김춘추는 53세의 늦은 나이로 왕위에 올라 7년밖에 재위하지 못했다.

니라 강원도 삼척에 있었다)은 본디 우리 영토였으니 그 땅을 돌려주면 원군을 보내주겠노라." 첫 외교 활동에서 난처해진 김춘추. 그러나 타고난 순발력으로 재치있게 답변했다. "저는 왕명을 받들어 군사를 청하러 왔을 뿐, 다른 권한은 없습니다." 하지만 애초에 김춘추를 잡아 가두려는 게 연개소문의 속셈이었으니 그 제의는 명분이었을 뿐이다(당시 연개소문은 백제와 비밀리에 동맹을 맺고 당나라의 침공에 대비하고 있던 터였다). 투옥되어 죽을 운명에 처한 김춘추는 틈을 보아 고구려의 중신인 선도해에게 뇌물을 보내 술자리를 마련했다.

물론 선도해로서는 상관인 연개소문의 명을 거역할 수 없었다. 그 대신 뇌물 먹은 값을 해주는데, 그게 바로 '토끼와 거북이' 이야기다. 용왕의 딸이 병에 걸렸는데 토끼의 간이 치료약이다. 그래서 토끼의 간을 구하러 뭍에 오른 거북이가 토끼를 꾀어 등에 태우고 용궁으로 간다. 도중에 거북이가 사실을 말해주니 토끼는 기지를 발휘해 간을 뭍에 두고 왔노라고, 진작 말했으면 그냥이라도 줄 텐데 그랬느냐고 능청을 떤다. 이 말에 속은 거북이가 다시 토끼를 뭍으로 데려다주니 그물에 들어온 고기를 놓친 격이다.

김춘추와 같은 입장에서 이 이야기를 듣고 그냥 웃어넘길 바보는 없다. 김춘추는 선도해가 일러준 계략에 따라 '간'(죽령)을 내주겠다며 '거북이'(연개소문)를 속이고 용궁(고구려)을 탈출한다. 물론 간은 애초부터 줄 생각이 없었다.

용궁에 갔다 온 김춘추는 첫 번째 출장을 귀중한 경험으로 삼고, 이번에는 당나라에 원병을 청하러 갔다(단일민족 의식이 거의 없었던 당시 신라에게는 고구려나 중국이나 '외국'이기는 마찬가지였다). 두 번째에는 기교도 훨씬 늘어 다짜고짜 자기 생각을 드러내지 않고 먼저 당의 국학(國學, 오늘날의 국립대학에 해당한다)에 가서 제사와 강론을 참관했다. 그 성의가 통했던지 그는 이윽고 당 태종을 만날 수 있었다.

김춘추가 당 태종 앞에서 본심을 털어놓는 장면이 앞에 소개한 대화다. 대화에서 보듯이 그는 심지어 동지이자 처남인 김유신의 명예를 팔면서까지 초지일관 저자세를 취했다. 원래 수나라의 복수(121쪽 참조)와 고구려의 영토에 욕심이 있었던 당 태종이 그 청을 마다할 리 없다. 즉시 승낙이 떨어지자 김춘추는 중국 복식을 따르고 싶다고 청하고, 함께 데려간 자신의 둘째 아들(김인문)을 볼모로 맡겼다.

여기서 잠깐 눈을 돌려 당나라가 왜 고구려의 영토를 호시탐탐 노렸는지 살펴보자.

드넓은 중국 대륙을 차지하고도 영토가 부족했기 때문일까? 그 것은 아니었다. 중국의 역대 통일 왕조들은 중국 대륙을 장악한 즉시 북변을 정리하는 일을 첫 과업으로 삼았다. 한 무제가 흉노를 정복하고 군들을 설치한 것이나, 수 문제(文帝)와 당 태종이 돌궐을 정복하고 고구려를 친 것이 모두 그 일환이었다. 이런 역사는 이후에도 되풀이된다. 명나라 초기인 14세기 말에는 한반도의 신흥국이었던 조선과 잠시 갈등을 벌였으나 조선이 먼저 머리를 숙이고 들어온 탓에 전쟁으로 이어지지는 않았다. 하지만 17세기에는 조선이 명에 대한 사대로 신흥 제국인 청을 거부하자 청이 대륙을 정복하기에 앞서 후방 다지기의 일환으로 조선을 쳤다. 그것이 우리 역사에 정묘호란(1627년)과 병자호란(1636년)으로 기록된 사건이다. 이렇듯 중국의 왕조들은 대륙을 통일하기 직전이나 직후에 늘 변방을 정리했는데, 그것이 한반도 왕조들에 큰 영향을 미쳤다.

　김춘추의 '성의'는 당나라의 결심을 재촉하는 데 중요한 계기가 되었다. 당시 당나라는 고구려를 섣부르게 정복하려 했다가 참패를 당한 직후였으므로(133쪽 참조) 신라와 백제 가운데 한 나라와 결탁하지 않으면 고구려를 공격할 수 없는 처지였다. 백제도 무왕 때부터 부지런히 당에 조공하고, 야심가였던 의자왕은 더욱 빈번하게 당에 사신을 보냈지만, 결국 당 태종이 낙점한 것은 신라였다. 그 이유는 김춘추의 활약 덕분이기도 하지만 백제보다 신라가 당의 파트너로서 더 낫다는 판단 때문이었다. 일찍이 백제 무왕은 수나라의 고구려 원정 때 수나라를 돕기로 한 약속을 저버린 적이 있었다. 게다가 당 태종은 백제에 비해 힘이 약한 신라를 지원하는 것이 한반도 정복 이후의 정세를 주도하는 데 유리하다고 판단했다.

　국가적 위기를 맞아 신라를 구한 김춘추는 654년 진덕여왕이 죽자 군신의 추천을 받아 진골 출신으로서는 최초로 왕위에 올랐다. 그가 바로 태종무열왕이다. 군신은 처음에 원로대신인 이찬(신라의 벼슬 이름) 알천을 왕으로 추대했지만, 실은 정치적 제스처였을 뿐이다. 누가 보아도 왕의 자리는 김춘추의 몫이었으므로 알천은 김춘추를 '세상을 구한 영웅'이라고 추켜올리며 왕위를 양보했다. 김춘추의 화려한 외교 활동이 마침내 결실을 거둔 것이다. 그러나 그때까지 두 명의 '비정상적인' 여왕이 재위한 탓에 왕위에 오른 그의 나이는 이미 53세였다.

중이 제 머리를 깎지 못한다고, 김춘추가 왕위에 오르는 데는 알천에게 압력을 가한 김유신이 결정적인 역할을 했다. 김춘추는 김유신에게 자기 딸을 시집보내 보답했는데, 덕분에 두 사람 간의 촌수는 묘해졌다. 김유신의 누이동생은 김춘추의 왕후였고 김춘추의 딸은 김유신의 아내가 되었으니 두 사람은 처남-매부이자 장인-사위가 되어버린 것이다. 더구나 장인(김춘추)은 사위(김유신)보다 일곱 살이나 적은 처지였다.

659년 백제의 침략이 다시 잦아지자 태종무열왕은 일찍이 출장 외교를 통해 약속을 받아두었던 당에 원군을 요청했다. 이듬해 3월 서해안에 도착한 당군은 신라군과 연합하여 7월에 드디어 백제를 멸망시켰다. 도망친 백제의 의자왕 대신 왕자 부여융이 무릎 꿇은 자리에서 김춘추의 맏아들 법민(후에 문무왕이 된다)은 그에게 침을 뱉으며 이렇게 말한다.

"지난날 네 아비가 내 누이를 원통히 죽여 옥중에 파묻은 일이 있다[대야성 사건을 말한다]. 그것이 20년 동안 내 가슴과 머리를 아프게 하더니 오늘 네 목숨이 내게 달렸구나!"

결국 김춘추 부자가 가문의 원한을 갚은 행위는 곧 중국을 끌어들인 '삼국통일'의 단초가 되고 말았다.

**한국사
질문하는
시간**

?

앞에서 한 무제의 흉노 축출이 세계사에 미친 영향을 본 바 있다. 그럼 수 문제와 당 태종의 돌궐 축출은 세계사에 어떤 영향을 미쳤을까?

6세기 말과 7세기 초에 걸쳐 중국 북변에서 쫓겨난 돌궐은 선조 격인 흉노처럼 역시 서쪽으로 이동했다. 중앙아시아에 자리 잡은 이들은 돌궐의 음차어인 투르크(Turk)라는 이름으로 불리게 되는데, 오늘날 터키(Turkey)의 조상이다. 투르크는 당시 중동에서 생겨난 신흥 종교인 이슬람교를 받아들여 중앙아시아의 패자로 군림하다가 12세기에는 유럽의 십자군을 공격하고 15세기에는 비잔티움 제국(동로마)을 멸망시켰다. 고대에 흉노의 이동이 게르만족을 이동시켜 서로마제국이 멸망했고, 중세에 돌궐의 이동이 동로마제국을 멸망시켰으니, 결국 중국 통일 제국의 북변 정리가 유라시아 대륙의 서쪽에까지 세계사적 변동을 빚은 셈이다.

살수대첩의
숨은 공신

을지문덕에 가린 영웅 건무

　신라가 불완전하게나마 삼국통일을 이룬 것은 고구려가 수백 년 동안 중국의 한, 수, 당 등 막강한 통일 왕조들의 침략을 막아낸 덕분이기도 하다. 중국은 통일 왕조가 들어설 때마다 호시탐탐 한반도의 정복을 노렸으나, 매번 시도할 때마다 고구려에게 가로막혀 일차 관문에서 저지되곤 했다. 반면 중국 대륙이 여러 나라로 분열되어 있을 시기에는 고구려가 선공에 나서 중국의 변방(특히 랴오둥)을 지배하는 경우도 많았다. 만약 어느 한 차례의 전쟁에서든 고구려가 졌더라면 중국은 일찌감치 고구려, 백제, 신라를 모두 복속시켜 한반도를 중국의 완전한 영토로 만들었을지도 모른다.

　'철의 수문장' 고구려가 치른 최대의 전쟁은 을지문덕의 활약으로 유명한 612년의 살수대첩이다. 여기에는 배경이 있다. 589년에 중국을 통일한 수 문제는 변방 정리의 일환으로 한반도마저 손아귀에 넣으려 했다. 하지만 598년에 원정을 출발한 육군은 식량 보급 문제와 전염병에 시달렸고 수군은 폭풍을 만나는 바람에 중도에 포기했다. 이렇게 1차 고구려 원정은 허무하게 실패했다. 그러나 육군과 수군이 우연하게도 동시에 조난을 당했다는 기록이나, 30만 대군의 9할이 싸워보지도 못하고 죽었다는 기록을 그냥 믿어 넘길 수 있을까? 필경 작지 않은 규모의 접전이 있었을 것이다. 어쨌거나 관련 기록이 없으니 그렇다 치고 넘어갈 수밖에 없고, 진짜는 2차전이다.

수 문제의 아들 양제(煬帝)는 아버지의 유지를 받들어 14년 뒤에 또다시 고구려 원정을 떠났다. 고구려가 조공 길을 방해하니 응징해달라는 백제와 신라의 간청도 있었지만, 양제는 짐짓 거창한 명분을 앞세웠다. "고구려는 한나라와 위나라 때부터 골칫거리였다. 지금 천하가 다 우리를 받드는데, 오직 고구려만이 남아서 조공 길을 가로막고, 도적질을 일삼으니 참을 수 없다. 사군(事君, 임금을 받듦)의 마음이 없으니 어찌 신하의 예로써 대하랴? 더구나 고구려 백성들은 호족들의 탄압에 신음하고, 기근에 시달리고, 요역에 괴로워하고 있다. 내가 친히 전군을 통솔하여 하늘의 뜻에 따라 나아갈 것이다." 늘 중국과 대등한 관계를 유지했던 고구려에게 '사군의 마음'이라니? 더구나 언제부터 중국이 남의 나라 백성의 '고통'에 그렇게 신경을 써주었던가?

양제가 고구려 원정에 동원한 군대는 전투군만 무려 113만 명, 군량 보급 부대는 그것의 두 배에 달하니 합게 300만 명이 넘는 데다, 기병 30만 명, 수군 10만 명, 함선 3천 척의 어마어마한 대군이다. 960리에 달하는 행군 대열에다, 매일 1개 부대씩 떠나서 다 출발하는 데만도 40일이 걸렸을 정도라면 그 규모를 짐작하기 어렵지 않다. 알렉산드로스의 동방 원정군이 4만 명, 한니발의 로마 원정군이 8만 명이었던 사실과 비교하면, 수 양제의 대군은 동서고금을 통틀어 엄청난 규모의 원정군이다. 원정 정도가 아니라 아예 이참에 고구려의 씨를 말리겠다는 의도가 아닐 수 없다.

수적으로 열세인 고구려가 취한 전술은 맞받아치기를 피하면서 일단 수비를 튼튼히 하고, 치고 빠지며 카운터펀치를 노리는 것이었다. 이른바 게릴라전인데 인류 역사만큼이나 오랜 전술이다. 수 양제가 이끄는 군대는 랴오둥 지방의 각 성을 공략하며 좌충우돌했으나 단 한 개의 성도 함락시키지 못했다. 고대에는 국경이라는 것이 지금처럼 선(線)의 개념이 아니라 성곽을 중심으로 한 점(點)의 개념이었으므로 성들을 함락시키지 않고 적진 깊숙이 들어가는 것은 대단히 위험했다. 따라서 양제는 한 걸음도 전진하지 못하고 넓은 랴오둥 벌판에서 이리저리 맴돌기만 했다.

육군이 헤매는 동안 수군은 평양으로 직접 쳐들어왔다. 수백 리에 달하는 선단을 이끌고 침공한 수나라의 장수 내호아는 고구려의 수군과 맞붙을 때마다 연전연승했다. 이에 기고만장해진 내호아는 내친 김에 평양성을 공격하기로 결정하고 정예군 4만 명을 선발해 패강(대동강의 옛 이름) 유역에 상륙했다. 그러나 여기에는 고구려 영양왕의 아우인 건무가 이미 매복하고 있었다. 이때부터 대반전이 시작되었다.

병력을 매복시켜놓은 건무는 쳐들어오는 수나라 군대를 일단 방치하면서 반격의 기회를 노렸다. 승전 무드에 취한 적군은 평양

근방에 이르러 곳곳에서 약탈을 일삼으며 대오도 짓지 않았다. 매복군이 발동한 것은 그때였다. 수나라군은 고구려군의 매복 전술에 걸려 거의 몰사하고 수천 명만 살아남아 선단으로 도망쳤다. 건무는 적을 추격해 수나라의 보급선단마저 유린해버렸다.

한편 여전히 랴오둥에서 배회하던 수 양제는 일단 수군과 조우하기로 한 일정 때문에 군사를 나누어 일부를 우문술과 우중문에게 맡기고 평양을 향해 진군하게 했다. 그러나 이 군대는 처음부터 문제가 있었다. 랴오둥에서 너무 오래 헤매고 다닌 끝에 병사들이 다 지친 상태였다. 각 인마(人馬)에게 100일간의 양식을 주었지만, 병사들은 그것조차 무거워 몰래 땅에 파묻어버렸다. 물론 예정대로 내호아가 이끄는 수군이 평양 부근에 도착해 있다면 양식 걱정은 하지 않아도 좋으리라. 그러나 그들이 먹을 식량이 이미 패강에서 물고기 밥이 되어버린 사실을 그들이 알 리 없다. 이 군대가 고구려의 유인 작전에 속아 살수에서 몰사한 것이 바로 살수대첩이다.

그 살수대첩의 고구려 지휘관은 지금 서울의 도심 거리 이름을 장식하고 있는 을지문덕이다. 가뜩이나 한 개 성의 항복도 받아내지 못한 채 벌판을 헤매던 양제는 30만 명의 군사가 살수대첩에서 거의 다 죽고 겨우 2천700명만 살아 돌아온 것을 보고 원정을 지속할 힘을 잃었다.

무려 300만 명의 병력을 동원하고도 참패한 수 양제는 분을 삭이지 못해 이듬해 다시 고구려 원정을 출발했지만, 본국에서 반란이 일어났다는 소식을 듣고 회군했다. 또 그 이듬해 다시 원정을 계획했으나 이번에는 고구려에 가면 죽는다는 소문이 나돌면서

징병 자체가 이루어지지 않았다. 막대한 국력 손실로 수나라는 살수대첩에서 패한 지 6년 만에 멸망하고 말았다.

건무의 작전이 성공하지 못했다면 을지문덕의 승리가 있었을까? 살수대첩은 을지문덕만의 전공이 아니라 고구려의 기민한 수군과 육군이 절묘하게 어우러진 작전의 승리였다. 하지만 대성공의 한 기둥이었던 건무의 이름은 《삼국사기》의 열전(列傳, 영웅이나 유명 인물에 관한 기록)에도 오르지 못했다. 건무는 그 전공에 힘입어 다음 왕인 영류왕으로 즉위하게 되지만 연개소문에게 죽는 비운을 당한 탓에 을지문덕의 명성에 완전히 가렸다. 그로서는 차라리 왕위에 오르지 못하더라도 을지문덕과 함께 살수대첩의 영웅으로 역사에 이름이 빛나기를 더 바랐을지도 모른다.

한국사 질문하는 시간 중국을 통일한 수나라는 처음부터 변방을 정리해 신흥국을 안정시키려 노력했다. 고구려는 그에 대해 어떻게 대비했을까?

수나라가 중국을 통일한 것은 한나라가 무너진 지 거의 400년 만의 일이었다. 너무 오랜만의 통일인지라 그 다음 수나라가 어떻게 나올지는 뻔했다. 그러나 고구려는 그에 대해 준비를 철저히 하지 못하고 있었다. 그런 점에서 보면 고구려가 수나라를 물리친 것은 행운이기도 했다. 수나라에 뒤이어 당나라가 들어서자 고구려는 이윽고 대비에 나서는데, 그 결과가 바로 천리장성이다. 631년 영류왕의 명으로 축조되기 시작한 장성은 연개소문이 쿠데타로 정권을 잡은 뒤인 647년에 완성되었다. 천리장성은 영구적인 수비를 위한 것이 아니었고 기존의 성곽들을 성벽으로 이어놓아 적군의 진공을 더디게 하기 위한 것이었다. 실제로 당나라가 침공해왔을 때 천리장성은 별로 방어의 구실을 하지 못했다.

충신을 죽이지 않으면
나라가 망하리라

성충 형제의 죽음과 백제의 멸망

　　백제의 마지막 왕인 의자왕처럼 굴절 많은 삶을 산 사람도 없을 것이다. 난세에 태어나 치세로 바꿀 절호의 기회를 맞았다가 자멸로 대세가 역전되어 '3천 궁녀'와 함께 죽지도 못하고 도망쳤지만 적군에 사로잡혀 결국 바다 건너 중국에서 욕된 목숨을 마감한 파란만장한 삶이었다. 대개 왕조의 마지막 왕이라고 하면 인물됨이 쭉정이거나 허수아비 역할인 데 반해(고구려 보장왕, 신라 경순왕, 고려 공양왕, 조선 순종이 다 그랬다), 의자왕은 마지막 왕들 가운데 가장 군주다운 군주였다.

　　신라와의 치열한 전쟁이 한창이던 641년에 즉위한 그는 그 이듬해에 대야성 전투(114쪽 참조)에서 대승을 거둔 것을 필두로 10년 동안 신라와의 전투에서 거의 연전연승하며 신라를 막다른 골목에 몰아넣었다. 일찍이 해동증자(海東曾子, 증자는 공자의 제자로 군주의 덕목을 정리한 인물이다)라는 별명이 있을 만큼 지략이 출중했던 의자왕이었지만, 그의 전공(戰功)은 두 명의 명장이 아니었다면 불가능했다.

부여성충과 부여윤충 형제는 각기 병관좌평(지금의 국방부 장관)과 야전군 사령관을 맡아 신라와의 전쟁에서 빼어난 활약을 보였다. 특히 대야성 공격은 성충이 전략을 수립하고 윤충이 대장군을 맡아 승리한 '형제는 용감했다'의 표본이다.

또한 성충은 고구려에 가서 연개소문과 비밀 동맹을 맺는 등 외교관으로서도 뛰어난 능력을 보였다(김춘추가 고구려 외교에서 실패한 이유는 그 동맹 때문이었다). 성충의 대세관에 따르면, 고구려와 당나라는 어느 쪽이 선공을 하든 머지않아 한 판 크게 붙을 형세였고, 당은 결국 약소국 신라와 결탁해 백제를 견제하려 할 터였다. 그렇다면 전쟁은 '고구려 대 당, 백제 대 신라'의 구도로 벌어질 게 틀림없었다. 백제로서는 나쁘지 않았다. 힘에 버거운 상대를 맞은 고구려에 비해 백제는 유리한 입장에 서게 되며, 잘하면 이참에 껄끄러운 상대 신라를 멸망시킬 수도 있었다.

그러나 성충이 미처 예상하지 못했던 변수가 몇 가지 있었다. 우선 당이 고구려 공격에서 대패하자 공격을 중지하고, 신라와 연합군을 구성해 먼저 백제를 총공격하기로 궤도를 선회했다는 점이다. 때마침 고구려는 연개소문이 죽고 정국이 혼란스런 상태였으므로 백제가 고구려에 지원을 요청하기도 어려웠다. 더구나 당과 신라의 동맹은 두 나라가 한 덩어리를 이루는 '통합'에 가까운 데 비해, 백제와 고구려의 동맹은 서로 역할 분담을 하는 정도에 불과했다. 원래 공격을 목표로 삼은 동맹(당과 신라의 동맹)과 수비를 위한 동맹(고구려와 백제의 동맹)은 서로 성격이 다를 수밖에 없지 않은가? 공격 동맹은 굳지만 수비 동맹은 느슨하다. 엎친 데 덮친 격으로 백제 내부에서도 문제가 터졌다. 그것은 이해할 수 없는 의자왕의 변화였다.

즉위 10년이 넘어가면서 의자왕은 돌연 사람이 변한 듯했다. 갑자기 방탕해지고 사치를 즐겼다. 동북아시아 전체에 전운이 감도는 분위기를 전혀 모르는 것처럼 태자궁을 짓느니, 망월정을 짓느니 하면서 쓸데없는 일로 부산을 떨었다. 당연히 성충의 충언은 왕의 귀에 들어오지 않고 오히려 왕은 성충의 말에 분노해 그를 옥에 가두어버렸다. 성충은 얼마 안 가 옥사하고 말았다. 이로부터 불과 몇 년이 못 가 백제가 멸망하게 된다. 성충의 죽음은 그 신호탄이었다.

그런데 성충이 투옥된 사건은 신라 김유신의 계략이었다는 이야기가 전한다. 무장이라기보다 계교에 능한 책략가였던 김유신은 조미곤을 첩자로 보내 백제의 중신인 임자의 집에 종으로 있게 하고 백제의 정세를 한동안 염탐하다가, 기회를 잡아 조미곤에게 최후의 명령을 내렸다. 그 내용은 임자에게, 장차 신라가 망하든 백제가 망하든 김유신과 임자 사이에 흥하는 쪽이 망하는 쪽의 뒤를 봐주기로 사적인 밀약을 하자는 것이다. 이 제안을 임자가 수락하자 김유신은 무당인 금화를 임자에게 보내 의자왕에게 천거하도록 했다.

비록 타락했으나 그래도 일국의 왕으로서 나라의 앞날을 걱정한 의자왕은 금화에게 백제의 안위를 점쳐달라고 했다. 이때 금화의 답이 묘했다. "충신 형제를 죽이지 않으면 나라가 곧 망할 것이

부여 능산리에서 나온 관 꾸미개(왼쪽)와 공주 수촌리에서 나온 닭 머리 모양 주전자. 각각 7세기와 5세기의 백제 유물이다. 국제 문화가 교차하는 통로였던 백제는 의자왕의 굴절 많은 삶과 더불어 막을 내린다.

요, 죽이면 영원히 흥할 것입니다." 충신을 죽여야 나라가 산다는 말이 어찌 사리에 맞겠느냐고 되묻자 금화는 의미심장한 미소를 띠면서 이렇게 말한다. "이름은 충신이지만 사실은 그렇지 않기 때문입니다." 그제야 의자왕은 성충과 윤충 형제를 떠올렸다. 충성 충(忠)자를 쓰고 있는 그들의 이름이 바로 그렇지 않은가?

이리하여 성충은 옥사하고 윤충도 한창 전장에서 활약하던 중에 역적의 혐의로 소환되어 화병으로 죽었다. 성충은 죽기 직전에 왕에게 마지막 상소를 올렸다. "신은 죽을지라도 한 말씀 꼭 올리겠나이다. 장차 닥칠 전쟁에서 적이 오거든 육로에서는 탄현[지금의 충남 대덕]을 막고 수로에서는 백강[지금의 장항]을 막아 대비하시기 바랍니다."

그러나 마음을 돌린 왕에게 이 말이 귀에 들어올 리 없다. 결국 5년 후에 당과 신라의 연합군이 성충의 예상대로 침입해왔는데, 그때도 의자왕은 간신배들의 말을 좇다가 충분히 대비하지 못했다. 적군이 궁성으로 밀려들어올 무렵에야 비로소 정신을 차린 왕은 "성충의 말을 따를 것을!" 하고 뼈저리게 후회했으나 모든 후회는 뒤늦은 법이다.

　'충'이라는 이름자에 걸맞게 끝까지 충직했던 성충, 윤충 형제는 결국 비운에 죽고 말았으니 나라가 망하는 꼴을 직접 보지 못했던 게 오히려 다행이랄까? 더구나 신라 중심으로 편찬된 《삼국사기》에는 열전 중에 김유신전은 을지문덕전의 열 배가 넘는 분량으로 수록된 반면, 성충의 이름은 아예 없다. 때를 만나지 못한 영웅 성충은 지하에서도 피눈물을 삼켰을 것이다.

한국사
질문하는
　시간　의자왕의 '3천 궁녀'는 정말 강물에 빠져 죽었을까?

　지금 충청남도 부여군 부소산에는 백마강을 굽어보는 바위가 있는데, 백제가 멸망할 때 의자왕의 궁녀들 3천 명이 떨어져 죽었다고 해서 바위 이름이 낙화암(落花岩, 꽃이 떨어진 바위)이다. 하지만 당시 백제 왕실이 3천 명이나 되는 궁녀를 거느렸다는 것도 믿기 어렵다. 설령 궁궐에서 일하는 여자들까지 모두 합쳐 얼추 그 정도가 되었다 하더라도 그 많은 사람이 한꺼번에 강물에 빠져 죽었다는 것도 믿기 어렵다. 사실이라기보다는 백제의 멸망이 그만큼 비장했음을 말해주는 전설일 것이다. 백제가 멸망한 직후 당나라는 의자왕과 두 아들, 주요 대신들 88명과 함께 백성들 1만2천 명을 잡아갔는데, 궁궐에서 일하는 사람들은 대부분 여기에 포함되었을 것이다.

당 태종의
고구려 콤플렉스

이세민과 연개소문의 첩혈쌍웅

　　영웅은 난세에 등장한다고 한다. 역사적 사실에서 나온 경험적인 이야기지만, 태평성대에 설령 영웅의 자질과 기질을 갖춘 사람이 있다 한들 무슨 소용이 있을까? 사람이 시대를 만들지만 시대가 사람을 만드는 경우도 있다. 중국의 역대 군주들 가운데 영웅으로 꼽혀 손색이 없는 당 태종 이세민의 시대도 그런 난세였다.

　　동북아시아의 패권을 놓고 고구려와 벌인 한 판 승부에서 완패한 수나라는 통일 왕조에 걸맞지 않게 40년도 못 가 북변에서 일어난 반란으로 멸망했다. 반란군의 지휘자는 군벌 출신의 이연이었다. 수도 장안을 접수한 반란군은 이제 '정부군'이 되어 쿠데타의 공식에 따라 권력을 장악했다. 이연은 일단 수 양제의 손자를 왕으로 옹립했다가 얼마 안 가 폐위시키고 나라 이름을 당으로 바꿔 자신이 황제로 즉위했다.

당 고조 이연에게는 아들이 셋 있었는데, 쿠데타를 건의하고 실행하는 데 가장 크게 기여한 아들은 둘째인 이세민이었다. 하지만 맏아들 위주의 엄격한 질서에서 그에게 왕권이 돌아올 리 없다. 그런데 그 맏아들이 죽는다면 어떻게 될까? 이세민은 이 간단한 가정을 현실로 만든다. 태자로 책봉된 형 건성과 잠재적인 경쟁자인 아우 원길을 다 죽이고 제위에 오른 것이다. 그는 쿠데타를 두 차례나 일으키며 권력을 손에 쥐었다. 당나라를 세운 것은 큰 쿠데타였고 형제를 죽인 것은 작은 쿠데타였다.

비록 피비린내 나는 과정을 거쳐 황제가 되었지만 당 태종은 군인으로서도 탁월했고 정치가로서도 뛰어난 지도자였다. 이세민이 집권한 23년간 신생국 당은 내외적으로 크게 발전했는데, 후대 역사가들은 그의 치세를 '정관(貞觀, 당 태종의 연호)의 치'라고 불렀다. 또한 그는 전대(前代)의 역사서를 편찬하는 역사적 공로도 세웠다. 그 가운데 《진서(陣書)》는 직접 저술하기도 했으니 여러 가지 면에서 영웅이라 부르기에 손색이 없었다.

그래도 본색은 역시 무장이었다. 뛰어난 전략가였던 그는 돌궐과 고창국을 복속시켜 명실상부한 동양의 패자가 되었다. 그러나 그가 유독 정벌하지 못한 나라가 있었다. 그것이 바로 고구려다. 패배를 모르던 그에게 쓴 맛을 안겨준 사나이는 고구려의 영웅 연개소문이었다.

연개소문이 등장할 무렵 고구려는 살수대첩의 두 영웅 건무와 을지문덕 사이에 의견이 엇갈려 내분이 일어났다. 영류왕이 된 건무는 일찍이 장수왕 때처럼 북수남진(北守南進, 북쪽의 중국을 방어하면서 남쪽의 백제와 신라를 정벌한다는 방책)을 외친 데 반해 을지문덕은 수나라 말기 쇠약해진 중국의 상황을 이용해 북진하자고 주장했다. 젊고 패기에 찬 연개소문은 당연히 을지문덕을 좇아 북진을 주장했는데, 이 때문에 영류왕과 군신들의 눈 밖에 나게 되었다. 마침 지방에 대가(고구려의 관직)로 있던 연개소문의 아버지가 죽자 연개소문은 아버지의 후임 자격으로 현지로 가서 일단 몸을 피신했다. 그러나 그를 시기하는 왕과 군신들이 끝내 죽이려 들자 그는 군사를 거느리고 궁성으로 쳐들어가 영류왕과 반대파 중신들을 죽이고 허수아비 보장왕을 세웠다.

황제와 장군이라는 직책상의 차이는 있지만, 이세민과 연개소문은 쿠데타로 집권한 것도 닮은꼴이고 나이도 엇비슷했다(연개소문의 출생년도는 기록에 남아 있지 않지만 맏아들인 남생이 633년생인 것으로 미루어 보아 598년생인 이세민보다 약간 뒤일 것으로 추정된다). 당과 고구려 간의 전운이 짙어지면서 두 사람은 점차 동북아시아의 패권을 놓고 맞붙어야 할 적수로 떠올랐다.

수나라의 원한을 갚고 천하통일을 이루려는 당의 낌새를 눈치챈 연개소문은 먼저 백제 의자왕과 동맹을 체결했다. 전쟁이 벌어질 경우 고구려는 당을, 백제는 신라를 담당하기로 역할 분담을 한 것이다(앞에서 보았듯이 백제 측에서는 성충이 그 역할을 담당했다). 그러나 이세민은 15년간의 치적을 통해 나라의 발전을 이루고 정권을 안정시킨 데 반해 연개소문은 이제 막 집권한 처지였다.

전쟁의 계기는 묘하게도 고구려에서 연개소문이 집권한 사건이었다. 644년 이세민은 자신도 쿠데타로 집권한 처지를 잊은 듯 이렇게 선언했다. "연개소문이 왕과 대신들을 살해하고 백성을 탄

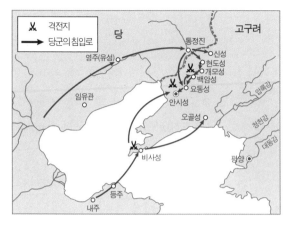

안시성 전투 관련 지도. 양만춘이 지키던 안시성이 없었다면 연개소문은 이세민과 '쌍웅'을 이룰 수 없었을 것이다.

압하며 내 명령을 받들지 않으니 정벌하지 않을 수 없다." 수십 년 전 수 양제가 고구려 원정을 떠날 때 했던 일장연설과 전혀 다를 바 없다(122쪽 참조). 그렇다면 당 태종의 이 말도 역시 선전포고일 것이다. 과연 그는 곧바로 직접 군사를 인솔해 고구려 침략에 나섰다. 공존할 수 없는 당대의 두 영웅이 드디어 정면으로 맞붙게 되었다.

하지만 이세민은 수나라의 패인을 분석하고 용의주도하게 전쟁을 준비했으면서도 또다시 고구려의 게릴라전에 휘말려 패배했다. 전쟁의 양상은 수와 고구려 전쟁의 재현이었다. 지난번에도 수 양제가 랴오둥 벌판을 헛되이 헤맸듯이 당 태종 역시 랴오둥에서 한 걸음도 전진하지 못했다. 예상하지 못한 변수는 불세출의 명장 양만춘이 지키는 랴오둥의 안시성이었다. 연개소문은 요충지인 안시성을 양만춘에게 맡겨 철저히 수비만 하고 있으라고 지시해놓고, 이세민이 안시성에서 질척거리고 있을 즈음 정병을 이끌고 후방의 임유관을 기습해 적의 주의를 분산시켰다. 적군은 보급로가 위태로워지자 부랴부랴 회군하다가 다시 연개소문에게 결정타를 맞았다.

이 전쟁에서 이세민은 크게 패했을 뿐 아니라 화살에 맞아 왼쪽 눈을 잃었다. 그는 원정을 극구 말리던 당나라 최고의 장군 이정과 위징의 충언에 따르지 않은 것을 몹시 후회했다. 그러나 국가적으로나 개인적으로나 고구려에 사무치는 원한은 어쩔 수 없었다. 그래서 수나라가 그랬듯이 재차 원정을 계획했으나 한 번 혼이 난 군신의 반대로 뜻을 이루지 못하고, 결국 화살에 묻은 독이 병을 일으켜 5년 뒤에 죽었다. 다시는 랴오둥을 치지 말라는 유언을 남기고.

이로써 연개소문은 외로운 영웅이 되었지만, 그도 늘 염두에 품었던 중국 원정의 꿈을 이루지 못한 채 얼마 안 가 죽었다. 당대 동아시아를 뒤흔들었던 두 영웅의 시대는 이렇게 갔다.

동북아시아 고대 역사상 최대의 전쟁이었던 수와 고구려, 당과 고구려 대회전에서 고구려는 모두 승리했다. 그러나 불행하게도 그간의 전쟁으로 인해 국력이 약해지고 연개소문의 아들들이 권력다툼을 벌이면서 고구려는 점차 내리막길을 걸었다. 당 고종은 랴오둥을 치지 말라는 아버지 태종의 유지를 교묘하게 해석해, 신라와 결탁하고 먼저 백제부터 공격해 멸망시켰다. 백제가 망하자 고립무원이 된 데다 내부의 혼란으로 고구려는 거의 자멸했다. 어쨌든 당 고종은 랴오둥을 치지는 않았으니 아버지의 유언을 지킨 셈이었다.

연개소문과 이세민은 둘 다 쿠데타를 일으켜 성공했으나 역사적인 평판은 정반대다. 이세민은 제위에 오르는 과정에서 형제들까지 살해했는데도 중국뿐 아니라 우리 역사학자들에게도 희대의 명군으로 칭송받는 반면, 연개소문은 왕을 살해한 사건만이 부각되어 《삼국사기》에 "흉악하고 잔폭하며 무도한" 인물로 기록되었다. 더구나 연개소문은 그 이름의 뜻도 여러 가지로 해석되고 있으며, 출생년도는 불분명하게 전해진다. 구국의 전쟁에서 승리한 영웅임에도 불구하고 마땅한 평가를 받지 못한 연개소문과 그 시대의 역사는 우리 역사를 제대로 복원하기 위해 넘어야 할 또 하나의 산이다.

한국사 질문하는 시간

우리 역사에서도 건국자의 아들이 형제들을 죽이고 왕위에 오르는 경우가 있었다. 그것은 언제의 일이었을까?

당 태종의 시대보다 800년 뒤늦게 한반도에서도 권력다툼이 치열하게 전개되었다. 조선 초에 일어난 '왕자의 난'에서 이방원은 두 동생과 개국공신인 정도전마저 죽이는 피비린내 나는 권력투쟁 끝에 왕위에 올랐다(179쪽 참조). 공교롭게도 이세민과 이방원은 성씨가 같고, 시호마저도 태종으로 같다(이세민은 당 태종이고 이방원은 조선의 3대왕인 태종이다). 더구나 비록 집권 과정은 피로 얼룩졌지만 신생국의 불안정한 왕권을 강화하고 내치를 확립하는 등 치적은 훌륭했으니 그것마저도 닮은꼴이다.

신라를 도운
백제 유민

백제 부흥운동

역사 교과서에는 백제가 멸망한 해가 660년으로 되어 있다. 하지만 678년이나 존속한 나라가 하루아침에 망할 수는 없다. 660년은 당과 신라의 연합군이 백제의 도읍인 사비성을 함락시키고 의자왕의 항복을 받은 때일 뿐이고, 백제라는 거인이 완전히 쓰러지는 데는 시간이 더 걸렸다. 660년 이후에도 백제 지역 곳곳에서 저항 세력이 들고 일어나 몇 년간 저항이 지속되었다.

당과 신라의 군대가 사비성을 에워싸자 백제 왕실 내부에는 항복할 것이냐 끝까지 저항할 것이냐를 놓고 격론이 벌어졌다. 결국 이도 저도 결정할 수 없었던 의자왕은 태자 부여효를 데리고 야밤에 부근의 웅진성으로 도주해버렸다. 남은 왕자 부여융은 어쩔 수 없이 성문을 열고 나와 항복했다. 의자왕도 얼마 버티지 못하고 닷새 뒤에 태자를 데리고 와서 항복했다. 이것으로 일단 백제 왕조는 멸망했다.

그러나 열흘 뒤에 열린 백제 정복 축하연에서 의자왕과 왕자들이 눈물을 머금고 당과 신라 장수들의 잔에 술을 따르는 바로 그 순간에 이미 백제 곳곳에서는 저항 운동이 일어나고 있었다. 처음에는 각지에서 분산적으로 저항이 시작되었으나 시간이 지나면서 점차 중심이 생겼다. 임존성을 장악한 백제 무왕의 조카 부여복신이 저항의 핵심으로 떠오르면서 저항은 백제 부흥을 위한 전쟁으로 바뀌었다.

복신은 일본에 가 있던 의자왕의 또 다른 아들 부여풍이 돌아오자 그를 왕으로 옹립하고 각지의 의용군을 받아들여 금세 위세를 떨쳤다. 웅진에 주둔한 당군은 그에게 전갈을 보내 회유하려 했지만, 이미 백제는 거의 부활한 형국이었으니 타협할 리가 없었다. 사실 멸망한 지 얼마 되지도 않았기 때문에 그 무렵의 백제는 국가 제사까지 다시 지낼 정도로 정상적인 정치 일정으로 되돌아가는 과정에 있었다.

하지만 진짜 적은 내부에 있는 법이다. 처음부터 기미를 보였던 부여풍과 복신 사이의 알력이 점점 커졌다. 명목상의 왕은 풍이었지만 실제 군의 지휘관은 복신이었으므로 그는 허울뿐인 왕이었다. 풍의 주변에서는 실제 왕권을 행사하라고 권하고, 복신의 주변에서는 이참에 아예 왕위에 오르라고 권하는 상황이다. 주변을 과감하게 뿌리친 복신과 달리 풍은 간신배들의 말을 받아들여 마침내 음모로 복신을 죽였다. 유능한 지휘관이 사라졌으니 군대가 분열되고 사기가 저하될 수밖에 없다. 결국 백제 부흥군은 663년 백강 전투에서 대패하고 무너졌다. 이것이 실질적으로 백제를 멸망케 한 전투인데, 서사적인 서술을 최대한 자제하고 있는 《삼국사기》에서도 이 전투의 처절한 광경을 "연기와 불꽃이 하늘을 붉게 하고 바닷물도 온통 빨갛게 물들었다"고 전하고 있다.

백제 부흥운동은 허무하게 끝났다. 중심 세력이 무너진 이후에 지수신과 흑치상지가 수만 명의 병력을 모아 다시 일어섰지만, 흑치상지는 당이 웅진 도독으로 파견한 부여융의 괴뢰 정권에게 투항했고, 지수신의 세력만이 남아 끝까지 항거하다가 진압되었다. 이렇게 정복한 국가의 전 왕을 도독으로 임명하는 것은 중국의 전통적인 변방 통치 방식이자 적을 분열시키기 위한 고도한 책략이다. 고구려가 망한 뒤에도 부흥운동이 일어나자 당은 보장왕을 랴오둥 도독이자 조선왕으로 삼아 고구려에 돌려보낸 일이 있고, 문무왕이 당의 허락 없이 백제의 옛 땅을 점령했을 때도 당 고종은 당에 머물고 있던 문무왕의 동생 김인문을 신라왕으로 봉해 신라로 보낸 일이 있다.

그 뒤에도 백제 부흥운동은 백제 각지에서 산발적으로 계속되었지만, 한 덩어리로 뭉치지는 못했고 오래가지도 못했다. 그리고 672년 신라와 당의 전쟁이 시작되면서 신라에게 포섭되어 부흥운동은 완전히 종식되었다.

그런데 한 가지 흥미로운 일은 당과 신라의 태도 변화다. 당은 원래 신라의 지원 요청을 받아들일 때, 고구려와 백제를 멸망시킨 다음에는 평양 이남의 땅을 신라에게 준다는 밀약을 맺었다. 그 약속대로 되는 줄로만 알고 있었던 신라는 당이 백제의 옛 땅에 웅진도독부를 설치하자 아연 긴장했다. 물론 당나라로서는 신라 자체가 당의 일부가 된 이상 신라의 강역이 어디까지인가는 별로 관심이 없었다. 그러나 신라의 입장에서는 '국경선'을 주장할 처지는 아니더라도 '자치령의 경계선'이 중요했을 뿐 아니라 혹시 당이 신라를 견제하기 위해 백제를 부활시키려는 게 아닌가 하는 의구심도 있었다. 더구나 당은 웅진도독부의 초대 도독인 왕문도가 병으로 죽자 백제 의자왕의 왕자인 부여융을 도독으로 임명했다.

이 과정에서 중요한 상징적인 사건이 있다. 부여풍의 세력을 평정하고 2년이 지난 665년 당의 칙사 유인궤, 백제 부여융, 신라 문무왕의 세 사람은 웅진의 취리산에서 흰 말을 잡아 제사를 올리고 제문을 묻어 화친을 맹세하는 의식을 올렸다. 이미 망한 나라인 백제를 굳이 한데 끼워 제사를 지내는 데서 당의 의도가 분명해진다. 백제의 옛 땅에는 웅진도독부를 두어 확실히 속국화하고, 신라는 김춘추가 병력을 청한 이후로 속국을 자처했으므로 두 속국을 병립시켜 서로 견제하도록 하려는 것이다. 물론 그 목적은 신라가 중국에 저항하지 못하게 하려는 데 있다. 예전에는 백제와 신라가 독립국으로 분열되어 있던 것을 이제 당의 휘하에 속한 두 '지방'으로 만들었으니 당의 의도는 관철되었다. 하지만 적어도 '자치령'을 꿈꾸었던 신라는 당연히 불만이다.

당장은 고구려 정벌이 아직 끝나지 않은 상황이므로 치솟아오르는 분노를 꾹 참았던 문무왕은 고구려가 멸망하자마자 이듬해 (669년)부터 백제의 영토와 백성을 야금야금 먹어 들어갔다. 그때마다 당은 불편한 심기를 숨기지 않았다. 급기야 671년에는 신라와 당의 전쟁이 시작되었고, 그에 따라 진행 중이던 백제 부흥운동도 당과 신라의 양측으로 분열되기 시작했다. 일부 옛 백제의 왕족은 당으로 붙었으나 주요 세력은 신라 측으로 모였다.

이윽고 당은 부여융을 웅진도독 대방군왕으로 책봉해 백제의 옛 땅으로 보냈다. 당은 전통적으로 백제왕을 '대방군왕'이라고 불렀으므로 융은 곧 백제왕인 셈이었다. 그러나 이 무렵 신라는 백제 유민들의 협조를 얻어 백제의 옛 땅을 거의 장악하고 있었다. 융은 왕으로 책봉되었으면서도 막상 자신이 다스릴 영토는 신라가 장악하고 있는 탓에 이러지도 저러지도 못하고 고민하다가 고구려의 옛 땅으로 도망갔다. 당시 당의 실력자였던 측천무후는 융의 손자를 보내 이름만의 왕위를 잇게 하는 등 속국 백제를 유지하기 위해 애썼으나 결국 당의 계획은 실패로 끝났다.

신라 진흥왕의 기습으로 나제동맹이 깨진 6세기 이래 200년간 백제는 신라와 치열하게 다투었지만, 바깥의 '더 큰 적'이 나타나자 백제 유민들은 신라를 도왔다. 그럼으로써 한반도 전체가 중국의 완전한 식민지로 전락하는 사태를 막을 수 있었다. 역시 피는 물보다 진한 것이었을까?

백제가 멸망할 당시 백제와 신라는 앙숙지간이었고 백제는 결국 신라 때문에 멸망했다고 볼 수 있는데, 백제 유민들이 신라 편을 들게 된 이유는 뭘까?

　　삼국시대 중반기까지 고구려, 백제, 신라는 서로 같은 민족이라는 의식이 거의 없었다. 삼국 간에 어느 정도 말이 통했으리라고 추측되지만 고대에는 단일민족 의식이 희박했다. 또한 삼국이 쟁패하던 3~7세기에는 중국도 여러 나라들이 들어선 분열 상태였으므로 한반도에서도 삼국의 분립이 자연스런 현상이었다. 그러나 6세기 말 중국 대륙이 통일되면서 삼국은 서서히 단일민족 의식을 싹틔웠다. 적어도 중국과 한반도의 차이를 느꼈을 것이다. 신라와 당나라의 사이가 벌어졌을 때 백제 유민들이 신라 측에 가담한 데는 민족의식이 발달한 것도 큰 몫을 했다.

발해 부근에는 없는
발해

발해의 진짜 이름

동북아시아의 지도를 보면, 황해의 북쪽에 랴오둥 반도와 산둥 반도가 살포시 안고 있는 바다가 하나 있다. 이것이 보하이만인데, 한자로는 '渤海灣(발해만)'이라고 쓴다. 그런데 발해라는 이름은 결코 낯설지 않다. 삼국시대가 끝난 뒤 통일신라와 더불어 10세기까지 우리 역사의 일부를 이룬 나라의 이름이 바로 발해다.

이처럼 우리는 발해를 우리 역사로 간주하지만 중국에서는 과거에 존재했던 중국의 한 지방이었다고 여긴다. 중국인들이 볼 때는 발해의 역사도 한 나라 혹은 한 왕조의 역사가 아니라 중국의 일개 지방사일 뿐이다. 벌써 이름조차 제대로 된 나라 이름이 아니라 '발해' 아닌가('渤海'의 '渤'이라는 글자는 그냥 '바다 이름'이라는 뜻이다).

그러나 발해는 분명 우리 역사의 한 부분일뿐더러 나라 이름도 원래 발해가 아니다. 발해의 건국자로 알려져 있는 대조영은 고구려 출신의 장수다. 그는 중국 허난에서 고구려 유민들을 이끌고 동북쪽으로 수천 리 장정을 감행한 끝에 만주의 동모산까지 와서 나라를 세우고 국호를 진국(震國)이라고 정했다(영도자가 대조영의 아버지라는 설도 있다). 그러므로 발해란 중국 문헌에서 쓰는 명칭일 뿐이다. 앞에서 본 주몽의 경우처럼 발해라는 명칭도 이제 진국으로 바꿔 써야 한다.

그런데 고구려의 유민들이 왜 중국에 가서 살았던 것일까? 물론 자발적으로 그런 것은 아니었다. 당나라는 백제와 고구려를 멸망시킨 뒤 백제의 도읍이었던 웅진에는 웅진도독부, 고구려의 도

전성기의 발해 영토. 고구려 유민들이 허난에서 만주까지, 무려 한반도 남북 길이의 두 배나 되는 거리를 행진하여 698년 마침내 고구려 옛 영토 한가운데 세운 나라가 진국, 곧 발해다.

읍이었던 평양에는 안동도독부를 설치했다. 그러나 수백 년간 강성한 나라를 이루었던 양국의 유민들이 식민지 도독부의 지배에 얌전히 복종할 리 없다.

중국으로서는 이 문제가 큰 골칫거리였다. 그런데 마침 신라의 강력한 저항에 한반도에서 한 발 물러섰기 때문에 일이 좀 더 쉬워졌다. 백제의 옛 영토는 신라의 손으로 넘어갔으니 마땅히 조치할 게 없고 고구려 유민들만 처리하면 되는 것이다. 그 방법은 단순하고도 무식했다. 고구려 유민들의 반란이 잇따르자 당은 아예 유민들을 중국의 허난 지방으로 강제 이주시켰다.

허난이 어딘가? 랴오둥도 아니고, 베이징 인근도 아니며, 황허보다도 더 남쪽인 중국 중부다. 고구려 유민들은 나라를 잃은 뒤고향에서 까마득히 먼 이국땅으로 이주해 살아야 했던 것이다. 그러나 그들은 결코 고향을 잊지 않았다. 때마침 당에 복속되어 있던 거란이 북쪽 변방에서 반란을 일으키자, 이것을 기회로 대조영은 유민들을 이끌고 민족의 고향으로 출발했다. 그들은 2년간에 걸쳐 허난에서 만주까지, 한반도 남북 길이의 두 배나 되는 거리를 행진한 끝에 마침내 698년에 고구려의 옛 영토 한복판에 진국을 세웠다. 그것도 추격해오는 당나라 군대와 내내 싸우면서.

당의 강제 이주 정책으로 고구려의 옛 영토에는 남아 있는 고구려인이 별로 없었다. 그래서 대조영은 현지 주민인 말갈족과 연대해 나라를 세웠다. 그 덕분에 발해는 소수의 고구려인이 지배층이고 다수의 말갈족이 피지배층인 묘한 나라가 되었다. 중국 문헌에서 발해를 '발해말갈'로 표기하기도 한 까닭이 여기에 있다.

당나라의 입장에서 보면 포로들이 도망쳐 나라를 세운 격이니

발해를 나라로 인정할 수는 없었을 것이다. 그렇다고 해서 중국 본토에서 먼 만주까지 원정을 가서 또다시 대규모 전쟁을 벌이기는 어려운 형편이다. 고민 끝에 당은 절묘한 수단을 찾아낸다. 발해를 인정하되 나라로 인정하지는 않는 것이다. 그래서 진국이라는 국호가 엄연히 있음에도 불구하고 당은 진국을 발해군이라고 불렀고 대조영을 발해군왕으로 책봉했다.

지금도 중국인들이 발해를 중국의 한 지방으로 여기는 이유는 그런 역사가 있기 때문이다. 더욱이 발해군이라는 지방명은 보하이만 주변 지역에만도 몇 개나 있는 '보통명사'였다. 중국은 원래 완전히 복속시킬 수 없는 주변 국가들의 경우 그 나라의 국왕을 무조건 책봉하는 게 관례였다.

건국자가 대조영이니까 발해 왕족의 성씨는 '대(大)'가 된다. 성씨는 건국 후에 새로 정하거나 바꾸는 경우가 많은데, 그는 왜 '대'를 성으로 삼았을까? 그 이유는 확실치 않으나 힌트는 있다. 중국 문헌에는 고구려 유민들을 이끈 우두머리가 걸걸중상이며, 대조영은 그의 아들이라고 되어 있다. 걸걸중상은 이두 이름이고 대조영은 한자 이름이므로 걸 혹은 걸걸은 한자로 '大', 즉 '크다'는 뜻일 것이다(윷놀이의 '걸'도 '크다'는 뜻이다). 그렇다면 대조영은 원래 이두문으로 표기했던 가문의 성씨를 한자어로 바꾸는 과정에서 생겨난 이름일 것이다(걸걸중상과 함께 이주민을 지휘한 말갈족 우두머리의 이름은 걸사비우인데, 그의 이름도 같은 어원일 수 있다).

발해는 당이나 일본과는 교류가 있었으나 묘하게도 건국한 뒤 100년 동안이나 통일신라와는 거의 교류하지 않았다. 아마 신라 측의 입장에서도 발해가 독립국이라기보다 중국의 한 지방이라

발해의 유물 지린성 팔련성 출토 '나란히 앉은 두 부처'. 발해는 가야처럼 우리 역사의 한 부분으로서 200년 이상 존속했으나 아무도 그 역사를 챙기지 않았다.

면 어떤 식으로든 교류하기가 애매했을 것이다(그렇게 따지면 신라도 중국의 한 지방이나 다름없었지만). 그러나 신라는 한 차례 발해와 직접 접촉했는데, 그것은 교류가 아니라 전쟁이었다. 733년 발해가 거란과 동맹을 맺고 중국의 변방을 공략하자 당 현종은 신라의 성덕왕에게 군직을 부여하면서 신라 군대를 징발했다(104쪽 참조). 때마침 폭설이 내려 절반이 넘는 신라 병사들이 원정 도중 죽은 탓에 양측이 실제로 전쟁을 벌이지는 않았다.

발해는 가야처럼 우리 역사의 한 부분으로서 200년 이상 존속했으나 아무도(중국도 우리나라도) 그 역사를 챙기지 않았다. 발해가 망하고 나서 850년이 지나 《발해고(渤海考)》라는 책을 쓴 실학자 유득공은 "고려가 발해사를 쓰려 했다면, 고려로 망명을 온 발해 유민 10여만 명을 통해서 능히 쓸 수 있었을 것"이라면서 발해사가 제때에 기록되지 못한 것을 몹시 아쉬워했다. 사료가 충분하지 못했던 탓에 자신의 책에도 '발해사'라는 정식 역사서의 제목을 붙이지 못하고 '발해고(발해에 대한 고찰이라는 뜻)'에 그쳤으니 그의 심정이 오죽했을까?

발해의 3대왕인 문왕은 일본에 보낸 국서에서 고구려왕이라고 자칭하면서 "고구려의 옛 땅을 회복하고 부여의 전통을 이어받았다"고 밝혔다. 고구려를 역사적으로 계승했다고 자처한 것이다. 그러나 독자적인 연호까지 사용했던 나라를 굳이 일개 지방으로 강등시키려는 중국의 역사 왜곡과, 발해에 대해 전혀 동질감을 느끼지 못한 신라와 고려의 태도가 발해사를 땅속 깊숙이 묻어버렸다(신라와 고려는 오히려 중국의 연호를 사용했으니 어느 측이 더 독립적인 역사였는지는 명백하다).

한국사 질문하는 시간 발해는 독자적인 연호를 사용하고 당나라가 물러간 만주를 차지해 통일신라와 더불어 우리 역사의 남북국 시대를 이루었다고 한다. 그렇게 강성했던 나라가 어떻게 멸망했을까?

발해는 지금의 중국 지린성과 연해주, 동만주 일대를 영토로 거느렸고 15대왕 220년의 사직을 누린 큰 나라였다. 면적으로만 보면 통일신라의 다섯 배가 넘는 영토였다. 만주는 원래 중국 역대 한족 왕조들이 직접 통치를 한 지역이 아니었다. 발해가 강성할 수 있었던 이유는 만주 지역에 특유한 '힘의 공백' 때문이었다. 발해는 한때 중국 문헌에 '해동성국(海東盛國)'이라고 불릴 정도로 번영했으나 중대를 넘어서면서 지나치게 안정만을 추구한 탓에 정체 상태에 빠졌다. 때마침 만주에는 거란이 발해 서쪽에서 뒤늦게 세력을 키우면서 강국으로 성장하고 있었다. 927년 발해는 거란의 공격으로 불과 20일 만에 정복되어 역사의 무대에서 사라지게 된다.

'춘추필법'으로 본
우리 역사

김부식의 사대주의 역사관

　　역사를 기술할 때에는 역사를 보는 관점, 즉 사관(史觀)
이 필요하다. 사관이라고 하면 주관적인 역사 서술을 연상할 수
있지만 반드시 부정적인 것만은 아니다. 그냥 사실들만을 나열한
연표라면 몰라도 무릇 역사서라면 지은이의 견해가 개입되게 마
련인데, 그게 바로 사관이다. 사관은 역사를 서술하려는 사람에게
처음부터 내재해 있는 경우가 많다. 같은 사실, 같은 역사적 사실
을 놓고도 평가가 달라지는 것은 바로 역사가들마다 다른 사관을
가지고 있기 때문이다.

　지금까지 우리는 고대 삼국에 관한 가장 중요한 문헌인 김부식
의 《삼국사기》가 가진 치명적인 결함들을 간헐적으로 살펴본 바
있다. 크게 가름한다면 결함의 원인은 금석문과 이두문에 대한 무
지와 사대주의적 역사관이다. 고대사를 마무리하면서 그 점을 살

현존하는 《삼국사기》의 가장 오래 된 판본인 성암본(13세기). 12세기에 나온 초간본은 전하지 않는다. 《삼국사기》 발간 당시만 해도 예부터 전해 오던 역사서들이 있었는데, 공교롭게도 모두 전하지 않는 바람에 《삼국사기》는 가장 오래 된 역사서가 되었다.

퍼보기로 하자.

역사를 제대로 고찰하려면 문헌만 가지고 되는 게 아니라 역사적 현장에 흩어져 있는 유적들, 특히 각종 비문들을 반드시 참조해야 한다. 더욱이 역사 문헌은 편찬자의 관점과 지식의 한계로 인해 잘못된 부분이 있을 수 있으므로 이런 점들을 현장 자료들로 보충하지 않으면 안 된다. 하지만 김부식은 자료 문헌들을 이리저리 조합하기만 했을 뿐 역사적 현장을 한 번도 답사한 적이 없다. 사실 그는 수수께끼로 가득한 삼국의 역사를 편찬하면서 아무런 역사적 의문점도 품지 않은 듯하다.

예를 들어 그는 393년 왜국이 신라를 침략했을 때 어떻게 적을 물리쳤는지 알지 못한 탓에 엉뚱하게도 내물마립간이 계교를 썼다고 기록했다. 하지만 실제는 고구려 광개토왕이 내물마립간의 구원 요청을 받고 가야까지 내려와 적을 물리쳐준 것이었다. 이 사실은 광개토왕 비문에 기록되어 있는데, 19세기에 발견되었으므로 김부식으로서는 알 수 없었을 것이다. 하지만 그가 충실한 사관(史官, 역사 기록을 맡은 관리)이었다면 적어도 이런 의문은 품어야 했다. 왜 그 무렵부터 갑자기 신라가 고구려에 사신과 볼모를 수시로 보냈을까?

물론 김부식의 시대에 사관의 임무는 오늘날 역사학자의 임무와 크게 다르다. 당시 사관의 임무는 학문적인 입장에서 역사를 서술하는 게 아니라 왕명을 받아 '공식 역사서'를 편찬하는 것이었다. 더구나 역사서란 일반 백성들이 함부로 볼 수 없는 일종의 국가 기밀이었다. 역사는 천문과 통하는데, 감히 하늘의 뜻을 일반 백성이 알 수는 없었고 또 알 필요도 없었다. 그러므로 김부식은 오늘날 역사학자처럼 현장 답사를 한다든가, 역사적 추리를 해야 할 의무는 없었다. 그러나 그 점을 감안한다 해도, 삼국의 역사를 서술하면서 아무런 역사적 의문도 제기하지 않은 것은 역사학자 이전에 사관으로서의 임무도 방기했다고 할 수 있다.

또한 김부식은 이두문에 관해 무관심을 넘어 거의 무지함을 드러내고 있다. 이두문에 관해서는 앞서 든 사례가 많이 있으므로 여기서는 간단히 한 가지 예만 들고 넘어가자. 《삼국사기》 김유신전에는 김유신의 아버지 이름이 서현(舒玄)이라고 되어 있다. 그런데 김부식은 김유신의 묘비문에 아버지 이름이 소연(逍衍)이라고 되어 있는 사실에 적잖이 곤혹스러워한다. 문헌에는 서현이고 묘비문에는 소연이라? 그는 할 수 없이 "이름을 바꾸었는지, 아니면 소연은 자(字)인지 모르겠다"고 말하며 어물쩍 넘어간다. 하지만 그 두 이름은 사실 같은 이름이다. 한자를 무시하고 보면 서현과 소연은 우리말 발음이 거의 비슷하다. 고대어에서는 아예 같았을지도 모른다. 김부식은 당대의 이름난 유학자였다. 문제는 그가 한문을 몰라서가 아니라 우리말을 몰랐던 데 있다. 한자를 뜻글자로만 보는 김부식의 눈에는 이 점이 보이지 않았던 것이다.

그러나 《삼국사기》의 가장 큰 문제점은 바로 '사관'의 문제다. 금석문이나 이두문에 관한 무지는 잘잘못의 문제이므로 후대에라도 틀린 곳을 정정하면 그만이지만, 사관이 문제가 되면 그럴 수도 없을뿐더러 문헌 전체가 왜곡된다.

《삼국사기》에서 가장 두드러진 특징은 신라 중심주의와 사대주의다. 역사 서술은 본래 승자의 입장이 부각되게 마련이고, 또 승자의 문헌 자료가 가장 잘 보존되어 있을 수밖에 없다. 김부식이 살았던 고려는 삼국시대의 승자인 신라를 평화적으로 접수한 왕조였고, 저자인 김부식 자신도 신라 귀족 혈통인 경주 김씨 가문이다. 따라서 신라 중심의 역사 서술까지는 옳다고 할 수는 없어도 이해할 수 없는 일은 아니다. 그런데 김부식의 경우에는 그것이 백제에 대한 부당한 평가로 나타나고 있다는 점이 문제다.

예를 들어 왕이 신하의 충언을 귀담아듣지 않는 것은 역사에서 흔히 있는 일인데도, 김부식은 특히 백제의 사례만을 호되게 꼬집었다. 더구나 《삼국사기》에는 전반적으로 사관의 개인적인 평가가 거의 없기 때문에 간혹 나오는 김부식의 사견이 더욱 두드러져 보인다. 백제의 동성왕 대목에는 장자의 말을 인용한 김부식의 논평이 나온다. "잘못을 알고서도 고치지 않고 충언을 듣고서도 더욱 심해짐은 사납다 할 것이다." 또한 무령왕 대목에서는 백가의 반란을 진압한 사건을 서술하면서 즉각 벌하지 못하고 반란을 꾀한 이후에야 대응했다는 터무니없는 트집을 잡고 있다. 심지어 김부식은 백제와 신라가 서로 보복 전쟁을 연이어 벌이던 백제 말기에도 일방적으로 신라의 편을 들고 있다.

"백제 말기에는 무도한 짓이 많았고, 또 대대로 신라의 원수가 되어 고구려와 손잡고 신라를 침범하였으니 이웃과 잘 지내는 것이 국가의 보배라는 말과는 전혀 다르다. 더욱이 당의 천자가 그 원한을 풀도록 명하였으나 겉으로는 따르는 척하면서도 속으로는 명을 어기어 대국에 죄를 얻었으니 망하는 것은 당연한 일이다."

사대주의의 문제는 더 심각하다. 김부식은 고구려, 백제, 신라에서 편찬된 역사서들과 《삼한고기(三韓古記)》, 《해동고기(海東古記)》 등의 옛 문헌들에서 역사적 내용을 취하면서도 철저히 중국 문헌들을 본떠 역사를 서술하고 있다. 사대주의가 가장 극명하게 드러난 부분은 '삼국통일' 무렵의 서술인데, 이 부분은 아예 당나라가 주체이자 주어가 되어 있다. 그 무렵의 고구려 본기를 보면, 그저 당군의 전략이 어떠했고, 어디를 공격했고, 당주(唐主, 당의 황제)가 뭐라고 말했다는 이야기밖에 없다. 전적으로 중국 문헌에만 의존한 탓이다. 게다가 중국이나 일본의 고대 역사서에는 주변 나라들에 대한 역사도 많이 포함된 데 반해 《삼국사기》에는 중국에게서 왕이 책봉을 받은 사실 이외에는 '국제 관계'에 대한 서술이 거의 없다. 이는 김부식이 철저히 중국의 속국이라는 입장에서 중국의 지방사로서 우리 역사를 바라보았기 때문이다.

법흥왕 때부터 쓰다가 진덕여왕 때 폐지하고 중국 연호를 쓰게 되는 장면에도 김부식은 철저히 중국의 입장을 대변하는 논평을 달았다. "천자의 나라에 신하로 속한 나라에서는 사사로이 연호를 짓지 못한다. 신라는 진심으로 중국을 섬기면서도 연호를 따로이 썼으니 모를 일이다. 당 태종의 꾸지람을 듣고도 머뭇거리다가 이때서야 당의 연호를 쓰니 잘한 일이다." 또 당 태종 이세민을 "성명(聖明)함이 세상에 드문 임금"으로 칭송하기 때문인지, 고구려의 멸망에 대해서도, "현도와 낙랑은 기자가 봉함을 받은 땅"으로 원래 백성들이 유순했는데 고구려가 무례하게도 이를 점령하고 중국과 대등한 관계에 서려 하자 당 태종이 "문죄(問罪)의 군사"를 보내 멸망시키니 사필귀정이라고 평한다.

더욱이 김부식의 사대주의는 가뜩이나 수수께끼가 많은 우리 고대사를 더욱 의문투성이로 만들고 있다. 고구려 본기에 따르면 신대왕 4년(168년)에 고구려는 스스로 현도(한4군의 하나)에 속하기를 한나라에 청했다가 불과 4년 뒤에는 전쟁을 벌여 한나라 침략군을 대파했다. 영양왕 때는 고구려가 수나라에 왕의 책봉을 청하고 592년과 597년 두 차례에 걸쳐 사신을 보내 조공도 했다가 느닷없이 바로 다음 해에는 수나라 변방을 침략했다고 되어 있다. 이렇게 서술에 일관성이 없으니 대체 그 무렵에 고구려가 중국과 실제로 어떤 관계에 있었는지 그림이 그려지지 않는다. 이것도 역시 중국 문헌에 의존한 탓이다.

중국 역사서들은 변방의 '오랑캐' 나라들과 맺은 외교 관계를 모두 중국에 조공했다고 기록했다. 이런 식의 역사 서술을 이른바 '춘추필법(春秋筆法)'이라고 부른다. 춘추필법이란 춘추시대 노나라의 역사서인 《춘추(春秋)》에서 비롯된 말로, 중국에 치욕적인 사실들은 모두 왜곡하고 변경하여 서술하는 방식을 가리킨다.

특히 공자는 《춘추》의 내용을 첨삭하면서 역사적 사실들에 대해 자신의 사관을 바탕으로 칭찬하거나 비난하는 논평을 달았는데, 이런 방식이 사마천의 《사기》에도 그대로 적용되었다. 《사기》의 관점과 서술 체재를 따른 김부식의 《삼국사기》도 마찬가지였다. 《삼국지》 왕숙전에는 이런 기록이 나온다. "사마천이 《사기》에 경제(景帝)와 무제(武帝)의 잘잘못을 그대로 썼더니 무제가 이를 보고 대노하므로 사마천은 즉시 이 부분을 삭제했으나 결국 무제에게 부형(腐刑, 거세당하는 형벌)을 당하고 말았다." 이렇게 역사 서술을 권력(황제)이 좌지우지했으니 중국 역사서들이 역사적 사실들을, 특히 중국에 수치가 될 만한 대외적 관계들을 객관적으로 서술했을 리가 없다.

마지막으로 김부식이 사대주의에 빠져 의도적으로 저지른 오류를 한 가지 짚고 다음으로 넘어가자. 《삼국사기》에는 중국의 황제가 죽으면 '붕(崩)', 중국의 제후들이나 고구려, 백제, 신라의 왕과 왕족이 죽으면 '훙(薨)', 신하가 죽으면 '졸(卒)'로 용어를 정확히 구분해 서술하고 있다. 그러나 신라 중대와 통일신라에는 그런 방식이 통용되지만(신라의 왕과 귀족은 중국의 제후와 같았으므로) 고구려와 백제는 그렇지 않았다. 이 점에 관해서는 명백한 증거가 있다. 1972년 충남 공주에서 발견된 백제 무령왕릉에는 무령왕의 죽음을 '붕(崩)'이라고 표기하고 있다. 그렇다면 당시 백제왕들은 모두 그렇게 표기했을 테니 그것을 굳이 훙(薨)으로 낮춰 기술한 김부식은 분명히 의도적으로 역사 왜곡을 한 것이다. 그런 점에서 김부식은 중국의 연호와 의식과 복식을 따르기로 한 600년 전 그의 선조 김춘추의 태도를 그대로 계승한 셈이다.

《삼국사기》는 중국의 《사기》를 본받아 기전체라는 양식으로 서
술되어 있다고 한다. 기전체란 어떤 방식을 말하는 것일까?

기원전 1세기에 사마천은 30년에 걸쳐 《사기》를 저술했는데,
이 책은 이후 수천 년 동안 중국 역대 왕조의 공식 역사서 편찬의 모범이 되
었다. 기전체는 사마천이 직접 고안해 처음으로 역사서에 적용한 방식으로
서, 본기(本紀, 역대 왕들의 치적), 세가(世家, 제후들에 관한 기록), 열전(列傳,
인물에 관한 기록), 표(연표), 지(문물, 제도 등의 기록)로 나누어 역사를 서술하
는 것이다. 《삼국사기》는 본기 28권, 지 9권, 표 3권, 열전 10권 등 총 50권
으로 구성되어 있는데, 그 가운데 본기는 고구려 본기가 10권, 백제 본기가
6권, 신라 본기가 12권이다. 하지만 《사기》와는 달리 《삼국사기》에는 세
가 편이 없다. 김부식이 보기에는 고대 삼국 자체가 중국 황제의 제후들에
불과하므로 세가를 별도로 작성할 필요가 없었던 것이다.

제 3 장

코리아를 낳은 고려

무혈로 세 나라를 인수한

왕건

후삼국과 고려

　　우리 역사는 다른 나라의 역사에 비해 왕조가 자주 바
뀌지 않았다. 수천 년의 오랜 역사에 비하면 왕조의 수는 많지 않
은 편이다. 그 많지 않은 사례에서도 한 가지 공통적인 사실을 발
견할 수 있다. '삼국통일' 시기를 제외하면 별다른 유혈 사태가 없
다는 점이다. 봉건 제후들 간의 피비린내 나는 싸움 끝에 가장 힘
센 자가 집권하곤 했던 일본이나, 한족과 북방 민족이 격전을 벌이
면서 중국 대륙의 패권을 주고받았던 중국과는 사뭇 다른 과정이
다. 현대로 말하자면 '평화적 정권 교체'가 이루어진 것인데, 신라
에서 후삼국시대를 거쳐 고려로 재통일되는 과정이 그 점을 잘 보
여준다.

　　한 나라가 망하려면 내부의 문제와 외부의 문제가 다 관련되게
마련이다. 고구려와 백제를 제거하고 200여 년 동안 한반도의 단

독 정권을 `유지하던 통일신라는 9세기 중반부터는 완연한 말기적 증상을 보였다. 정치적으로는 골품제가 무너지고 왕위계승 분쟁이 잦아졌으며, 경제적으로는 귀족들의 대토지 사유화가 이루어지면서 농민의 생활이 피폐해졌다. 중앙 정치가 붕괴하고 경제의 파탄으로 민란이 잇따르자 이 혼란을 틈타 지방의 실력자들이 힘을 키웠다. 이들 가운데는 점차 '수권 능력'을 갖춘 세력들도 등장하기에 이르렀다.

가장 큰 것은 견훤과 궁예의 세력이었다. 이들이 신라와 맞서는 형세를 이루자 200여 년 전 삼국이 정립하던 시대와 비슷한 양상이 드러났다. 아닌 게 아니라 견훤은 후백제를 계승한다고 자처했으며, 궁예는 국호를 마진(摩震, 나중에 태봉(泰封)으로 고쳤다)이라 하면서 후고구려를 계승한다고 자처했다. 그러나 견훤과 궁예는 지역적으로 각기 백제와 고구려의 옛 영토를 지배하게 된 것일 뿐, 과거 왕조들을 계승하겠다는 특별한 의식이 있었던 것은 아니다. 오히려 옛 왕조의 명칭을 부활시킨 것은 당시 중국의 추세를 따랐다고 볼 수 있다. 중국에서는 907년에 당나라가 망한 뒤 960년에 송(宋)나라로 재통일될 때까지 후량, 후당, 후진, 후한, 후주의 5대 왕조가 번갈아 들어섰는데, 이들은 모두 양, 당, 진, 한, 주 등 중국 옛 왕조들의 국호를 차용해 전통의 계승을 표방했다.

견훤과 궁예는 늙은 공룡 신라를 야금야금 갉아먹으며 마음껏 배를 불렀다. 신라라는 먹이가 존재하는 한 후백제와 후고구려의 두 나라는 서로 충돌할 필요가 없었다. 양측의 충돌이라면 견훤이 금성(나주)을 공략할 때 왕건(王建, 877~943)의 수군이 견훤의 군대를 물리친 일이 고작이었다.

나중에 고려를 건국하게 되는 왕건은 당시 궁예의 휘하에서 수군을 맡아 서남해 해상을 장악하고 명성을 쌓는 중이었다. 하지만 큰 그릇이 작은 보자기에 싸여 있을 수는 없다. 궁예 밑에서 묵묵히 견디던 왕건에게 마침내 때가 왔다. 궁예가 점점 포악해지고 심지어 미륵불이라고 자칭하는 등 이상 성격을 보이자, 폭정에 견디다 못한 홍유, 배현경, 신숭겸, 복지겸 등이 쿠데타를 계획하고 왕건을 우두머리로 추대했다. 왕건은 부하들의 지지에 힘입어 궁예를 축출하고 태봉을 인수해 918년에 고려를 건국했다. 왕건은 무혈로 나라를 차지하는 엄청난 행운을 누렸지만 그의 행운은 이것으로 끝나지 않았다.

수시로 신라를 공격해 신라의 적대감을 샀던 궁예와 달리 왕건은 신라의 환심을 사는 작전으로 바꾸었다. 마침 견훤의 후백제가 맹렬한 기세로 크고 있었으므로 신라와 결탁해 후백제에 대항하려는 전략이었다. 고려와 신라는 점차 공동 작전을 벌일 정도로 가까워졌다. 백제를 계승한다고 표방했던 견훤은 옛날의 백제처럼 신라의 원수가 되어버렸다.

신라 왕실의 놀이터였던 경주 안압지의 포석정(왼쪽)과 경기도 연천의 경순왕릉. 경애왕이 포석정에서 견훤에게 죽임을 당한 후 옹립된 경순왕은 신라의 천 년 사직을 왕건에게 평화로이 이양했다.

포석정

고려와 신라의 합공을 받으면서도 견훤은 여전히 강력했다. 후백제는 과거에 백제와 신라의 격전지였던 대야성을 몇 차례나 공략한 끝에 함락시키고 후삼국 중 최강국의 지위를 유지했다. 당시 중국은 5대 10국의 분열기에 있어 제 코가 석 자인지라 옛날의 당나라처럼 신라의 구세주가 될 수 없었다. 후백제의 파상 공세에 견디다 못한 신라는 자주 왕건에게 구원을 요청하면서 점점 고려 측으로 붙었다. 사태가 심각하게 돌아간다고 느낀 견훤은 승부수를 띄우기로 결심했다.

만주에서 발해가 거란에게 멸망당한 해인 927년에 견훤은 신라의 서울 경주로 쳐들어가 왕궁을 약탈했다. 한겨울에 포석정에서 질탕하게 놀고 있다가 적의 습격을 받은 경애왕은 자살했다. 견훤은 경애왕의 외척 아우뻘 되는 김부에게 국사(國事)를 맡기고 돌아갔는데, 그가 신라의 마지막 왕이 되는 경순왕이다. 견훤은 경순왕을 자기 손으로 왕위에 앉힘으로써 신라를 속국으로 삼은 것이다.

그런데 여기에 한 가지 의문이 있다. 당시 신라 왕궁까지 침입한 견훤은 지금의 경북 영천을 공격하다가 경주까지 백 리 길을 단숨에 진군해 왕궁을 습격했다. 아무리 신라의 국력이 약해졌다 하더라도 신라 영토 안에서 먼 길을 달려와 가장 경비가 삼엄한 왕궁을 제 집 드나들듯 마음대로 유린하는 게 그리 쉬운 일이었을까? 신라 측의 내응(內應)이 없었다면 어려운 일이 아니었을까?

그럴 만한 정황은 충분했다. 왕권이 안정되지 못했던 신라 말기의 혼란 속에서 신라왕의 성씨는 또 한 번 바뀐다. 무려 500년 이상 김씨 왕들이 집권해오다가 느닷없이 53대 왕으로는 49대 헌강

왕의 사위인 박씨 신덕왕이 즉위하는 것이다. 박씨 세력은 이후 55대 경애왕까지 10여 년간 집권하는데, 당연히 김씨 세력은 재집권의 기회를 호시탐탐 노렸다. 때마침 박씨 정권은 친고려 정책으로 왕건에게 추파를 던지고 있는 판이니, 이를 바라보는 견훤의 시선이 고울 리 없다. 박씨 정권을 타도하는 데 필요한 물리력은 신라 안에 없다. 따라서 김씨 세력은 견훤과 손잡고 쿠데타를 계획했던 것이다.

과연 경순왕 김부는 견훤을 맹렬히 비난하고 걸핏하면 왕건에게 원군을 청하던 경애왕과 달리, 자신을 왕위에 앉혀준 견훤을 상왕(上王)처럼 받들면서 왕건과의 관계를 멀리했다. 그러자 이번에는 왕건이 발끈했다. 결국 왕건이 군사를 이끌고 경주를 공격하자 경순왕은 할 수 없이 왕건에게도 충성을 맹세했다. 양측에 모두 무릎을 꿇은 것이니, 이를테면 중립을 선언한 셈이다.

하지만 두 마리 고래 사이에서 새우 한 마리가 목청껏 중립을 외쳐봤자 달라질 게 있을까? 신라는 점점 견훤과 왕건 가운데 하나를 택할 수밖에 없게 되는 상황으로 빠져든다. 견훤은 이미 925년에 후당에게서 백제왕의 책봉을 얻어내어 일찌감치 '대권 후보 등록'을 마친 상태이므로 대권 주자 1번이다. 이어 933년에 왕건도 후당에게서 고려왕의 책봉을 받고 입후보했다(당시에도 중국의 입김은 여전히 중요했으므로 대권 후보로 공인받으려면 중국의 책봉이 필요했다). 대권 주자의 요건을 갖춘 후보가 둘이니 신라는 고민하지 않을 수 없다.

'견훤이냐, 왕건이냐?' 괴로운 선택을 놓고 유일한 유권자 신라가 고민하고 있던 중에 예기치 못한 사태가 터진다. 갑자기 한 후보가 탈퇴해버린 것이다. 그것도 당선 가능성이 더 높았던 기호 1번 견훤이 느닷없이 내부 쿠데타로 실각했다. 935년 3월 견훤은 아들 신검의 쿠데타로 왕위에서 쫓겨나서, 3개월간 금산사에 갇혀 있다가 간신히 탈출해 왕건에게 투항했다. 후보가 단일화되었으니 신라에게는 선택의 여지가 없어졌고 고민도 사라졌다. 경순왕은 해를 넘기지 않고 그 해 11월 왕건에게 항서를 썼다. 이리하여 신라의 천 년 사직이 왕건에게 평화로이 이양되었다. 왕건의 두 번째 행운이었다.

신라는 고구려나 백제처럼 힘으로 굴복당한 게 아니라 스스로 나라를 들어 바친 격이므로 멸망한 뒤에도 부흥운동 따위는 없었다. 경순왕은 왕건에게 사촌 누이를 시집보내고, 왕건은 그 보답으로 경순왕에게 자기 딸인 낙랑공주를 시집보냈다. 300년 전 김춘추와 김유신처럼 처남-매부이자 장인-사위의 관계다.

이제 남은 것은 이빨 빠진 후백제뿐이다. 견훤이 왕건에게 투항하고 나서 지리멸렬한 후백제는 견훤의 사위를 중심으로 하는 견훤 추종 세력이 고려에 항복하는 것으로 간단히 멸망했다(936년). 왕건의 세 번째 행운이다. 그래도 앞의 두 경우와 달리 왕건은 이제 누구의 눈치도 볼 필요가 없어졌으므로 친히 군대를 거느리고 후백제를 치러 갔는데, 경북 선산에서 단 한 번 작은 접전이 있었을 뿐 어려움 없이 후백제를 인수했다.

힘 들이지 않고 세 나라를 인수한 왕건은 분명 억세게 운 좋은 사나이임에는 틀림없다. 하지만 그것은 견훤의 원맨쇼나 다름없었다. 만일 견훤이 실각하지 않았다면 경순왕은 아마도 견훤에게 귀중한 한 표를 행사했을 것이다. 그렇게 해서 견훤이 신라를 인수했다면, 물론 이후의 역사는 크게 달라졌을 것이다. 결국 견훤은 신라를 기습하는 승부수를 적중시켰으나 결실은 거두지 못했고, 왕건은 굿 구경하다가 떡 받아먹는 식으로 신라와 후백제를 간단히 거두어들일 수 있었다.

신라가 건국된 것은 기원전 57년이므로 사직이 무려 1천 년에 이른다. 경순왕은 이런 역사를 가진 나라를 과연 쉽게 왕건에게 넘겨줄 수 있었을까?

신라가 고려에게 넘어가는 과정은 순식간에 이루어진 극적인 사건이었다. 여기에는 아마 그 전까지 치열했던 박씨 세력과 김씨 세력의 권력 다툼이 결정적인 계기가 되었을 것이다. 그러나 김씨 세력이라고 해서 모두 고분고분하게 경순왕의 결정에 따른 것은 아니다. 경순왕의 태자는 왕위계승권자였으므로 당연히 아버지의 결정에 반대했다. 신라가 고려에 항복한 뒤 태자는 금강산으로 들어가 초막을 짓고 죽을 때까지 풀뿌리만 먹으며 그곳에서 살았다고 한다. 옷도 베로 된 소박한 옷만을 입었다고 해서 그의 이름은 후대에 마의태자(麻衣太子)로 전해지고 있다.

임시로
나랏일을 맡은 사람

권지국사의 전통

왕건은 918년 고려를 건국할 때부터 신라와 달리 천수(天授)라는 독자적인 연호를 썼다. 또한 신라를 인수한 다음에는 옛 고구려의 전통을 이어받고 고구려의 옛 영토를 되찾으려는 북진 정책을 실행하는 등 상당히 자주적인 노선을 걸었다. 그러나 신라 때부터 수백 년이나 지속된 대중국 관계의 기본 방향을 쉽사리 바꿀 수는 없었다. 고구려를 계승한다는 제스처로 국호도 고려라고 정했지만(중국 문헌에서는 예부터 고구려를 고려라고 칭했으며, 고려가 건국된 후에도 고구려의 후예, '고'씨 왕조로 여겼다), 그것은 다분히 허울일 뿐 신라의 정권을 평화적으로 넘겨받은 그로서는 아무리 신라의 '전통'을 벗으려 해도 마음대로 되지 않았다. 더구나 그가 초기에 독자적인 연호를 사용한 것도 실은 당시 중국이 분열되어 있어 한반도의 사정에까지 신경 쓸 만한 강력한 통일 왕조가 없었던 탓이 컸다.

대중국 관계에서 고려가 신라의 연장선상에 서 있음을 보여주는 한 가지 사례가 있다. 그것은 바로 권지국사(權知國事)다. 권지국사란 왕호를 인정받지 못하는 기간에 사용하는 칭호로, 실제적으로는 왕이지만 공식적으로는 아직 왕이 아니라는 뜻이다. 요즘으로 치면 대통령이 업무를 수행하지 못하는 사태가 일어났을 때 국무총리가 맡게 되는 대통령 권한대행 같은 것이다. 그럼 대체 누가 한 나라의 왕을 인정하는 권한을 가진다는 것일까? 그 나라의 상국, 그러니까 고려의 경우 바로 중국이다.

신라의 마지막 왕(경순왕) 김부도 원래는 왕이 아니라 권지국사였다. 견훤은 그를 임시 국왕에 해당하는 권지국사로 임명해 휘하에 거느리려 했다. 김부를 권지국사로 임명한 사람이 견훤이므로 신라는 견훤의 후백제를 상국으로 섬기게 된 것이다. 견훤이 신라의 궁실까지 유린하고서도 명맥을 끊지 않고 그냥 돌아갔던 이유는 그런 안전장치를 만들어두었기 때문이다. 물론 신라에게 그런 견훤의 권위가 100퍼센트 통한 건 아니었으므로 김부는 나중에 왕건에게도 무릎을 꿇었고, 견훤도 그것까지 막을 힘은 없었다.

그러나 후백제가 아닌 중국이라면 문제는 다르다. 당시 중국은 당이 멸망하고 송나라가 들어서기까지(907~960) 각지의 지배자들이 제멋대로 나라를 세우고 황제로 자칭하는 분열 시대였다. 불과 50여 년 동안 다섯 개의 왕조(5대)가 바뀌었고, 강남과 화북에는 군벌들이 10개의 나라(10국)를 세운 데다, 동북방에서는 거란이 세운 요나라가 발해를 정복하고 세력을 키웠다. 하지만 중국이 혼란스런 시대를 맞았다고 해도 변방의 고려가 볼 때 여전히 중국은 상국이며, 더욱이 중국의 속국이었던 신라를 인수하려는 입장에서는 중국의 눈치를 살피지 않을 수 없었다.

신라를 병합하기 전인 926년에 왕건은 중국에 처음으로 사신을 보내 승인을 요청했다. 당시 중국의 임자는 5대 중의 한 나라인 후당이었다. 첫 번째 시도에는 성과가 없었으나, 6년 뒤에 왕건은 또다시 사신을 보내 마침내 후당에게서 승인을 얻어냈다. 후당의 황제인 명종은 933년에 왕건에게 현도주 도독의 직위를 주고 고려 국왕으로 책봉했다.

이렇게 책봉을 받기 위해 왕건이 중국에 사신과 서한을 보내려면, 자신을 뭐라고 지칭해야 할 것이다. 누가 누구에게 보내는 편지인지를 밝혀야 하니까. 그런데 책봉을 부탁하는 처지에 감히 왕을 자처할 수는 없다. 무엇보다 책봉을 받기 전까지는 아직 정식 왕이 아니다. 하지만 실제로는 고려의 왕이므로 다른 직함을 쓸 수도 없다. 그래서 생긴 말이 바로 '임시로 나랏일을 담당하는 책임자'라는 뜻의 권지국사다(여기서 '權'은 '임시'라는 뜻이고, '知'는 오늘날에도 도지사라는 관직이 있듯이 '맡는다'는 뜻이다). 왕건은 자신을 '권지고려국왕사', 즉 왕 권한대행으로 자칭하면서 중국에 왕으로 책봉해달라고 부탁했던 것이다.

신라 때는 스스로 중국의 속국임을 자처했으므로 새 왕이 즉위했을 때 중국에서 승인해주는 과정이 자연스러웠다. 그러나 고려는 새 왕조였으므로 중국 측에서도 선뜻 왕건을 책봉하기가 내키지 않았다. 왕건으로서는 신라를 인수하려면 무엇보다 권력의 정통성을 확보해야 했는데, 이를 위한 최선의 방법은 중국의 책봉이었다. 정상적인 상황이었다면 아직 신라가 망하지 않은 상태였으므로 어려웠겠지만, 때마침 중국은 5대의 혼란기에 있었으므로 책봉이 가능했다. 왕건은 바로 이 점을 노린 것이었고, 이 의도는 제대로 적중했다.

하지만 그런 배경에서 시작된 '권지국사'는 점차 전통으로 자리잡아, 고려는 물론 이후 조선 왕조에서도 신임 왕이 중국의 책봉을 받기 전까지 스스로를 가리키는 이름으로 사용되었다. 고려와 조선의 왕들은 즉위한 뒤에도 중국의 공식 승인이 떨어지기 전까지 적어도 대외적으로는 감히 왕으로 자처하지 못했다. 이따금 중국에서는 그런 약점을 이용해 일부러 애를 먹이기도 했다. 특히 중국과의 관계가 불편했던 조선 초기에는 아주 심했다.

14세기 말에 쿠데타로 조선을 건국한 이성계(李成桂, 1335~1408)는 자신을 '권지고려국사'라고 부르며 명나라에게 조선 건국의 승인을 요청했다. 그러나 명나라는 즉시 승인하지 않고 마냥 미루었다. 아마도 원나라를 최종적으로 물리친 시기가 1391년인 것을 감안하면, 명나라로서도 일일이 조선왕의 승인을 챙기기 어려운 상황이었을 것이다. 하지만 더 큰 이유는 이성계가 중국의 허락도 없이 쿠데타를 통해 고려 왕조를 무너뜨린 일을 곱게 보지 않았기 때문이다. 이성계는 끝내 재위 중에 조선왕으로 책봉을 받지 못했고 3대 왕인 태종에 이르러서야 명의 승인이 떨어졌다.

또한 16세기 초 연산군을 폐위하고 즉위한 중종에 대해서도 명나라는 처음에 왕으로 승인하지 않다가 나중에 인정해주었다. 건국뿐 아니라 쿠데타(중종반정)도 중국의 재가가 있어야 최종적으로 '완결'될 수 있었던 것이다. 이것과는 사정이 다르지만, 조선의 선조도 전 왕인 명종이 죽었을 때 잠시 동안 권지국사의 지위에 머물렀던 적이 있었다.

권지국사란 중국에 사대했던 탓에 생겨난 한반도 왕조들의 역사적 전통이다. 하지만 이런 사대의 전통은 현대사에서도 완전히 근절되지는 않았다. 1979년 12·12쿠데타로 정권을 잡고 이듬해 대통령이 된 5공화국의 대통령 전두환은 쿠데타를 사후 승인받기 위해 곧장 미국행 길에 올랐는데, 당시 그의 신분은 '권지국사'라고 해야 하지 않을까?

한국사
질문하는
시간

중국이 한반도 역대 왕조의 왕들을 책봉했다면, 왕위계승 과정이나 내정에도 직접 개입했다는 것일까?

책봉이란 오늘날로 치면 임명이라는 뜻이지만, 중국이 왕위계승이나 관직의 임명까지 일일이 관여한 것은 아니다. 대체로 별 일이 없으면 한반도 왕실에서 건의한 계승자를 그대로 인정해주었다. 중국의 역대 왕조들은 주변의 모든 나라를 조공국으로 보았고, 오늘날의 의미에서는 국제 관계라 해야 할 것도 모두 조공 관계로 여겼기 때문에 주변 나라들의 왕도 책봉한 것이다. 물론 주변 나라들도 중국의 상징적 권위를 인정했다. 그러나 내정에 관해서는 상당 정도 자치권을 가지고 있었으며, 다만 외교권과 군사권에서만 중국의 지배를 받았다. 이러한 이중적 관계가 당시 동양적 국제 질서의 핵심이었다.

개국 초기

증후군

고려와 조선 초기 왕자의 난

조선 초에 이성계의 아들들이 왕위계승을 놓고 편싸움을 벌인 것은 잘 알려진 사실이고, 드라마로도 많이 다루어졌다. 그래서 왕위계승을 둘러싼 '왕자의 난'이 조선 초에만 있었던 것으로 아는 사람들이 많다. 하지만 그것은 일반적인 현상이었다. 꼭 왕자들이 벌인 난리는 아니더라도, 중국에서는 진시황이 죽자 승상이 태자를 살해하고 다른 왕자를 즉위하게 했는가 하면, 한나라에서도 건국자 유방이 죽자 아내인 여태후가 집권해 11년 동안 왕 두 명을 갈아치운 끝에 자기 동생을 왕위에 올렸다. 당나라에 이르면 분명한 '왕자의 난'이 보인다. 당의 건국자 이연은 눈 시퍼렇게 뜨고 살아 있는 동안에 둘째 아들 이세민이 위, 아래 형제들을 죽이고 왕위에 오르는 모습을 지켜봐야 했다(132쪽 참조). 이렇게 왕조의 개국 초기에 왕자의 난이 잦았다면 그것은 이른바 '개국 초기 증후군'이라고 할 수 있겠다. 이런 현상이 생기는 이유는 뭘까?

어느 나라든 개국 초기에는 권력이 불안정할 수밖에 없다. 건국자야 그 나라를 세운 인물이므로 평생 권력을 보장받을 수 있지만, 문제는 건국자가 죽고 난 이후다. 맏아들이 왕위를 계승하는 게 당연하겠지만 그게 말처럼 쉽지 않다. 대개 맏아들쯤 되면 자기 아버지가 아직 새 나라를 세우기 이전에 장성한 아들이다. 그래서 아버지 곁에 비서처럼 늘 붙어다니면서 지시를 받아 이 일 저 일 처리하게 마련인데, 그때는 아직 왕위계승권자는커녕 왕자도 아닌 신분이다. 아버지의 부하들, 나중에 개국공신이 되는 사람들도 그를 그냥 '보스'의 맏아들로 볼 뿐 특별히 공경하지는 않는다. 아마 아버지의 측근들은 그를 조카처럼 여기고 스스럼없이 대했을 것이다.

그런데 나라가 세워지고 나면 사정은 확연히 달라진다. 맏아들은 졸지에 왕위계승권자가 된다. 자기 자신도 마음이나 행동거지를 바로잡을 준비가 부족하고 무엇보다 급작스런 신분 상승에 주위의 시선이 고울 리 없다. 평소 그의 행실이 좋지 않았을 경우에는 말할 것도 없다. 네 아비가 죽고 나서도 그렇게 까불 수 있나 어디 두고 보자, 개국공신들 중에는 이렇게 벼르는 자도 있다. 이런 자들은 건국자가 죽으면 건국자의 다른 왕자들을 끼고 돌면서 자신의 영향력 하에서 왕위계승이 이루어지도록 하려고 애쓴다. 그래서 어느 나라든 권력 계승이 순조롭지 못한 초창기에는 왕위계승 분쟁이 치열하게 일어나는 것이다.

왕위계승 분쟁이 일반적인 현상이라면 고려 초기에도 있었을 것이다(고대 삼국의 초창기에는 왕위의 세습조차도 확립되기 이전이었으므로 그런 현상이 있을 수 없었다). 과연 고려 초기의 왕 계보를 살펴보니 복잡하기 짝이 없다. 태조 왕건은 신라나 후백제를 인수하기 전부터 지방 호족들과 결탁하고 있었다. 그런데 그 방식이 대단히 '육탄적'이었다. 한 호족과 동맹을 맺을 때마다 그들의 딸을 아내로 맞아들이는 것이다. 그 덕분에 아들이 매우 많아졌다. 기록에 전하는 것만 해도 왕건의 아들은 스무 명이 훨씬 넘으며, 그 가운데 나중에 직접 왕위에 오르는 왕자만도 세 명이다.

왕건이 25년간 통치한 끝에 죽자 예고되었던 문제가 터졌다. 아버지는 똑같이 왕건이지만, 어머니는 각기 다른 지방 호족의 딸들이므로 외가의 세력이 곧 왕자들의 힘이었다. 왕건도 이런 사정을 고려했던 듯하다. 그가 유언으로 남긴 훈요십조에는 "맏아들로 왕위계승을 하는 게 상례지만 맏아들의 인물됨이 모자랄 경우에는 다른 아들로 해도 좋다"는 조항이 있다. 이 조항은 그의 아들들이 권력다툼을 벌이기에 좋은 빌미가 되었다.

그래도 일단 서열에 따라 맏아들 왕무가 왕위에 올라 혜종이 되었다. 그러나 고려가 건국되기 전에 왕건과 결혼했던 그의 어머니 집안은 세력이 미미했다. 따라서 왕무는 외가 대신 박술희라는 지방 호족의 도움으로 즉위했다(박술희는 왕건에게서 훈요십조를 받아 적은 왕건의 최측근이었다). 당시 '실력 있는' 왕자들은 광주(廣州) 호족 세력을 등에 업은 광주원군과 충주 호족 집안의 왕요와 왕소 형제였다. 이들을 비롯한 호족들은 각자 자기 집안의 왕자들을 거느리고 호시탐탐 혜종의 동태를 엿보았다.

혜종은 즉위한 이듬해에 벌써 광주 호족 왕규가 외손자인 광주

원군을 왕으로 만들기 위해 반란을 꾀하고 있다는 것을 알면서도 어쩌지 못했다. 혜종이 조금만 더 살았더라면 아마도 그가 살아 있을 시기에 뭔가 터졌을 것이다. 그런데 혜종은 재위 3년을 채우지 못하고 병으로 죽었다(하지만 암살되었다는 설이 유력하다). 혜종에게는 두 아들이 있지만 건국자의 체면을 보아 1라운드를 탐색전으로 넘겼던 호족들이 혜종이 남긴 왕자들을 마음에 담아둘 리 없다.

제2라운드는 여러 호족들 간에 난투극으로 진행되다가, 광주 세력과 충주 세력 간에 최종 결승전이 벌어져 충주 세력이 승리를 거두었다. 충주 세력은 서경 세력의 왕식렴과 결탁해 광주 세력의 우두머리인 왕규를 처형하고 왕요를 3대 왕인 정종으로 즉위시켰다. 하지만 불교와 도참설을 믿었던 정종은 서경 세력에 보답할 겸 수도를 서경으로 옮기려 했다가 뜻을 이루지 못하고 재위 4년 만에 의문의 죽음을 당했다.

정종에게도 왕자가 있었으나 이미 다음 왕위는 정종의 친동생 왕소에게로 내정된 터였다. 그가 4대 왕인 광종인데, 이 무렵에 와서야 고려는 개국 초기 중후군을 넘기고 왕위계승 분쟁이 종식된다. 그 덕분에 광종은 27년이라는 '정상적인' 재위 기간을 누렸고 여러 가지 업적을 남겼다.

왕위에 오른 즉시 그가 맨 먼저 해야 할 일은 뻔했다. 두 번 다시 왕권의 위협을 받는 일이 없어야 한다. 그러려면 우선 외척의 세력을 억눌러야 하는데, 이를 위한 첫 번째 방법은 근친혼을 장려하는 것이었다. 왕실 내의 근친혼이 많으면 성씨가 다른 외척이 많이 생기지 않을 터였다(고려 초의 호족들 가운데 왕씨가 많았던 이유는 그들이 실제로 왕씨라서가 아니라 왕건이 그들과 혼맥을 맺으면서 왕씨성을 하사했기 때문이다). 지금으로서는 도저히 공감할 수 없겠지만 당시에는 꽤나 적절한 방책이었다(고려시대까지만 해도 근친혼이 상당히 많았다. 근친혼이 법으로 금지되는 것은 유학이 국가의 지배 이념으로 채택되는 조선시대부터다).

하지만 여전히 기존 호족들의 세력은 만만치 않았다. 이들의 손발을 잘라야 한다. 그래서 채택한 것이 바로 노비안검법(奴婢按檢法)이었다. 노비안검법은 말 그대로 노비를 단속하는 조치인데, 언뜻 보면 노예 해방처럼 여겨지기도 하지만 실은 지방 호족들이 당시 사병(私兵)으로 활용하던 노비들을 해방시켜 호족들의 물리력을 약화시키려는 의도였다. 또한 호족 세력을 제어하려면 지역 연고의 관행을 차단해야 했고, 새로 관료층을 육성해야 했다. 그래서 실시한 게 과거제다. 과거제는 분명히 합리적이고 전보다 발달한 관리 임용 제도였으나 노비안검법과 마찬가지로 왕권 강화라는 정치적 의도에서 나온 조치였다. 6세기 말 중국에서 수 문제가 역사상 최초로 과거제를 시행할 때도 기존의 관료 집단을 억누르고 새로 관료층을 육성하려는 게 주요 목적이었다.

반면, 고려의 경우와 달리 조선 초의 왕위계승 분쟁은 전형적인 '왕자의 난'이었고, 전개 방식도 초장부터 격렬한 육박전의 양상을 취했다. 이참에 조선 초의 왕위계승에 관해서도 살펴보고 넘어가자.

조선의 건국자인 태조 이성계는 두 아내에게서 모두 여덟 명의 왕자를 두었다. 우선 맏아들인 이방우는 고려 때부터 관직을 맡아 일했으나 아버지의 쿠데타에 찬동하지 않았으므로 조선이 건국되자 황해도 해주로 은퇴해 술로 여생을 보냈다. 맏아들부터 삐딱선을 탄 탓에 왕위계승 문제는 더욱 복잡해져 이성계가 왕으로 살아 있는 동안에 사건으로 터져나왔다.

첫 아내의 소생인 여섯 아들은 모두 장성했고, 조선의 건국에 일등 공신들이었으므로 이성계는 어느 아들을 특별히 편들 수 없었다. 그래서 그는 둘째 아내의 소생인 일곱째 어린 아들 이방번을 세자로 책봉하려 했는데, 조선의 '기획자' 정도전(鄭道傳, 1342~1398)은 아예 막내인 이방석을 책봉하라고 권했다. 1398년 열여섯 살의 이방석이 세자가 되었는데, 사나운 이복형들이 가만 두고 볼 리가 없다. 특히 야심가였던 다섯째 아들 이방원은 가장 목소리가 컸다.

때마침 정도전이 세자를 보위하기 위해 이복형들을 모두 지방으로 보내려 하자, 이방원은 이참에 자기 형제들을 제거하려는 속셈이라고 판단했다. 그는 부하를 시켜 이방석의 세자 책봉을 주장한 정도전 일파를 살해해버렸다. 거기서 그쳤으면 일종의 정당방위일지도 모르지만, 이방원은 아예 역공으로 나섰다. 이듬해 세자 이방석을 폐위시키고, 그것도 모자라 이내 방번과 방석 형제를 살해한 것이다.

가뜩이나 정도전의 죽음으로 괴로워하던 이성계는 왕위계승 문제로 두 아들이 한 아들의 손에 죽자 왕위에 환멸만 느낄 뿐이다. 그래서 미운 놈 떡 하나 주는 식으로 가장 목소리가 큰 이방원을 세자로 책봉하고 아예 왕위마저 물려주려 했다. 하지만 이방원은 어디까지나 다섯째 아들이었으므로 세자 자리를 덥석 받기는 어려운 처지였다. 게다가 아버지가 신뢰하고 의지하는 정도전과 어린 동생들을 살해한 이방원이 즉각 왕위에 오른다면 반발이 심할 터였다.

이방원은 일단 서열에 따라 둘째 형인 이방과(정종)에게 양보했다. 사실 이방과는 남은 형제들 가운데서는 맏이였으므로 그것이 가장 매끄러운 왕위계승이었다. 이방원도 불만이 없었는데, 아마 그 무렵에는 다음 계승자가 자기라는 확신이 있었을 것이다. 이렇게 해서 왕자 둘이 죽고 왕위계승 서열을 확립하면서 왕자의 난이 끝났다. 하지만 고려 초의 경우처럼 조선 초 왕자의 난도 1차전으로만 끝나지 않았다.

어렵게 즉위한 정종은 고려의 혜종과 비슷한 처지였다. 설령 후사가 있다 해도 자기 아들을 세자로 책봉하지 못할 판인데, 마침 후사도 없었다. 서열에 따르자면 다음 왕위계승권은 셋째 이방의에게 있는데, 방의는 일찌감치 왕위를 포기하고 다섯째인 방원을 밀고 있었다. 한편 넷째 이방간은 둘째(정종), 셋째(방의) 형들이 동생 방원을 지원하는 것에 불만을 품었다. 그것을 눈치 챈 정종이 만류했으나, 방간은 참지 못하고 정종 2년에 자기 병력을 일으켜 방원에게 도전했다. 정종은 아버지 이성계가 그랬듯이 어느 누구를 편들지 못하고 두 아우의 대결을 두고 볼 수밖에 없었다.

2라운드에서도 승자는 이방원이었다. 하지만 더 이상 형제의 목숨을 빼앗는 데 부담을 느낀 탓인지, 방원은 자기를 꾀어내 죽이려 했던 형 방간의 목숨을 살려주었고 그 대신 휘하 수족들을 모두 제거했다. 정종은 이듬해 '무서운 아우' 방원에게 왕위를 양보하고 슬그머니 물러나고 말았다. 친형제들의 대결로 벌어진 2라운드는 애초부터 집요하게 왕권을 노린 방원의 최종 승리로 끝났다.

혈투 끝에 왕좌에 오른 방원, 즉 태종에 이르러서야 조선의 왕권은 안정되어 정상적인 재위 기간(1400~1418)을 되찾고 왕위가 태종의 후손으로 세습되기 시작했다. 하지만 그 여파는 아직 남아 태종의 아들 세종은 자신에게는 사촌 형뻘이 되는 방간의 아들 맹종에게 사약을 내려 아예 왕위계승 분쟁의 싹을 잘라버렸다. 우리에게 현군으로 알려진 세종의 다른 모습이다.

지방 호족 세력이 원인이 된 고려 왕자의 난에 비해 조선 왕자의 난은 왕자들이 보유한 사병이 직접적인 원인이었다. 왕자들이 자기 뜻에 맞지 않으면 곧바로 '진검 승부'를 벌일 수 있었던 것도 자기 병력이 있었기 때문이다. 고려 초에 지방 호족 세력이 강성한 것과 조선 초에 병력이 중앙에 집중되지 못하고 사병화되어 있던 것은 모두 정권이 불안정한 개국 초기에는 불가피한 현상이다. 다만 고려에 비해 조선에서 형제들이 다투는 비극이 초래된 이유는 다르게 볼 수도 있다. 고려의 건국은 왕건이 무혈로 신라와 후백제를 접수했듯이 평화로운 정권 교체로 진행되었지만, 조선의 건국은 쿠데타로 이루어졌으니까.

고려는 외척 세력이 성장하는 현상을 막기 위해 왕실 내의 근친
혼을 장려했다. 조선은 처음부터 유학을 이념으로 하는 국가였으
므로 그것이 불가능했을 것이다. 그럼 조선의 경우에는 어떻게
외척의 성장을 막을 수 있었을까?

우리 역사에서 왕위의 부자 세습이 본격적으로 이루어지기 시
작한 것은 삼국시대 중반부터의 일이다. 그러나 그 뒤에도 형제 상속의 전
통은 완전히 사라지지 않았으므로 고려 초기까지만 해도 아직 명확한 부자
상속의 제도가 확립되지는 못했다. 조선의 경우는 처음부터 왕위의 세습이
이루어졌으므로 고려 초기처럼 왕권이 외척의 손에 의해 좌지우지되는 일
은 없었다. 그래도 고려처럼 왕실 내의 근친혼을 장려하지 않는 한 왕실 외
척이 발흥하는 현상을 원천적으로 막을 수는 없었다. 조선 중기의 당쟁이나
말기의 세도 정치 하에서는 외척 세력의 폐해가 매우 컸다.

신분제인가,
관료제인가

고려 사회의 성격

　　고려 사회는 신분이 우선시되면서도, 과거제가 있다는 점에서는 관료 사회의 특성도 가지고 있었다. 신분 사회는 출신 배경만 좋으면 누구나 출세가 보장되어 있고, 관료 사회라면 개인의 능력이 중요하므로 신분제와 어긋나는 측면이 있다. 이 두 가지가 어떻게 양립할 수 있었을까? 서로 모순되는 두 가지 제도가 공존한다면, 사회가 불안정하거나 둘 중 어느 하나가 우위를 차지해야 할 것이다. 실제로 고려 사회는 불안정하기도 했고, 관료제보다는 신분제가 우선하는 사회이기도 했다.

　　'왕자의 난'을 평정하고 왕권을 안정시킨 고려 광종은 집권 초기부터 지방 호족 세력을 억누르는 데 집중했다. 자신도 지방 호족 세력에 힘입어 집권했지만, 또다시 그런 일이 일어나서는 나라 꼴이 나지 않을 터였다. 호족들을 견제하려면 그들이 중앙 정치에 관여할 통로를 없애면 된다. 그래서 광종은 중국 5대의 마지막 왕조인 후주(後周)에서 고려로 귀화한 쌍기의 건의를 받아들여 과거제를 시행했다.

앞으로 과거를 통해 관리를 임용하겠다는 것은 곧 개국에 공이 큰 지방 호족 세력들이 가진 기득권을 인정하지 않겠다는 선언이나 다름없었다. 과거제는 중국에서 도입한 것이지만 우리 역사에도 그 선례가 있다. 통일신라 시대에 쿠데타로 집권한 신라 원성왕은 기존 집권층의 세력을 제거하기 위해 788년 독서삼품과(讀書三品科)를 실시해 관리를 임용했다. 독서삼품과는 일반인을 대상으로 한 게 아니라 국학(신라의 대학)의 졸업생을 대상으로 했지만, 시험을 치러 관리를 임용하는 방식이라는 점에서는 과거제와 비슷했다. 과거제와 독서삼품과는 추천제나 세습제로 관리를 임용하는 것보다 분명히 발전한 것이고 어찌 보면 '민주적인' 제도다. 그러나 그것을 시행하게 된 동기는 집권층에 반대하는 세력을 억누르고 왕권을 강화하려는 데 있었다.

과거제가 실시되었으니 누구나 공부만 잘하면 출세할 수 있는 세상이 된 걸까? 그렇지는 않았다. 광종의 과거제는 몇몇 과목을 제외하고 천민이 아니면 대개 응시할 수 있는 자격을 부여했으므로 언뜻 보면 평등한 듯했으나 실제로 그렇지는 않았다. 우선 시험에 합격하려면 장기간 공부해야 하는데, 일반 양민으로서는 그럴 만한 경제적 여건을 갖추기 어려웠다. 또한 일부 경제 사정이 넉넉한 양민이라 해도 과거 시험을 꿈꾸기란 쉽지 않았다. 시험을 준비하려면 학교에서 배워야 하는데, 막상 그 학교는 입학 자격이 제한되어 있었던 것이다. 즉 시험은 누구나 볼 수 있으나 시험 준

75책 139권으로 된 《고려사》에도 과거제에 관한 기록이 전해진다. 과거제만 놓고 본다면 고려는 관료 사회겠지만 실제로는 귀족 지배가 관철된 귀족 사회였고, 조선 시대에 들어서야 관료 사회로 정착된다.

비는 아무나 하는 게 아니었다.

설사 과거에 합격한다 해도 자기 힘만으로는 제대로 성공가도를 걷기 어려웠다. 귀족층은 여러 대에 걸친 자기들끼리의 끈끈한 혼인관계를 이용해 집안 좋은 상류층 출신만을 고관으로 임용했다. 출신이 변변찮은 사람은 과거에 합격한다 해도 음서(蔭敍, 신분으로 관직에 진출할 수 있는 제도) 출신의 귀족 자제들을 경쟁에서 이기기란 대단히 어려웠다. 지금 같으면 고시에 합격한 다음 혼맥이라도 뚫으려 하겠지만, 엄격한 신분제로 다른 신분 간의 통혼이 쉽지 않았던 당시에는 그럴 수도 없었다.

따라서 과거제가 실시되었어도 고려는 여전히 신분이 중시되는 사회였다. 지방 호족 세력은 광종에게 노비안검법과 과거제의 연타를 맞아 비틀거렸지만, 그래도 위세는 여전했다. 다음 왕인 경종이 전시과(田柴科)를 실시해 직책(현직)에 맞게 토지를 나누어주는 정책을 도입한 것도 전통의 신분보다 현직 관료를 중시하려는 의도 때문이었다. 즉 광종의 뜻을 계승해 호족들을 견제하려는 것이었다.

경종의 뒤를 이은 성종은 즉위하자마자 고위 관료들에게 일제히 왕권 강화를 위한 건의안을 올리도록 명하고, 올라온 것들 가운데 유학자 최승로의 시무(時務) 28조를 채택했다. 이것도 역시 지방 행정제도를 대폭 개편해 호족들의 정치적 위치를 격하시키는 조치였다. 곧이어 불교를 억압하고 유학을 장려한 것도 관리 임용을 위해서는 불교보다 유학이 훨씬 유리하기 때문이었다. 이러한 일련의 과정은 크게 보면 신분제 사회를 관료제 사회로 바꾸려는 시도였다. 자기 재산과 독자적인 세력을 지니고 거들먹거리는 귀족들보다는 국왕의 봉급을 받는 관료들에게 행정을 맡기는 게 왕으로서는 훨씬 바람직스러웠다.

그러나 과거제도 한계가 있었듯이 호족 세력을 억누르려는 시도도 불완전할 수밖에 없었다. 아직 고려는 관료제가 완벽하게 정착될 수 있는 사회가 아니었다. 이미 광종 때 호족들은 왕권 강화 정책에 불만을 품고 반대했다가 광종에게 대거 숙청당한 바 있었는데, 성종 때에 이르러 또다시 왕권에 도전했다. 하지만 이번에는 방법이 좀 색달랐다.

경종의 두 왕비인 헌애와 헌정은 친자매간이었다(앞서 말했듯이 고려 왕실에서는 근친혼이 흔했고 광종은 오히려 그것을 장려했다). 경종이 죽은 뒤 과부가 된 두 왕비는 각각 다른 남자와 정을 통해 아들을 낳았다. 헌애는 외척 김치양과, 헌정은 왕건의 아들이자 경종의 숙부인 왕욱과 놀아났다. 경종의 아들이 두 살배기 어린아이라 일단 왕위는 경종의 아우인 성종이 이었는데, 성종이 후사 없이 죽고 다시 경종의 아들(헌애의 아들) 목종이 즉위하자 문제가 발생했다. 목종도 후사가 없었으므로 헌애는 김치양과의 사이에서 낳은 아들(목종의 이복동생)로 다음 왕위를 이으려 했다. 그런데 목종은 김치양과 어머니의 책략에 반발해 이모 헌정과 왕욱의 아들인 대량군을 후계자로 삼고자 했다(목종에게 대량군은, 이모의 아들이므로 사촌동생인 동시에 작은할아버지 왕욱의 아들이므로 당숙인 셈이다. 근친혼이 많은 탓에 이런 터무니없는 관계도 생겨났다).

목종은 권세를 휘두르는 김치양의 손에서 대량군을 보호하고자 서북 지방에 가 있던 강조라는 장수를 불렀다. 그런데 그것은 고양이에게 생선을 맡긴 꼴이었다. 강조는 개경으로 달려오더니 오히려 목종에게 퇴위를 강요하고 대량군을 현종으로 즉위시켰다. 그런 다음에는 궁정을 문란케 한 김치양 일당을 모조리 잡아 죽였다. 급기야 강조는 효용 가치가 사라진 목종도 없애버렸다. 이리하여 또다시 왕이 지방 세력의 힘으로 즉위하게 되었다.

건국한 지 100년 가까이 지난 8대 왕 현종에 이르기까지 왕위 계승이 호족의 영향력에서 벗어나지 못한 것이다. 그런 탓에 고려 사회는 끝내 신분제의 장벽을 넘어 관료제로 진입할 수 없었다. 왕실에서는 끊임없이 왕권 강화를 위해 관료제를 확립하려 애썼지만, 나중에 무신정변이 일어나고 몽골의 지배를 받는 특수한 상황에 이를 때까지 고려는 신분제 사회에 머물렀다. 특히 고려 중기에 일어난 이자겸의 난은 호족이 일으킨 반란들 가운데 가장 큰 것이었다.

신분제 사회인가, 관료제 사회인가? 이 물음에서 고려는 아직 신분제 사회에서 벗어나지 못했지만, 다음 왕조인 조선에서 관료제를 화려하게 꽃피우게 하는 거름이 되었다.

우리 역사상 처음으로 도입된 고려의 과거제는 신분제 사회의 한계를 극복하고 관료제 사회로 들어서려는 노력이었다. 그럼 과거제에서 시험 과목은 어떤 것들이었을까?

고려의 과거제는 크게 제술과, 명경과, 잡과의 세 과목이었다. 이 가운데 잡과는 의료나 점술 등을 관장하는 기술 과목이었으므로 다른 두 과목에 비해서는 격이 낮았고, 제술과와 명경과에 합격해야만 관리가 될 수 있었다. 제술과는 쉽게 말해 글을 쓰는 능력을 보는 것으로 시나 문장, 시사적인 정책 등을 서술하게 하는 과목이었다. 또 명경과는 유학의 옛 고전들을 읽고 제대로 풀이할 줄 아는가를 테스트하는 것이었다. 오늘날의 대학 입시에 비유하면 명경과는 수능 시험, 제술과는 논술 시험에 해당한다고 볼 수 있다.

양인에서
천인이 되기까지

백정의 역사

　　지금 백정이라는 말은 결코 좋은 어감을 가지고 있지
않다. 원래 백정이란 도살업에 종사하는 사람을 가리키는 직업적
인 용어였다. 하지만 오늘날에는 도살업자도 백정이라고 부르지
않는다. 직업으로서의 백정은 사라졌고, 그 대신 끔찍한 살인 범
죄를 저지른 범인을 '인간 백정'이라고 부르는 것처럼 비유어로
쓰는 백정만 남아 있다.

　그런데 알고 보면 백정은 도살업자를 뜻하는 말이 아니었다. 중
국 수나라에서 백정은 일반 백성을 가리키는 말로 쓰였고, 고려시
대에 중국으로부터 그 말이 전래되었을 때도 그냥 백성이라는 뜻
이었다. 조선 초까지도 다르지 않았다.

　백성(百姓)과 백정(白丁)은 우리말로는 비슷해도 한자로는 전
혀 다르다. 그럼 왜 백정이라는 이름에 굳이 '희다'는 뜻의 '백(白)'

여진족 병사의 모습. 고려 시대에 만주 여진족의 본류는 금나라를 세워 한족의 송나라를 위협했지만 변경의 부족들은 고려 왕조와 타협하면서 살아갔다. 이들 때문에 애꿎게 양인이었던 백정들까지 천민으로 전락하게 된다.

자를 썼을까? 그건 농토가 없는 백성이라는 뜻이다('백'자는 '희다'는 형용의 뜻도 있지만 '없다, 아니다'라는 부정의 뜻도 있다). 백정은 비록 일반 농민으로 대우받았지만, 국가에서 부여하는 직역(職役)이 없었으므로 경작할 토지는 받지 못했다. 직업이 없어 급료를 받지 못한 것이라고 생각하면 알기 쉽다.

고려시대에 백정은 경작할 토지가 없는 탓에 일반 농민에 비해서는 다소 낮은 지위였으나 그래도 노비가 아니라 엄연히 양인(良人)의 신분이었다. 이따금 국가 비상시에는 백정도 군대에 편입시켜 정규군을 지원하는 예비군을 구성했는데, 이럴 경우에는 그들에게 토지를 주기도 했다.

이렇게 고려시대에는 신분상으로 어엿한 양인이었던 백정을 졸지에 천인(賤人)으로 전락시킨 사람은 바로 조선의 세종이다. 물론 오늘날까지도 큰 존경을 받는 세종이 양인을 천인으로 만드는 일을 일부러 한 것은 아니다. 여기에는 사연이 있었다.

고려 사회의 천인들로는 노비가 거의 대부분이었고 그밖에 광주리 따위를 만드는 유기장, 광대 노릇을 하던 재인, 그리고 화척(禾尺)이라고 불리는 사람들(양수척[楊水尺]이라고도 불렸다)이 있었다. 바로 이 화척 때문에 백정은 천인이 된다. 이들은 원래 여진이나 거란 등 북방 민족 출신이 고려로 넘어와 귀화한 사람들이었다. 여기에는 당시 한반도 북부의 정세가 관련되어 있다.

신라가 고려에 접수되는 것과 거의 같은 시기에 한반도 북부와 만주를 지배하던 발해도 거란의 요나라에 의해 멸망당했다. 거란이 일어나는 것을 신호탄으로 중국 북방의 민족들은 일제히 세력을 펴기 시작했다. 중국 대륙과 북방 민족들은 원래 일종의 함수 관계에 있었다. 중국 대륙에 강력한 통일 왕조가 들어서면 북방 민족이 위축되고 중국이 분열기를 맞으면 북방 민족이 강성해지는 식이다. 북방 민족은 크게 몽골 초원에 기원을 둔 민족과 만주에 기원을 둔 민족으로 나뉘었다. 전자는 유목 문명이고 후자는 반농반목(半農半牧) 문명인데, 지리적으로 정확히 구분하면 몽골 초원은 중국의 북방이고 만주는 한반도의 북방이었다. 그래서 중국의 통일 왕조들은 주로 몽골 지역의 변화에 촉각을 곤두세웠고, 한반도의 왕조들은 만주 지역에 신경을 썼다.

역사적으로 중국을 괴롭혔던 북방 민족들은 흉노, 돌궐 등 주로 몽골 지역의 민족들이었다. 그러나 고려시대부터 상황이 달라졌다. 우선 중국의 사정이 예전과 달랐다. 고려 초기에 중국의 통일 왕조였던 송나라는 역대 제국들 가운데 가장 군사력이 약했다. 옛 한나라나 당나라와 달리 송은 건국 초부터 북변 정리에 실패하고 북방 민족들의 힘에 눌려 지냈다(심지어 송은 12세기 초반에 여진의 금나라에게 패해 중원을 내주고 강남으로 도망쳐 남송을 새로 세우게 된다). 또 한 가지 변화는 몽골 초원의 민족들보다 만주 출신 민족들의 힘이 강성해진 것이었다. 10세기에 거란의 요나라는 발해를 정복해 만주의 패권을 장악한 다음 중국 대륙으로 쳐들어가 송나라마저 굴복시켰다.

이 과정에서 당연히 중국의 한족 왕조를 섬기는 고려와 마찰이 없을 수 없다. 요나라는 송을 정복하기 이전에 993년 고려를 침입해 청천강까지 쳐들어왔다. 어느덧 북방의 강국으로 성장한 요를 당해낼 수 없었던 고려는 영토와 자치를 인정받는 대가로 요의 연호를 사용하게 되었다. 당시 중국 침략을 준비하고 있던 요는 후방 다지기의 일환으로 고려를 공격한 것이었으므로 전력을 쏟지 않았다(이후 요나라는 두 차례 더 고려를 침입하는데, 이에 대해서는 197쪽을 보라).

한반도를 먹잇감을 보지 않는 요나라의 구도와, 요를 물리칠 힘이 없는 고려의 구도가 맞물려 두 나라는 기묘한 화친 관계를 이루었다. 고려가 북방 민족들을 고려 영토 내에 살도록 허용한 것은 이런 정세를 배경으로 하고 있었다.

하지만 나라들끼리 약속했다고 해서 주민들의 관계가 쉽사리 변하는 것은 아니다. 한반도 북부에서 고려인과 섞여 살아가는 거란인과 여진인은 고려의 일반 백성들과 융합되지 못하고 자기들끼리 부락을 이루고 사는 경우가 많았다. 거기까지는 괜찮았는데 그들은 이질감과 차별을 견디지 못하고 걸핏하면 비뚜로 나갔다. 이를테면 왜구로 위장해 민가나 관청을 약탈하는 범죄를 저지르거나, 거란이 침입해 들어올 때 길잡이 노릇을 하는 것이었다. 점차 고려 조정에서는 그들을 골칫거리로 여기고 탄압하기 시작했다. 범죄 행위가 어려워지자 그들은 일반 백성들이 꺼리는 궂은일을 생업으로 삼고 살았는데, 그게 바로 도살업이다. 그것을 직업으로 택한 데는 수렵 민족답게 짐승의 고기와 가죽을 다루는 기술이 능했던 까닭도 있었다.

비록 정부의 탄압은 받았으나 고려시대까지는 화척들도 일종의 기능인이었으므로 그런 대로 살아갈 수 있었다. 그러던 중 조선의 세종은 화척의 지위를 올려주기 위해 – 실은 세원(稅源)을 확대하고 병력을 충원하려는 의도가 더 컸겠지만 – 그들을 양인으로 대우했는데, 이게 문제였다. 국가가 부여한 직책과 토지가 없으므로 그들을 일단 백정(당시에는 아직 양인이었다)에 편입시킬 수밖에 없었다. 그래서 화척은 신분상 양인이 되었다. 하지만 일반 백성들이 그들에 대해 지니는 이미지는 정부 시책과 달리 쉽사리 바뀌지 않았다. 백성들은 그들을 기존의 백정과 구분하기 위해 '신백정'이라고 부르면서 여전히 백안시했다.

전과자의 재범률이 높은 이유는 일반 사람들이 그들에게 사회적 적응의 기회를 주지 않기 때문이다. '신백정'의 경우도 그랬다. 화척은 백정으로 신분이 상승했음에도 불구하고 여전히 사회적 골칫거리였다. '신백정'의 악명이 높아지자 원래 백정들도 백정으로 자처하기를 꺼리게 되었다. 점차 신백정은 그냥 백정이라는 이름으로 불리게 되었고, 그들의 대표적 생업인 도살업에서도 발을 빼지 못했다. 사정이 이렇게 되니 정부로서도 결국 그들을 천인으로 분류하지 않을 수 없었다. 제도적으로 신분 상승을 시켰던 것이 오히려 신분 하락을 초래한 셈이다.

천인이 된 백정은 그로부터 400여 년이 지난 뒤인 1894년 갑오개혁으로 노예제가 폐지되면서 공식적으로 천인 신분에서 벗어났다. 그러나 이때도 역시 정부 시책보다 사람들이 그들을 보는 시선이 문제가 되었다. 제도적으로는 아무런 하자가 없는데도 그들은 일반 사람들과 통혼할 수도 없었고, 관습상으로는 천인의 대우를 면하지 못했다. 하지만 세상은 달라졌고 이들에게는 정치적 자유가 주어졌다. 이제 정부가 해줄 일은 없고 스스로 일어나야 한다.

백정들은 1923년에 형평사(衡平社)라는 전국적 단체를 조직하고, 백정이라는 명칭과 백정에 대한 신분차별의 철폐와 직업의 자유를 외쳤다. 하지만 조선의 봉건적 지배 질서를 그대로 온존시키는 정책을 구사한 일제는 호적을 비롯한 각종 공문서에 백정을 붉은 점으로 표시해 차별을 계속했다. 이렇게 되면 이제는 백정에 대한 사회적 인식만이 문제가 아니라 그런 인식을 더욱 조장하고 있는 진정한 적, 일본 제국주의가 타깃이 된다. 암울한 식민지 상황과 맞물려 그들의 운동은 차별 철폐와 직업의 자유를 넘어 사회주의 운동, 민족해방 운동으로 나아갔다. 그 결과 형평사는 조선청년총동맹, 조선노농총동맹 등 사회주의 청년단체와 융합되면서 발전적으로 해체되었다. 오늘날 '인간 백정'이라는 말만 남고, 실제 백정이 완전히 사라진 것은 그들의 덕분이다.

고려의 백정들은 토지가 없었는데 어떻게 먹고 살았을까?

백정은 토지를 소유하지 못한 농민들이 대부분이었으나 그래도 남의 땅이나 국유지 등을 경작해 먹고 살았다. 고려시대의 소작 농민을 전호(佃戶)라고 부르는데, 백정은 주로 전호의 신분으로 생활했다. 백정에게도 혜택은 있었다. 군역(軍役)의 의무에서 면제된 것이다. 군역의 의무를 진 농민들은 정호(丁戶)라고 불렸는데, 16~59세까지의 일반 농민들은 대부분 정호에 속했다. 백정은 군역을 하지 않았으나 그 대신 조세, 부역 등의 부담은 무거운 편이어서 아무래도 생활이 어려웠다.

중화가 아니면
북벌인가?

허망한 북벌론의 배경

고려와 조선의 역사를 보면 이따금 왕과 군신들이 북벌을 논의하는 장면이 나온다. 그런데 북벌이라니, 놀라운 이야기다. '북'이라면 중국인데, 누가 감히 중국을 정벌한다는 생각을 할 수 있는가? 7세기 중반부터 한반도 왕조들은 늘 중국을 상국으로 섬기고 사대하지 않았던가?

일단 '북벌'의 대상은 중국 대륙이 아니라 랴오둥 지역이다. 한반도 왕조들이 특히 랴오둥에 애착을 가졌던 이유는 그곳이 다름 아닌 고구려의 옛 영토였기 때문이다. 그래서 왕건은 발해의 유민들을 받아들이고 서북 방면을 개척했으며, 훈요십조(고려 태조 왕건이 죽으면서 후대의 왕들에게 남긴 10가지 유훈)에도 서경(지금의 평양)을 중시하라는 말을 남겼다. 왕건의 주장은 고구려를 계승한다는 고려의 건국이념을 확인한 것이므로 '북벌론'이라고 할 것까지는 없다. 우리 역사에 공식적으로 등장하는 북벌론은 고려와 조선에서 각각 한 차례씩이다.

고려의 명장 윤관은 누구보다 북방 개척의 공이 컸음에도 개경 귀족들의 질시를 받아 불명에 퇴진한 비운의 영웅이다. 그는 북벌에 집착을 보였던 예종의 명으로 1107년 17만 대군을 이끌고 여진 정벌에 성공하고 9성을 쌓았다. 그러나 여진은 윤관이 건설한 9성을 끈질기게 공략했다. 당시 여진은 결코 만만한 세력이 아니었다. 여진은 그로부터 불과 몇 년이 지난 1115년에 금나라를 건국하고, 1125년에는 요나라를 정복하고, 그 이듬해에는 북송마저 멸망시켜 중국 대륙을 지배하게 된다. 여진의 집요한 공략에 견디다 못한 예종은 1년 만에 여진과 타협하고 9성 지역을 도로 넘겨주었다. 게다가 그 책임을 윤관이 완승을 거두지 못한 탓으로 돌렸다. 하지만 여기에는 북벌 자체를 반대하고 윤관을 시기했던 유학자 세력의 모함이 크게 작용했다.

못난 왕과 지배층 때문에 북벌이 성공하지는 못했으나 어쨌든 윤관의 9성 개척은 북벌의 신호탄이었다. 북벌론은 그로부터 20여 년 뒤 묘청의 서경 천도 운동에서 정점에 달한다. 서경 출신의 승려 묘청과 정지상은 인종의 승낙을 얻어 1129년 서경에 궁궐을 지었다. 때마침 인종이 이자겸의 난으로 불타버린 궁궐을 새로 짓기 위해 도참설에 능한 묘청에게 터를 잡아달라고 부탁하자, 묘청은 이를 기회로 여기고 왕에게 서경으로 천도하는 게 어떻겠느냐고 권했다. 마침 궁궐도 지어놓았으니 한번 가보시는 게 어떠냐는 것이다. 인종이 점차 천도하는 방향으로 생각이 기울자 난리가 난 것은 개경의 유학자 세력이다. 이들의 간곡한 만류로 천도 계획은 일단 중지되었다. 그러자 묘청은 1135년 서경에서 아예 나라를 세우고, 군대를 편성해 개경에서 인종을 데려올 계획을 세웠다. 9년 전에 간신히 진압한 이자겸의 난이 재현될까 두려웠던 인종은 묘청이 군사 행동에 들어서기 전에 유학자 세력의 우두머리인 김부식을 사령관으로 삼아 묘청을 진압할 것을 명했다.

묘청 세력의 내분으로 어렵지 않게 난을 진압한 뒤, 김부식은 유교 사상과 사대주의 사상으로 가득 찬 역사서 《삼국사기》를 편찬했다(1145년). 《삼국사기》는 왕명을 받아 편찬하게 된 것이지만 ─금나라 황제 희종이 고려에 압력을 가해 편찬하도록 했다는 설도 있다─ 묘청의 난으로 혼이 난 터라 김부식은 그 책에서 유교 사관을 부각시키기 위해 노력했다. 그 결과는 대단히 훌륭했다. 그가 신봉하는 유교 사상은 800여 년 후 지금 우리가 《삼국사기》를 읽어도 명백히 알 수 있을 정도로 분명히 드러나 있기 때문이다. 더욱이 무슨 이유에선지 《삼국사기》가 편찬된 이후 김부식이 그 책을 편찬할 때 사용했던 사료들(특히 삼국이 각각 남긴 역사서들)은 모두 후대에 전하지 않기 때문에 《삼국사기》는 고대 삼국에 관한 독보적인 역사서가 될 수 있었다.

묘청의 난이 북벌론과 관련 있는 점은 묘청이 서경으로 천도할 계획을 품었다는 데 있다. 더욱이 묘청은 나라를 세우면서 국호를 대위(大爲), 연호를 천개(天開)라 하고 새로 편성한 군대를 천견충의군(天遣忠義軍, 하늘이 보낸 충성스럽고 의로운 군대라는 뜻)이라고 부르는 등 개경의 유학자 세력과는 달리 사대주의에서 벗어난 자주적인 모습을 보여주었다. 바로 이 점 때문에 20세기 초 민족사학자 신채호는, 비록 묘청 개인은 섣부르고 경솔한 행동을 취했다고 평가하면서도 묘청의 난은 '조선 역사 1천 년 동안 최대의 사건'이라고 부르며 큰 가치를 부여했다. 하지만 과연 그럴까? 묘청이 독자 연호를 사용하며 자주적인 태세를 표방한 것은 사실이지만, 그게 완전히 사대주의에서 벗어난 태도라고 말할 수 있을까? 진상을 알려면 묘청의 북벌론이 대두된 배경을 보아야 한다.

고려가 건국되고 나서 몇 년 뒤인 926년 거란의 요나라는 발해를 멸망시키고 만주와 랴오둥의 주인이 되었다. 고려가 거란을 보는 시각은 중국의 한족과 마찬가지다. 즉 거란은 영원한 오랑캐다. 그런데 고려 성종은 995년 이 '오랑캐'의 침입에 굴복해 송나라(당시 중국의 한족 왕조)의 연호를 포기하고 요나라의 연호를 쓰게 되며, 목종은 송 대신 요의 책봉을 받았다. 더욱이 강조의 난으로 목종이 피살되고 현종이 즉위했을 때, 요나라가 다시 쳐들어와 현종은 멀리 나주까지 도망갔다가 개경이 함락되는 바람에 항복하고 말았다. 1018년 강감찬의 귀주대첩으로 요의 기세를 한 번 꺾은 일이 있지만, 그것도 기분만 좋았을 뿐 별로 소용은 없었다. 그 이듬해 현종은 송과의 국교를 아예 끊고 요의 연호를 사용하면서 직접 요에 입조했다. 이때부터 고려는 내심 치욕으로 여기면서도 요의 책봉을 받고 요의 연호를 계속 사용하게 되었다.

고려가 기를 펴는 것은 여진이 일어나 거란이 약화되는 숙종 때부터다. 숙종은 때가 왔다고 여겨 열심히 북방 정책을 구상했는데, 윤관을 처음 발탁한 것도 숙종이다. 이미 북방의 지배자는 거란에서 여진으로 바뀌었지만 어차피 둘 다 '오랑캐'니 상관없다. 더욱이 여진이 세운 금나라는 한족의 북송을 멸망시키는 등 위세를 떨치고 있지 않은가?

하지만 만약 만주와 랴오둥이 한족의 왕조가 지배하는 지역이었다면 과연 고려는 북벌을 생각할 수 있었을까? 일찍이 당 태종은 "랴오둥은 본래 중국의 땅"이라며 고구려 침략에 열을 올렸지만, 실제로 이후 중국 왕조가 랴오둥과 만주를 중국의 땅으로 여기고 제대로 관리했다면, 북벌이라는 말은 우리 역사에서 아예 나오지도 않았을지도 모른다. 결국 '오랑캐'가 지배하고 있는 지역이기 때문에 고려 태조도, 숙종도, 예종도, 그리고 묘청도 북방을 경략하려 한 것이다. 이런 사실은 조선의 역사에서도 확인할 수 있다.

조선의 북벌론도 고려와 배경이 거의 비슷하다. 1616년 만주에서는 여진족(이 무렵부터는 만주족이라고 불렸다)의 누르하치가 후금(後金, 청나라)을 건국하고 국력을 크게 키웠다. 후금은 고려 초의 요나라처럼 중국 대륙을 목표로 삼았으며, 중국을 치기 전에 후방 다지기로 조선을 침략한 것도 똑같았다. 그것이 1627년의 정묘호란과 1636년의 병자호란이다. 이 전쟁에서 패한 조선의 국왕 인조

윤관의 문관상과 무관상. 문과에 급제한 문관 출신으로 여진 정벌군의 원수가 된 윤관은 누구보다 북방 개척의 공이 컸음에도 불명예 퇴진하고 만 비운의 영웅이다. 그는 북벌에 집착을 보였던 예종의 명으로 17만 대군을 이끌고 여진 정벌에 성공하여 9성을 쌓았다.

는 '오랑캐' 앞에서 항복의 예를 올리는 치욕을 겪었다.

이때 후금에 인질로 끌려가 8년 동안 살았던 인조의 둘째 아들 효종은 1649년에 즉위하자마자 그 수치를 되갚기 위해 절치부심했다. 그러나 북벌 계획을 세우고 군사력을 키우다가 청나라에게 발각되어 지적을 받게 되자 효종은 공작을 일시 중단해야 했다. 이후 그는 암암리에 북벌 준비를 계속했지만, 결국 제대로 시도해 보지도 못하고 재위 10년 만에 죽었다. 뒤이어 즉위한 현종도 아버지의 유지를 받들어 북벌을 준비했으나 역시 실행에 옮기지는 못했다. 숙종 때도 북벌을 염두에 두었으나 당쟁에 휘말려 유야무야되었다. 결국 조선의 북벌론은 처음 구상될 때부터 슬그머니 자취를 감출 때까지 무려 100년 가까이 준비만 하고 실천하지는 못한 허망한 계획이었다.

한편 청나라는 1644년에 드디어 명나라를 멸망시키고 꿈에도 그리던 전 중국을 지배하게 된다. 개인적·민족적 복수심에 불탔던 효종은 과연 한족 왕조인 명나라가 멸망하지 않고 계속 중국의 주인으로 있었다 해도 변함이 없었을까? 명나라가 망하고 나서 조선에서는 '이제 우리가 중화(中華, 자기 민족이 세계의 중심이라는 중국 한족 왕조의 전통적 이념)'라는 사상이 싹트기 시작하는데, 이것을 소중화(小中華) 사상이라고 부른다. 실제의 중화였던 명나라가 '오랑캐'의 손에 망했으니 조선만이 유일한 중화로 남게 되었다는 자못 '비장한' 사상이다. 결국 북벌론은 한족이 아닌 '오랑캐'가 중국을 지배하게 되었다는 사실을 사대주의적 관점에서 해석한 결과였다.

이윽고 조선의 헛된 북벌의 망상이 완전히 사라지는 계기가 생긴다. 1740년 청나라의 건륭제는 회적령(回籍令)을 내려 한족이 청나라의 발원지인 만주로 이주하는 것을 금지했다. 또 10년 뒤에 다시 한 번 그는 봉금령(封禁令)을 내려 만주 이주를 법으로 금했다. 특히 압록강 유역에는 아예 무인지대를 설정해놓고 사람들의 출입조차 허용하지 않았다(이 때문에 압록강 중류 지방 고구려의 옛 수도 부근인 지안에 있던 광개토왕릉비는 19세기 후반에 가서야 발견되었다. 봉금제로 만주 통행이 어려워진 조선시대에 실학자들은 현지 주민들의 말을 듣고 이 비석을 금나라의 시조비로 오해하기도 했다).

고려와 조선의 북벌론은 배경과 진행이 거의 비슷하다. 둘 다 북방 민족의 침입에 호되게 당하고 나서 복수심에 불타 대두되었고, 마침 그 무렵 한족의 중국이 그 북방 민족에게 무릎을 꿇은 상황이었다. 게다가 마냥 준비만 했을 뿐 실천하지는 못했다는 사실도 닮은꼴이다. 고려와 조선은 중국의 한족과 자신을 동일시한 끝에 북방 민족을 '오랑캐'로 간주하고, 중국은 상국이지만 '오랑캐'는 떠받들 수 없다는 왜곡된 '자존심'에서 북벌론을 계획한 것이다.

현대의 일부 역사가들은 조선의 북벌론이 대두되었던 시대를 진경(眞景) 시대라고 부르며 우리 민족의 자주적 기상을 높이 평가하기도 한다. 과연 실제로 그랬을까?

진경 시대란 원래 미술사에서 나온 용어다. 그 이전까지 조선의 화가들은 주로 중국의 산수를 그리다가 이 무렵부터는 조선의 '진짜 경치(진경)'를 화폭에 담기 시작했다는 뜻으로 진경 시대라는 말을 쓴다. 그러나 진경 시대라는 용어는 자주성과는 정반대로 오히려 사대주의 사상이 변형된 결과다. 북벌론의 허망한 배경에서 알 수 있듯이 당시 중국이 한족 왕조의 통치 아래 있었더라면 그와 같은 예술적 변화도 아마 없었을 것이기 때문이다. 중국이 오랑캐의 땅으로 변한 탓에 조선이 이제 세계의 중심이 되었다는 생각은 거의 정신병에 가까운 착각이었고 우물 안 개구리와 같은 생각이었다.

관청의 하나였던

다방

불교와 흥망을 같이한 고려의 차 문화

설과 추석에는 많은 사람들이 차례(茶禮)를 지낸다. 그런데 이름과 달리 차례상에는 '차'가 없다. 그 이유는 중국의 예법과 다르기 때문이다. 물이 좋지 않은 중국에서는 제사상에 차를 올리지만, 우리는 차 대신 숭늉을 올리면서도 중국에서 온 차례라는 이름을 그대로 쓰고 있다. 그런데 고려시대에는 장례식이나 제사에서 실제로 차를 사용했다. 여기서 말하는 차란 물론 홍차를 말하는 게 아니고, 지금 보통 녹차라고 부르는 것을 가리킨다(홍차와 녹차는 가공 방식이 다를 뿐 찻잎을 이용하는 것은 같다).

차의 역사는 꽤 오래되었다. 기록상으로는 신라 선덕여왕 때 차를 마셨다는 기록이 있으며, 가야 시대 유물에서도 다기가 발견되었다. 그러나 뭐니 뭐니 해도 우리 역사상 가장 차 문화가 발달한 시대는 고려였다. 지금은 다방이라고 하면 차를 파는 상점을 가리키지만 고려시대에는 차, 과일, 술, 소채, 약 등 왕실 제사용품을 관장하는 왕실 소속의 정식 관청을 다방이라고 불렀다. 민간에서 차를 파는 가게, 즉 지금의 찻집이나 다방은 차점이라는 이름이었는데, 꽤나 성행했을뿐더러 술을 함께 파는 경우가 많았다. 당시에는 흔히 차를 탕이나 차탕이라고 불렀는데, 일종의 약처럼 생각했다. 고려에서 청자가 발달한 것도 차 문화와 무관하지 않다. 도자기의 가장 중요한 용도는 제기(祭器)와 다기였기 때문이다.

고려 왕실에서는 연등회나 팔관회 등 중요한 국가적 제례가 있을 때와 외국의 사신을 접대할 때 차를 내는 진다의식(進茶儀式)이 있었다. 외교 관계에서도 차는 중요한 예물에 속했다. 또한 중요한 사건을 재판할 때에는 왕과 신하들이 함께 차를 마시는 의식을 거행하기도 했다. 따라서 좋은 차를 진상하기 위해 어린 찻잎을 따 모으는 일은 특히 차 생산지의 백성들에게 세금에 못지않은 큰 부담이었다.

고려시대에 이처럼 차 문화가 발달한 이유는 뭘까? 그것은 차가 불교와 인연이 깊기 때문이다. 오늘날에도 그렇지만 승려들은 차를 매우 즐겼다. 사찰에서는 차 끓이는 솜씨를 겨루는 명전(茗戰)이라는 풍습도 성행했다. 더구나 고려는 태조가 숭유억불(崇儒抑佛, 유교를 숭상하고 불교를 억누른다는 뜻)을 정책으로 내걸었음에도 불구하고 실질적으로는 불교 국가나 다름없었다. 삼국시대부터 내려온 수백 년간의 불교적 전통은 정부에서 어떻게 한다고 해서 쉽사리 변하지 않았던 것이다. 고려시대의 승려들은 귀족과 같은 대우를 받았고 사원의 재산은 면세였다. 그래서 사찰들은 대규모의 다촌을 거느리고 그곳 백성들에게서 차를 공급받았다.

하지만 불교가 쇠퇴하고 유학이 국가 통치 이념으로 자리 잡은 조선에서는 차 문화가 급격히 쇠퇴할 수밖에 없었다. 그렇다고 이미 민간에 널리 퍼진 차를 마냥 금지할 수도 없었으므로 조선 조정에서는 세금을 부과하는 정책을 썼다. 이리하여 차는 생필품에서 사치품이 되었다. 사원의 승려들은 높은 세금 때문에 절에서 차를 마시다가도 남이 보면 슬쩍 감췄을 정도였다.

사원의 차 마시는 풍습이 제재를 받은 것은 어찌 보면 자승자박이기도 했다. 불교의 전성기였던 고려 말기에는 사원이 극도로 부

고려시대 철 부처상(왼쪽)과 금동 관음 보살상. 고려는 태조가 숭유억불을 정책으로 내걸었음에도 사실상 불교국가나 다름없었다. 사찰들은 대규모 다촌을 거느리고 그곳 백성들에게서 차를 공급받았다.

패하고 타락했기 때문이다. 조선의 세종 때 성균관 유생이 올린 상소문 가운데는 승려들의 타락상을 지적하면서 '차와 술을 파는 집'에 승려가 출입한다는 내용도 있었다.

조선 사회에서는 그런 식으로 사원과 민간에서 차 마시는 풍습을 막았지만, 왕실과 양반들이 차 마시는 풍습은 근절되지 않았다. 고려시대의 다방도 그대로 관청으로 남아 있었고, 왕실에서는 하루 한 차례 다시(茶時)라는 시간을 정해놓고 차를 마시기도 했다. 서양의 '티타임'과 비슷한 풍습이다. 그런데 묘하게도 공식적

고려시대 청자 사자장식 주전자와 받침. 우리 역사상 차 문화가 가장 발달한 시대는 고려였다. 차, 과일, 술 등 왕실 제사용품을 관장하는 왕실 소속 정식 관청(다방)이 있을 정도였다.

으로는 여전히 차를 인정하지 않았다. 임진왜란 때 원군으로 왔던 명나라 장수가 조선에서는 왜 차를 마시지 않느냐고 묻자 선조는 "우리나라 습속에는 본래 차를 마시지 않는다"고 대답한 일이 있는가 하면, 17세기의 문헌인 《사례편람(四禮便覽)》에서도 "차는 본래 중국에서 사용된 것으로서 우리나라에서는 사용하지 않는다"고 되어 있다. 그 이유는 아마 차를 마시는 풍속을 사치스럽게 여겼기 때문일 것이다.

이렇게 차 마시는 것을 일종의 사치로 여겼던 조선에서는 민간의 음다(飮茶) 풍속이 거의 자취를 감추게 된다. 이 풍속이 다시 부활하는 때는 일제 강점기다.

시대와 사정이 다른 만큼 이 시기에는 음다 풍속도 고려나 조선과 달랐다. 우선 다방이라는 말이 관청에서 일반 상점으로 바뀌었다. 차의 종류도 다양해져 가배(커피의 음차어) 또는 양탕(洋湯)이라 불리는 수입 기호품인 커피와 홍차도 즐기게 되었다. 다방이 많아진 현대에는 전통적인 다도와 다례란 일부 애호가들만이 즐기는 호사스런 습관이 되었다. 이것도 멀리 보면 조선시대에 민간의 차 풍속을 없애고 양반층의 전유물로 만들어버린 데 원인이 있다. 그래서 일제 강점기가 끝난 직후에는 차 마시는 풍속을 마치 일본을 추종하려는 행위처럼 여기고 사람들이 꺼리던 때도 있었다.

고려는 태조 왕건부터 불교를 억제하고 유학을 장려하라는 유훈을 남기기까지 했는데, 어떻게 해서 불교가 그토록 발달했을까?

왕건은 숭유억불을 명했으면서도 개인적으로는 불교에 심취했다. 그는 팔관회라는 불교 행사를 장려했고, 승려를 왕사(王師, 왕의 스승)로 삼았다. 그가 불교를 억제하라는 유언을 남긴 것은 아마 자신이 너무 불교에 빠져 있어 그랬는지도 모른다. 국가를 운영하는 이념으로 치면 불교보다는 유학이 더 적합했으니까. 그런 탓에 후대의 고려왕들은 태조의 유훈에 개의치 않고 불교를 적극 장려했다. 화엄종, 천태종, 조계종 등 불교의 각 종파가 성립된 것도 고려 때이며, 유명한 대장경이 조판된 것도 고려시대의 일이다.

몽골이 타도한
고려의 군사파쇼

무신정권과 몽골의 지배

지방 호족 세력을 약화시키려는 목적에서 시행된 고려의 과거제는 그 목적을 초과 달성해 유학적인 전통에서 문치주의를 확립하는 데 크게 기여했다. 우선 과거의 과목만 봐도 그렇다. 과거는 크게 두 분야로 나뉘었는데, 하나는 문학과 경학(經學)이고, 다른 하나는 전문 기술이었다. 가장 중요시된 제술업(製述業)과 명경업(明經業)의 시험 과목은 시부송책(詩賦頌策)과 사서삼경 등 온통 유학으로 도배되었다. 의술이나 법학 등 오늘날 인기를 끄는 응용 학문들은 당시에는 전문 기술쯤으로 간주되어 잡직관(雜職官)을 뽑는 잡업(雜業)으로 분류되었다.

그렇다면 뭔가 하나 빠져 있다. 과거의 과목을 요즘 용어로 바꾸면 인문학과 전문 기술이 되는데, 그런 부문의 관리들만 임용된다면 말이 안 된다. 그 두 가지 인력으로 나라를 운영할 수는 있어도 나라를 지킬 수는 없다. 즉 무관도 선발되어야 하는 것이다. 그래서 나중에는 예종이 과거의 시험과목으로 무과를 포함시켰다. 예종은 바로 북벌론을 주창했던 왕이다. 군사력이 없이는 북벌 계획 자체가 불가능할 테니 예종으로서는 무과가 더욱 급했을 것이다. 하지만 그것도 잠시였을 뿐이고, 문신들의 반대로 무과는 곧 폐지되고 말았다. 이후 한참 지나 고려 말기인 1390년 공양왕 치세에 무과가 다시 정식 과목이 되었지만, 불과 2년 뒤에는 나라 자체가 망하므로 사실상 고려에는 무과가 없었던 셈이다.

왜 고려는 무관을 중시하지 않았을까? 또한 그렇다면 국가에 필요한 최소한의 무관은 어떻게 등용했을까? 태조 왕건 시절에는 왕건 자신이 무관이었고 군사력을 이용해 나라를 건국했기 때문에 당연히 문관과 무관의 차별도 없었다. 그러나 점차 중국식 제도를 따르고 유학을 중시하게 되면서 문치주의로 흐르게 된다.

여기에는 중국 송나라의 영향이 컸다. 송을 건국한 조광윤은 변방을 지키는 절도사 출신이었으나 5대 10국 시대의 혼란상을 바라보면서 문치주의의 필요성을 절감하게 된다. 나라를 세우는 데는 물리력이 필요하지만 그렇게 해서 세운 나라를 운영하는 일은 역시 문관이 맡아야 한다. 더구나 당나라 말기에는 변방의 절도사들에게 절대적인 권한을 부여한 탓에 한껏 세력이 커진 절도사들이 자신의 군대를 사병 조직으로 삼아 곳곳에서 반란을 일으키지 않았던가. 물론 조광윤 자신도 그 덕분에 송을 건국하게 된 것이지만, 밥을 먹기 전과 다 먹은 후의 심정이 같을 수는 없다. 그래서 그는 개국 초부터 철저한 문관 정치를 시행했다.

조광윤의 본보기는 고려에게 중요한 커닝페이퍼가 되었다. 고려에서는 아예 군대의 사령관조차 문관 출신에게 맡겼다. 앞에서 본 9성을 건설했던 윤관도 과거에 합격해 이부상서, 한림학사 등을 역임한 문관 출신이며, 묘청의 서경 천도 운동이 일어났을 때 관군 총사령관인 평서원수를 맡아 반란을 진압한 김부식도 문관이다.

이렇게 문관들은 무관의 고유 영역까지 마음대로 가로챈 데다 무관들을 업신여기기도 했다. 그것만 해도 무관들로서는 참을 수 없는 일인데, 급기야 경제적 불이익까지 당했다. 998년 목종은 관제를 기준으로 삼아 토지를 나누어주는 전시과(田柴科, 고려의 토지제도)를 개정하는 과정에서 무관의 품계를 더욱 낮추었다. 무신들은 이제 무시당하는 것을 넘어 현실적으로도 피해를 입게 되었다. 그러나 무관의 수난은 그것으로 끝나지 않았다.

엎친 데 덮친 격으로 1014년에는 다른 관리들의 밀린 봉급이 누적되자 수도를 지키는 경군(京軍)의 급료용 토지를 문신들이 몰수하는 사건이 일어났다. 거란의 잦은 침입으로 국고가 비어 급료를 받지 못하게 된 문신들이 무신들의 밥줄인 영업전(永業田, 군사 용도로 경작되는 토지)을 몰수해버린 것이다. 원래 영업전은 군직을 계속하는 한 세습되고 범죄를 저지른 경우에만 몰수되는 것이었다. 마침내 참고 참았던 무신들의 불만은 상장군 최질과 김훈의 지도 아래 행동으로 터져나왔다. 보통 무신정변이라고 하면 1170년에 정중부가 일으킨 정변을 꼽지만, 실은 최질과 김훈의 정변이 그 전주곡이자 1차 무신정변이다.

궁궐을 장악하고 권력을 장악한 무신들은 자기들의 급료를 가로챈 문신들을 잡아 죽이고 마음대로 권력을 휘둘렀다. 원 없이 1년을 보낸 뒤 그들은 서경 장락궁에 왕과 함께 초청되어 갔는데, 사실 그것은 문신들의 비밀공작이었다. 그들은 연회를 벌이던 중에 왕가도, 이자림 등의 문신들에게 피살되고 말았다.

무관의 처지를 구조적으로 개선하려는 노력도 없이 질탕하게 1년을 놀다가 난리가 진압되었으니 이후 무신들의 처지가 어떻게 되었을지는 짐작하기 어렵지 않다. 한 번 난리에 혼이 난 왕과 문신들은 더욱 노골적인 숭문억무로 나아갔다. 심지어 인종 때는 무학이 성하면 문신과 대립할 소지가 있다는 구실로 무학재(武學齋, 무신을 양성하기 위해 국자감에 설치했던 교육기관)도 폐지했다.

그러나 상처를 치료하지 않고 놔두면 언젠가 곪아 터지게 마련이다. 처음에는 죽은 듯 복지부동하던 무신들은 점차 다시 불만을 토로하기 시작했다. 이윽고 1170년 문신들이 무신들에게 모욕을 준 사소한 사건이 빌미가 되어 무신들은 또다시 쿠데타를 일으켰다. 이번 쿠데타 지도부는 50년 전의 쿠데타 초보들과 차원이 달랐다. 무신들의 우두머리인 정중부는 왕(의종)과 태자를 유배시키고 왕의 아우를 왕으로 옹립했다(명종).

이렇게 해서 본격적인 무신 집권 체제가 시작되었다. 1179년에는 경대승이 정중부를 죽였고, 경대승이 4년 만에 병사하자 이의민이 집권했다. 1196년에는 최충헌이 이의민을 제거하고 최씨 무신정권의 시대를 열었다. 최충헌은 정중부가 옹립한 명종을 폐위시키고 자기 세력을 확고히 구축했다. 이때부터 최씨 무신 가문은 고려가 몽골의 지배를 받게 될 때까지 정권을 독점했다. 최충헌 혼자서만도 네 명의 왕을 즉위시키고, 두 명의 왕을 폐위시켰을 정도다.

고려 중기에 특히 심하게 중국과 한반도 해안에 들끓었던 왜구의
모습이다. 이들은 해안 주민들에게 큰 피해를 주었으나 이들이 아
니었다면 이성계가 '국민적 스타'로 떠오를 수 있었을지 의문이다.

　공교롭게도 비슷한 시기에 일본에서도 무신정권이 성립했다.
1192년 미나모토 가문의 요리토모는 경쟁 가문인 다이라를 물리
친 다음 가마쿠라에 바쿠후(幕府)를 설치해 무사 계급이 정치를 담
당하는 바쿠후 시대를 열었다. 마치 약속이라도 한 듯이 20년 시
차를 두고 고려와 일본 양국에 무신정권이 들어선 것이다. 그러나
고려는 몽골의 침입으로 무신정권이 얼마 가지 못했지만, 일본의
경우는 달랐다. 바쿠후 정권은 이후 임자가 몇 차례 바뀌게 되지
만, 19세기 중반까지 700년가량 이어졌다. 무사의 군막(바쿠후)이
수백 년을 지배할 만큼 일본 군국주의의 역사적 뿌리는 깊고 길다.
　한반도의 무신정권인 최씨 일가는 대를 이어가며 60년을 집권
하다가 1258년 최의가 피살되면서 종말을 고했다. 이로써 다시 왕
권이 부활했으나 겉으로만 '문민정부'일 뿐 임연과 임유무 등의
무신들이 계속 권신으로 군림하며 국정을 주물렀다. 무신집권이
최종적으로 종식되는 것은 몽골이 고려를 식민지로 만들면서부
터다.

만약 몽골의 침입과 간섭이 없었다면 무신정권은 이후에도 계속되었을지도 모른다. 마침 무신의 '쓰임새'가 생겨났기 때문이다. 고려 중기 이후부터 한반도의 전 해안에는 왜구가 기승을 부렸다(왜구라는 명칭이 문헌에 처음으로 등장하는 것은 1223년이지만 그 이전부터 왜구는 동아시아의 해상에서 해적질을 일삼고 있었다). 이들은 동해안뿐 아니라 서해안까지 제 집 마당 드나들듯 노략질을 일삼았으며, 심지어 예성강 어귀에까지 와서 개경의 치안을 위협하기도 했다. 이 때문에 고려뿐 아니라 중국도 해안 지역 수십 리 땅은 왜구들의 놀이터나 다름없었다.

왜구는 힘으로 격퇴할 수밖에 없었다. 여기서 무신들의 쓰임새가 생겨나고 활동 여지가 넓어질 수 있었다. 고려 초기에도 거란, 여진과 연이어 싸웠으므로 무신의 역할이 컸다고 생각할 수 있겠지만, 그때는 문치주의의 이념이 생생하게 살아 있는 시기였던 까닭에 무신이 비록 전공을 세웠다 해도 국가에 중용되기는 어려웠다. 더구나 당시는 고려의 지배층이 사대주의적 북벌론에 따라 전쟁을 기획한 것이었던 데 비해, 왜구는 민생에 관련되는 현실적 문제였다. 즉 왜구 토벌은 백성들의 삶과 직결되어 있으므로 거국적인 싸움이 될 수 있었다. 불운하게도 고려의 무신들은 자신들의 쓰임새가 생겨나기도 전에 몽골 지배기를 맞아 용도 폐기된 셈이다.

하지만 몽골 세력이 약화되는 고려 말에 이성계는 왜구 토벌에 큰 공을 세워 '무신임에도 불구하고' 전국적인 인기를 얻었다. 그것은 장차 그가 쿠데타를 성공시켜 조선을 건국하는 데 결정적인 밑거름이 된다.

고려시대의 대표적인 토지제도인 전시과는 어떤 내용을 가지고 있었을까?

전시과는 토지제도라기보다 관리 급료제도에 가까웠다. 국가에서 관리를 임용하려면 급료를 줘야 한다. 화폐경제가 발달하지 못했을 때 급료는 토지로 주었다. 토지는 크게 논밭과 임야, 두 가지로 구분된다. 논밭은 양식을 생산하고 임야는 땔나무를 생산한다. 논밭을 전(田)이라 하고 임야를 시(柴)라 하므로 전시과란 곧 양식과 땔나무를 관리들에게 배급하는 제도였다. 문제는 이 토지를 어떻게 배분하느냐였는데, 고려 초기에는 관등 이외에 '인품'이라는 모호한 기준도 적용되었다. 그러다가 점차 고려 사회가 어느 정도 관료제화되면서 관직의 등급만을 위주로 토지를 나눠주는 방식을 채택하게 되었다.

여덟 번을 즉위하는
네 명의 왕

몽골 지배기의 고려

　　우리 역사상 다른 나라의 식민지가 된 적은 세 차례다.
가까운 사례로는 1910년부터 1945년까지 일제 강점기와 1945년
부터 1948년까지 미군정 지배기가 있다. 둘 다 우리 정부가 없었
으므로 전적으로 남의 지배를 받은 경우다. 나머지 한 차례는 고
려 말이다.

　한반도 역대 왕조들은 비록 중국과 북방 민족의 침입에 끊임없
이 시달렸어도, 그리고 중국 한족 왕조들에 대해 충심으로 사대했
어도 이민족의 식민지가 된 적은 없었다. 그런 한반도 역사에 최
초로 식민지 지배가 이루어진 것은 고려 후기 몽골(원나라)의 침입
때다. 국사 교과서에는 "몽골과 강화를 맺었다"고 해놓고 이로 인
해 "자주성에 많은 손상을 입게 되었다"고 추상적으로 표현되어
있지만, 이민족의 지배를 받은 것은 사실이므로 솔직히 표현하는

편이 더 낫다.

1231년 살리타의 침입으로 시작된 원나라의 공격은 28년간 무려 7차에 걸쳐 진행되었다. 견디다 못한 고려 고종이 1259년 마침내 항복하고 태자를 원에 인질로 보내는 것으로 전쟁은 일단락되었다. 그때 원으로 갔던 태자는 이듬해 귀국해 즉위했는데(원종), 이때부터 원이 망할 때까지 고려의 태자들은 모두 원에 가서 몽골식 이름을 받고 살다가 아버지가 죽으면 귀국해 즉위했다. 하지만 이때까지만 해도 아직 고려는 원에 정복당한 국가일 뿐 식민지는 아니었다. 식민 통치는 없었기 때문이다.

오히려 고려가 식민지로 재편되는 것은 전란 이후다. 전후 전쟁 중에 강화도로 옮겼던 임시 수도를 다시 개경으로 천도하는 문제를 두고 논란이 일었다. 1270년에는 천도를 반대한다는 기치를 내걸고 삼별초의 난이 일어나자 원종은 원에 구원군을 요청했다. 1274년 원나라는 삼별초를 진압하고 나서 내친 김에 다루가치 총독부를 설치했는데, 이때부터 고려는 원의 식민지가 된다.

다루가치란 '진압하는 자'라는 뜻으로, 몽골의 정식 관직이다. 총독부는 1278년 충렬왕 때 폐지되었지만, 충렬왕부터는 고려가 원의 부마국(사위 국가)이 되므로 총독부가 사라졌다고 해서 고려가 식민지에서 '해방'된 것은 아니다. 다루가치는 원 조정의 명령을 받아 고려왕에게 전달하는 정도의 일을 했으므로 현대적인 의미의 총독이라기보다는 특별 외교관 정도의 의미밖에 없기 때문에, 원은 고려를 식민지화한 뒤에 그것을 폐지했을 뿐이다.

충렬왕 대에 이르러 원의 완전한 식민지가 된 증거는 일본 원정을 준비하는 과정에서 확연히 드러난다. 원은 일본 정벌을 위한 특별 기관으로 고려에 정동행성(征東行省)을 설치하고 고려 측에 병선을 건조하라고 명령했다. 게다가 1274년과 1280년 두 차례의 일본 원정에 고려 병력을 동원했다. 역사 교과서에는 이것을 여몽 연합군(고려-몽골 연합군)이라는 용어로 표현한다. 이 용어를 보면 마치 고려와 몽골이 공동으로, 그것도 고려의 주도로 일본을 원정한 것처럼 여겨진다. 하지만 식민지의 입장에서 종주국의 명령에 따라 피동적으로 다른 나라의 침략에 동원된 사건을 그렇게 표현하는 것은 일종의 사기다. 일본 원정이 실패로 끝난 뒤에도 정동행성은 그 명칭에 어울리지 않게-정동행성이란 말 그대로 동쪽, 즉 일본을 정복하기 위한 임시 기관이라는 뜻이다-계속 남아 고려의 내정에 간섭했다.

이 정도면 고려가 몽골의 확실한 식민지였다는 충분한 증거가 된다(남의 식민지였다는 사실을 부끄럽게 여기고 숨기거나 위장하면 역사의 반성은 영원히 불가능해진다). 증거는 그것만이 아니다. 몽골 지배기 고려왕들의 행적에서는 더 터무니없고 우스꽝스러운 증거도 찾을 수 있다.

충렬왕부터 고려의 마지막 왕인 공양왕까지 10명의 왕들은 그 전과 달리 '왕'이라는 직함으로 불린다. 고려가 원의 식민지로 전락했으므로 독립국 왕의 시호에 붙이는 '종(宗)'자를 쓸 수 없었기 때문이다(원은 공민왕 때 망했으나 친원파는 고려 말까지도 권력을 장악했다). 더구나 공민왕까지 일곱 왕은 모두 원 황실의 사위들로, 이 시기에 고려는 원의 부마국이었다. 그런데 그 중에서도 충렬왕, 충선왕, 충숙왕, 충혜왕의 네 명은 재위기간 중에 두 번씩 즉위한 희한한 이력을 지니게 된다.

1297년 충렬왕의 아들 장(충선왕)은 어머니가 병으로 죽자 원에서 돌아오더니, 아버지가 총애하는 신하들 때문에 어머니가 죽었다고 억지를 쓰면서 그들을 죽이거나 귀양을 보내는 등 행패를 부렸다. 아내의 죽음과 아들의 패악질에 상심한 충렬왕은 이듬해 아예 왕위를 아들에게 이양해버렸다. 이렇게 해서 '본의 아니게' 즉위한 충선왕은 책임을 느끼고 의욕적으로 일해보려 했으나 이내 권신들의 반발에 부딪혀 7개월 만에 다시 아버지에게 왕위를 넘기고 원으로 돌아갔다(아들이 아버지에게 왕위를 넘긴 사례로는 세계적으로 처음일 것이다). 1308년 충렬왕이 죽자 충선왕은 다시 귀국해 왕위에 올랐다. 그러나 이번에는 처음부터 정치에 뜻을 잃고 얼마 뒤 원으로 되돌아가 거기서 살다가 죽었다. 그가 고려를 떠나 죽을 때까지의 기간 동안 고려 안에는 국왕이 없었다.

그 다음 왕인 충숙왕 역시 왕위에 별 뜻이 없던 차에 심양왕(瀋陽王, 원이 만주를 관할하라고 충선왕에게 준 작위인데, 이것도 고려 왕실에서 세습되었다)이 왕위를 노리자 그 참에 아들(충혜왕)에게 왕위를 넘겨버렸다. 그러나 충혜왕이 나이가 어려 문제가 생기는 바람에 충숙왕은 2년 만에 다시 복위해야 했다. 충혜왕은 나중에 충숙왕이 죽고 나서 또다시 즉위했다.

이렇게 일국의 왕위를 장난처럼 주고받은 데서 짐작할 수 있듯이, 몽골 지배기의 고려왕들은 유희나 주색에만 탐닉했을 뿐 정사를 돌보는 데는 거의 무관심했을뿐더러, 아버지 나라(고려)보다는 어머니 나라(원)에 더 친근감을 느꼈다. 심지어 충목왕은 여덟 살 때 원의 황제인 순종이 "너는 아버지를 배우겠느냐, 어머니를 배우겠느냐?"고 묻자 선뜻 "어머니를 배우겠습니다" 하고 대답했

다. 이를 기특하게 여긴 순종은 그 어린아이에게 고려 왕위를 맡
겼다.

과거에 신라는 당나라를 상국으로 받들기는 했으나 당의 식민
지였던 것은 아니다. 왜냐하면 당은 신라의 왕을 책봉하기만 했을
뿐 내정에 간섭하지는 않았기 때문이다. 간혹 신라에 쿠데타가 발
생한 탓에 정규 계통에 따라 왕위가 계승되지 못하는 경우에만 왕
의 책봉을 미루고 사태의 추이를 지켜보았을 따름이다. 그리고 무
엇보다 신라의 저항으로, 당이 설치한 식민지 지배기관인 계림도
독부와 웅진도독부가 와해되었기 때문에 신라는 당의 식민지라고
볼 수 없다. 하지만 고려의 경우는 다르다. 원이 지배하고 있던 약
100년간 고려는 원의 완전한 식민지였다.

신라와 고려의 차이는 또 있다. 신라가 당에게 병력을 요청하고
'자발적으로' 당을 섬긴 데 비해 고려는 무려 40년간을 항쟁하다

해인사 대장경판(위)과 판고, 몽골의
침입으로 고려는 황룡사를 잃었고
대장경을 만들었다. 유물(대장경)로
유적(황룡사)을 대신할 수 없으니 물
론 엄청난 손해다.

가 결국 힘에서 밀려 무릎을 꿇었다. 그런데 식민지가 된 다음에는 저항 같은 것은 전혀 없었다. 오히려 식민지 체제가 안정되면서 고려의 권문세족 중에는 몽골에 아부하는 친원(親元), 부원(附元) 세력이 권세를 누리게 된다. 일제 강점기로 말한다면 친일파에 해당한다.

원의 침입으로 고려는 귀중한 문화유산 한 가지를 잃었고 다른 한 가지를 만들었다. 전란 속에서 신라시대 근 100년에 걸쳐 지은 신라 최대이자 우리 역사상 최대의 사찰인 황룡사를 잃었고, 그 대신 불심으로 국란을 극복한다는 취지에서 팔만대장경을 만들었다. 지금 우리의 입장에서야 어느 것이 더 가치 있다고 말할 수 없겠지만, 당시 고려로서는 새 것을 만들었다는 사실로 조상에게서 물려받은 유산을 제대로 지키지 못했다는 수치를 보상하기는 어려웠을 것이다.

우리 역사상 세 차례 등장했던 이민족 지배기는 모두 종주국에 아부하는 세력들이 있었다는 점도 공통적이지만(미군정 지배기에도 미군 측에 아부해 일제가 남긴 '적산'을 차지하려는 모리배들이 많았다), 그것까지야 어느 나라 어느 식민지에서든 있게 마련이니까 별 문제가 되지 않는다. 문제는 세 차례 모두 남의 손에 의해 '해방' 되었다는 점이다. 제 힘으로 해방을 이루지 못한 후유증은 식민지 시대 이후에도 두고두고 우리 역사의 질곡으로 남게 된다.

고려를 식민지로 만든 원나라는 만주의 관할권까지 고려왕에게 넘겼다. 그것이 심양왕인데, 고려는 만주를 어떻게 관리했을까?

역사적으로 보면 심양왕은 우리 민족의 발원지라 할 만주를 피 한 방울 흘리지 않고 영토로 삼을 수 있는 마지막 기회였다. 물론 당시 만주 에 살고 있던 여러 부족들을 함께 아우르는 형식을 취해야 했겠지만, 세계 제국 원나라의 공식적인 위임을 받은 상태였으므로 그 일은 어렵지 않았을 것이다. 만약 그때 만주를 관리했다면 원나라가 몰락한 이후에도 자연스럽 게 만주는 한반도와 한 몸이 되었을지도 모른다. 비록 고려는 속국의 신분 이었으나 당시 만주는 원나라에게도, 또 이후 명나라에게도 중요한 지역이 아니었으므로 충분히 가능한 일이었다. 그러나 아버지의 나라(고려)보다 어 머니의 나라(원)에 애정과 충성을 가졌던 몽골 지배기 고려의 왕과 심양왕 은 그럴 만한 기개도 의지도 없었다. 나중에 청나라 황실의 고향인 만주는 봉금령이 시행되면서 성역화되었고 중국인이나 조선인의 이주가 금지되어 우리 민족과 영영 이별하게 된다.

식민지 시대에 늘어나는
우리 역사

몽골 지배기와 일제 강점기의 역사관

 흔히 우리 역사를 '반만 년 역사'라고 말한다. 그러니까 5천 년이라는 것인데, 과연 그게 사실일까? 지금까지 전해지는 가장 오래된 정식 역사서인 《삼국사기》에 우리 역사는 박혁거세가 신라를 건국하는 장면으로 시작된다. 그에 따르면 우리 역사는 아무리 길게 잡아도 2천 년을 조금 넘는 정도다. 그러면 '반만 년 역사'라는 말은 어디에서 온 걸까? 더구나 5천 년 전이라면 기원전 3000년경이 되는데, 이때는 세계사적으로도 인류 문명의 발생기에 해당한다. 동북아시아 한쪽 끝에서 느닷없이 화려한 문명의 불꽃이 피어올랐다는 걸까?

5천 년이라고 할 때 무엇을 우리 역사의 기원으로 치는지는 쉽게 알 수 있다. 바로 단군이다. 1961년 5·16 군사쿠데타가 일어나기 전까지 우리는 서기(서력기원)가 아니라 단기(단군기원)를 공식적으로 썼다. 단군신화에 의하면 단군은 중국의 전설적인 지배자인 요 임금 50년에 즉위했다고 하는데, 이것을 서기로 환산하면 기원전 2333년이 된다. 단기는 이 수치를 기준으로 했다. 지금은 기원후 약 2천 년이 지났으므로 단기로는 4천 년이 넘는다. 이것을 얼추 반만 년 역사라고 말하는 것이다.

단군신화를 전하는 가장 오랜 문헌은 《삼국사기》보다 150년가량 늦게 나온 《삼국유사》다. 《삼국유사》는 지금 전하지 않는 《단군고기(檀君古記)》라는 책에서 인용했다면서 단군신화를 기록했는데, 저자인 일연조차도 그것을 '역사'라고 보기에는 좀 자신이 없었던 모양이다. 첫 부분에 실린 왕력(王曆), 즉 연표가 단군부터 시작하지 않고 《삼국사기》처럼 박혁거세부터 시작하는 게 그 증거다. 또 머리말에 해당하는 본문 첫 부분에는, 제왕은 보통 사람과 다른 점이 있게 마련이므로 좀 기이한 일을 맨 처음에 싣는다고 해서 그리 이상할 것은 없다는 변명으로 시작한다. 일연이 보기에도 단군신화는 역시 '기이한 일', 즉 신화였던 것이다.

《삼국유사》는 《삼국사기》보다 나중에 나온 책이므로 《삼국사기》 편찬 당시에는 없었던 사료가 그때 새로 발견되었다고 보기는 어렵다. 그렇다면 김부식도 단군신화를 알고 있었을 것이다. 아마 그는 자신이 신봉하는 유교적 관점에서 볼 때 한반도 역사가 중국과 무관하게 독자적으로 시작되었다는 것을 인정하기는 싫었을 것이고, 또 단군신화의 신빙성 문제도 마음에 걸렸을 것이다. 《삼국사기》는 비록 사대주의 사상으로 오염된 책이지만 왕명을 받아 편찬한 만큼 나름대로 정사(正史)의 체재를 갖추고 있고 신화적인 요소는 가급적 빼고 있다.

《삼국유사》. 단군신화를 전하고 있는 가장 오랜 문헌은 일연이 지은 《삼국유사》로, 지금은 전하지 않는 《단군고기》라는 책에서 인용하여 단군신화를 전해주고 있다.

그렇다면 일연은, 김부식도 수록하지 않았고 자기 자신도 '기이한 일'이라고 생각하는 것을 왜 군이 《삼국유사》에 집어넣었을까? 그 이유는 《삼국유사》가 세상에 나온 13세기 후반 고려의 상황을 생각해보면 짐작이 가능하다. 당시는 고려가 원의 지배를 받았던 시대다. 원의 임명으로 즉위한 왕이나 친원파는 그 시절에 전혀 불만이 없었겠지만, 대다수 관료나 백성들은 남의 나라의 지배를 받는 처지가 좋을 리 없다. 특히 비판적 지성을 가지고 있는 지식인들은 말할 나위 없다.

그래서 일연은 우리 역사의 자주적 측면을 부각시키려 노력한 것이며, 그러다 보니 과거를 더듬어 우리 역사를 더욱 늘리는 결과를 낳은 것이다. 《삼국사기》와 달리 《삼국유사》는 당시 고려 사회의 귀족 지배에 맞서 어느 정도 기층 민중의 입장을 반영하고 있으며, 유교 사상에 맞서 불교 사상의 입장에서 서술되어 있다. 그러나 사대주의 의식은 《삼국사기》와 크게 다를 바 없으며(《삼국유사》에서는 전권에 걸쳐 중국의 연호를 쓰고 있다), 유교 대신 불교 사상이 지나치게 부각되어 있어 역시 객관적인 서술은 아니다.

《삼국유사》뿐 아니라 몽골 지배기에 나온 다른 문헌들 가운데는《삼국사기》에 전하지 않는 삼국 이전의 고대사에 특별한 관심을 보이는 것들이 있다. 고려와 몽골의 전쟁 기간 중인 1241년에 간행된 이규보의《동국이상국집(東國李相國集)》동명왕편은 고구려의 건국시조인 주몽에 관한 상세한 사실을 수록하고 있으며, 1287년 충렬왕에게 바친 이승휴의《제왕운기(帝王韻紀)》는 고조선에서 고려 충렬왕까지의 역사를 7언시와 5언시 형식의 서사시로 읊고 있다.

하지만 그 문헌들은 중국 한족 왕조에 대한 사대주의의 측면에서는 전혀 개선된 점을 보여주지 못할뿐더러 당시 우리 민족이 처한 상황을 개선하려는 적극적인 입장을 가진 것도 아니다. 당시에 서적이란 기껏해야 귀족 신분이나 읽을 수 있었을 뿐이며, 특히 역사서는 민간에 유포시키지 않고 궁궐에 고이고이 간직해놓는 게 우리 역대 왕조들의 공통적인 역사서 관리 방식이었다.

남의 나라 지배를 받는 시기에 우리 역사의 유구함과 자주성을 특히 강조하려는 태도가 생겨나는 것은 당연한 일이다. 하지만 그렇다고 해서 가공의 사실을 현실로 위조하거나 필요 이상으로 과장한다면 진짜 역사는 오히려 흙 속에 파묻혀버릴 것이다. 예컨대 단군기원만 해도 그렇다. 단군기원은 공민왕 때의 판서인 백문보가 처음으로 사용한 것인데, 지금까지도 단군왕검이 실존 인물이었는지, 또 사람의 이름이었는지 직책의 이름이었는지 등등의 문제가 밝혀지지 않은 상황에서 어떻게 기원전 2333년이라는, 어떤 의미에서는 너무 정확한 탓에 믿기 어려운 수치를 공식적으로 사용할 수 있을까? 지금은 비록 단군기원을 공식적으로 쓰지는 않지만, 아직도 그에 의거한 '반만 년 역사'라는 말은 우리 역사의 '공식적 수식어'로 쓰고 있지 않은가?

식민지 시대에 우리 역사의 유구함을 더욱 강조하는 사례는 일
제 강점기에도 볼 수 있다. 다만 이 시기에는 오랜 사대의 대상이
었던 중국이 서양 세력의 파상 공세 앞에 무릎을 꿇은 뒤이므로
사대주의 의식에서는 거의 벗어난다. 그 대신 일본 제국주의가 당
면의 적이므로 반일, 항일의 과제가 편향된 민족주의적 역사의식
을 낳는다. 흥미로운 것은 박은식, 신채호, 안재홍, 정인보, 문일평
등 민족주의 역사가들이 모두 진보적 신문과 연계해 역사 연구를
한 언론인이었다는 점이다. 역사를 보는 관점의 진보성도 일찍이
고려가 원의 식민지였을 때와는 비교할 수 없을 정도지만, 일제 강
점기에는 언론이라는 강력한 매체를 통해 자주적 역사 서술이 직
접 기층 민중에게 전해질 수 있게 된 점이 다르다.

그런데 일제 강점기에 들어 우리 역사는 무려 1만 년까지 늘어
난다. 1911년에 계연수가 엮었다는 《환단고기(桓檀古記)》라는 책
에는 단군 이전에 환국(桓國) 시대가 5천 년 가량 지속되었다는 황
당한 이야기를 전하고 있다. 한반도에 청동기 문명이 전해진 시기
는 기원전 1000년경이고, 1만 년 전이라면 신석기시대가 막 시작
된 때다. 그러니까 우리 역사는 석기를 사용하던 원시시대에까지
거슬러 올라가게 되는 것이다. 세계 어느 나라의 민족사도 석기시
대까지 거슬러가는 경우는 없다(보통 청동기시대가 시작되는 무렵을
문명의 발상기로 보는데, 메소포타미아는 기원전 4000년경, 중국은 기원전
1800년경으로 잡는다).

《환단고기》는 《삼성기》, 《단군세기》, 《북부여기》, 《태백일
사》 등 전해 내려오는 네 가지 책을 묶었다고 밝히고 있지만, 여기

에는 믿기 어려운 내용들이 상당 부분 포함되어 있다. 서기로 치면 기원전 3000~2000년 무렵에 해당하는 까마득한 옛날의 사건들도 서슴없이 몇 년에 무슨 일이 있었다는 식으로 너무도 '정확하게' 기록하고 있으며, 천황(당시의 지배자를 이 책에서는 천황이라고 부른다)들의 수명도 보통 100세 이상이다. 또 우리나라는 중국의 여러 나라들이 예부터 조공을 바치던 위대한 역사를 지닌 나라라고 말한다. 일단 그 말을 듣고 기분이 좋지 않을 사람은 없겠지만, 그렇게 말하는 근거가 수상쩍다면 오히려 듣지 않느니만 못할 것이다.

《환단고기》의 대부분은 고려와 조선시대를 통해 전해진 기록을 채록했다고 하지만, 설령 그것이 사실이라 해도 하필 이것이 일제 강점기에 새삼스럽게 세상에 다시 나오는 이유는 뭘까? 몽골 지배기에 단군신화가 등장한 것과 기본적으로 같지 않을까? 보라, 우리 민족의 역사가 얼마나 오래된 것인지를! 이런 심정일 것이다.

그러나 몽골 시대에 단군신화의 등장은 김부식이 일부러 줄여놓은 우리 역사의 원 모습을 복원하는 데 어느 정도 기여했지만, 일제 강점기에 우리 역사를 거기서 다시 두 배로 뻥튀기한 무리수는 오히려 다른 방식으로 역사를 왜곡시키는 역할을 한다. 무엇이든 필요 이상으로 부풀리면 오히려 그 가치가 떨어질 수밖에 없다. 그래서 단군신화와 달리 일제 강점기에 나온 '위대한 옛날'을 다룬 문헌들은 정식 역사서로 인정받지 못하고 있다.

단군기원에 따르면 서기 2000년은 단기 4333년이 된다. 이러한
연도 계산법은 어떻게 만들어진 것일까?

?

　　1960년대만 해도 단기는 낯선 말이 아니었다. 단기는 1948년 대
한민국 정부 수립과 더불어 공식적으로 사용되기 시작해 1962년 1월 1일부
터 폐지되었다. 단기가 계산된 경위는 이렇다. 옛 기록에 따르면, 단군은 단
군조선을 건국한 뒤 1천48년 동안 나라를 다스렸으며, 이로부터 164년 뒤
에 기자가 기자조선을 세웠다. 이 해는 바로 주나라 무왕이 주나라를 세운
해이므로 기원전 1122년이 된다. 이러한 계산에서 단군이 나라를 세운 것
은 기원전 2333년이라는 결론이 도출된 것이다.

마지막 왕은
허수아비

역대 왕조의 마지막 왕들

　　중국 역사를 보면, 왕조가 바뀔 때는 대개 피비린내 나
는 싸움이 전개된다. 왕조 말기에 접어들면 각지에서 반란군이 일
어나고, 이들 가운데 가장 힘센 세력이 새 왕조를 건설하는 식이
다. 주나라가 망하자 전국시대가 뒤따랐고, 진이 망하자 초와 한
이 각축을 벌였으며, 한이 망한 뒤 위, 오, 촉 삼국의 분립 시대가 있
었고, 당나라가 망한 뒤 5대 10국이 판을 쳤다. 또 송나라 이후부터
는 송(한족)→요(거란)→금(여진)→원(몽골족)→명(한족)→청(여진
족)의 순서로, 한족 왕조와 북방 민족 왕조가 교대하면서 중국 대
륙의 패권을 잡았다. 그런데 중국 역사에서는 반란군 우두머리가
권력을 장악하든, 한족과 '오랑캐'가 서로 맞교대를 하든, 낡은 세
력과 새 세력이 반드시 한 판 맞붙는 과정이 있었다.

　　우리의 경우는 좀 다르다. 삼국통일 과정만 전란으로 얼룩졌을

뿐 신라→고려→조선으로 이어지는 다른 왕조 교체는 대단히 평화적으로 이루어졌다. 사실 새 나라를 건국하는 입장에서 생각해보면, 평화적 정권 교체의 방법이 없는 것은 아니다. 가장 좋은 방법은 전 왕조의 마지막 왕을 새 건국자가 옹립하는 것이다. 그러면 그 왕은 꼭두각시가 되어 새 왕조를 세울 때 좋은 거름과 같은 기능을 할 것이다. 실제로 신라, 고려, 조선의 마지막 왕이 다 그랬다.

신라의 마지막 왕인 경순왕은 후백제의 견훤이 만들어주었다. 견훤은 김씨 세력과 결탁해 박씨 세력을 몰아내고 신라의 왕실을 자기편으로 만들었다. 정상적인 왕위 세습이 이어지지 못했다는 것 자체가 당시 신라의 상황을 말해주기도 하지만, 견훤이 마지막 왕을 자기 손으로 세운 데는 피 한 방울 흘리지 않고 신라를 삼키려는 의도가 있었다. 《삼국사기》에는 견훤의 경주 침입을 단순한 폭거로 취급하지만, 정신병자라 해도 일국의 왕이 별다른 목적 없이 그저 재미만으로 남의 나라 왕을 갈아치우지는 않는다. 하지만 앞에서 보았듯이 후백제에 예기치 않게 내분이 일어나 견훤은 그만 다 차려놓은 밥상을 왕건에게 넘겨주고 말았다. 그 덕분에 왕건은 무혈로 통일을 이룩했다.

고려가 조선으로 넘어가는 과정도 그랬다. 보잘것없는 신분의 신돈이라는 인물을 기용해 개혁 정치를 시도했던 공민왕은 집권 말기로 가면서 개혁 의욕을 잃고, 미소년들을 모아 자제위라는 관청을 설치했다. 소년들 중 하나가 후궁을 임신하게 만들자 공민왕은 그 사실을 은폐하려 했다가 그만 그들의 손에 암살되고 말았다. 이어 아들 우왕이 즉위하는데, 아버지가 실패한 개혁을 열 살

순종. 대한제국의 마지막 왕인 순종은 일제의 압력으로 고종이
양위하여 왕의 자리에 오른다.

짜리 아들이 해낼 수는 없다(조선 초에 편찬된 《고려사》에는 공민왕이
자제위의 소년들을 이용해 후사를 얻으려 했고 우왕도 신돈의 아들이라고
기록되어 있는데, 이는 조선 건국을 합리화하기 위해 조작되었을 가능성이
농후하다).

결국 당대의 실력자 이성계는 위화도 회군의 쿠데타로 권력을
잡고 우왕을 폐위시켰다. 하지만 이제 이 나라는 내 것이다 싶은
순간, 무너져가는 고려 왕조에 충성하려는 신하들의 반발에 부딪
혀 이성계는 일단 날개를 접었다. 그래서 우왕의 아들 창왕이 즉
위했으나 우왕보다 더 어린 여덟 살짜리 창왕이 왕위에 오래 있으
리라고 생각하는 사람은 아무도 없었다. 창왕은 불과 1년 만에 쫓
겨났고, 이윽고 이성계는 마지막 왕 공양왕을 자기 손으로 옹립했
다. 그러나 신라의 경순왕처럼 제 손으로 나라를 넘길 권력조차
없었던 공양왕은 예정된 수순에 따라 2년 만에 이성계 세력에 의
해 폐위되었고, 이성계는 조선을 건국했다.

이렇게 마지막 왕을 당대의 실권자가 제 손으로 세우는 역사적
사례가 많은 데는 이유가 있다. 권력을 잡았다고 해도 즉각 공식
적으로 최고 권력자가 되는 것은 하수의 책략이다. 사태가 급격히

변하면 민심이 어수선해지고, 자칫 분규가 발생하면 애써 차지했던 유리한 형세가 역전될 수도 있다. 반대 세력을 규합시키는 계기를 제공할 수도 있다. 그렇다고 해서 반대파를 권좌에 앉힐 수는 없는 노릇이다. 그래서 자신이 집권하기 전에 잠시 과도기를 두는 것이다.

이런 현상은 중국의 역사에서도 찾아볼 수 있다. 수-당 교체기에 수나라는 고구려와의 전쟁에서 패배해 국력이 쇠잔해졌지만 수 양제가 피살되고 나서 즉시 이연과 이세민 부자가 새 나라를 세운 것은 아니었다(이씨 부자는 수 황실과 이종 친척 사이였다). 그들은 수도인 장안을 점령하고 나서 일단 양제의 손자인 공제를 황제로 세웠다. 그리고 얼마 뒤 황제를 폐위시키고 이연이 당나라를 건국하고 제위에 올랐다.

근대사에서도 이 과정은 어김없이 반복된다. 조선(대한제국)의 마지막 왕인 순종도 일제의 압력으로 고종이 양위하는 형식으로 즉위했다. 일제는 40여 년이나 재위한 고종을 제거하고 허수아비 순종을 3년간 재위하게 한 뒤에 조선을 합병한 것이다. 이런 쿠데타의 기본 공식은 굳이 멀리서 찾을 필요도 없다. 1979년 12월

경기도 원당에 있는 공양왕릉. 그런데 공양왕릉은 그의 유배지였던 강원도 삼척에도 하나가 더 있어 어느 것이 진짜인지 알 수 없다. 고려 말의 혼란스런 분위기와 허수아비 왕의 신세를 말해주는 사실이다.

12일 군사쿠데타로 권력을 잡은 신군부 정권의 전두환은 허수아비 대통령 최규하를 8개월 동안 그대로 두었다가 '폐위시키고' 대통령으로 취임하지 않던가?

그러고 보면 우리 역사에서 역대 왕조의 마지막 왕들 가운데 즉위 과정이 가장 정상적이었던 왕은 백제의 의자왕밖에 없다. 그 이유는 백제가 순순히 나라를 내준 게 아니라 전쟁을 통해 멸망당한 나라였기 때문이다. 또한 그것은 그만큼 백제의 멸망 과정이 그만큼 예기치 못하게, 급박하게 진행되었음을 말해주기도 한다.

다음 왕조의 건국자가 전 왕조의 마지막 왕을 내세웠다가 정권을 찬탈하는 방식은 일단 평화적인 정권 교체인 듯 보인다. 물론 실제로는 힘의 균형이 이미 무너졌으므로 그것은 순전히 형식적인 절차일 뿐이다. 마지막 왕이 의자왕처럼 제 몫을 다했다면 새 왕조에 대한 저항 운동이 드세게 일어나겠지만, 그런 경우는 백제밖에 없었기에 우리 역사에서는 백제를 제외하고 전 왕조를 부흥시키려는 운동이 일어난 사례를 전혀 찾아볼 수 없다.

공민왕의 재위 기간(1351~1374)에는 이미 원나라가 중국 대륙에서 세력을 잃기 시작하던 무렵이었다. 그런데 왜 고려 말기의 왕들은 여전히 '종(宗)'자의 시호를 갖지 못하고 '왕'으로 불렸을까?

공민왕까지만 해도 고려는 원의 부마국이었다. 공민왕의 아내는 원나라 황족 위왕(魏王)의 딸인 노국대장공주였다. 비록 원나라는 이빨 빠진 호랑이가 되었지만 고려는 아직 원의 식민지에서 정신적으로 벗어나지 못하고 있었다. 그 점은 왕보다 오히려 권신들이 더 심했다. 공민왕은 집권 초기에 몽골식 변발과 복식을 폐지하고 원나라의 연호와 관제(官制)까지 버리는 과감한 개혁을 추진했다. 국제 정세의 변화를 제대로 파악하지 못한 친원파는 왕의 조치에 반발했으나 공민왕이 끝까지 개혁의 고삐를 죄었더라면 원나라의 잔재를 제거할 수도 있었을 것이다. 하지만 공민왕은 아내가 죽자 정치에 흥미를 잃고 불교에만 심취해 개혁의 열매를 맺지 못하고 말았다. 이후의 세 왕(우왕, 창왕, 공양왕)은 재위 기간을 다 합쳐도 18년밖에 안 되는 데다 조선 왕조로 넘어가는 과도기였던 탓에, 원나라의 지배에서 벗어났음에도 종전 왕들의 시호를 회복하지 못했다.

개혁파의 도전과
수구파의 응전

고려와 조선의 실패한 개혁

　　사회적 모순이 집중적으로 터져나오는 혼란기에는 현실의 여러 문제를 개혁하려는 세력이 등장하게 마련이다. 개혁보다 농도가 진한 것을 혁명이라고 부르는데, 우리 왕조 역사에서는 왕정 체제 자체를 의문시해본 적이 없으므로 혁명이라 부를 만한 것은 없다. 이성계의 조선 건국을 흔히 역성(易姓, 성을 바꿈) 혁명이라고 부르기도 하지만, 문자 그대로 왕조의 성(姓)을 바꾼 데 불과하므로 혁명이라는 용어는 적절하지 않다.

　　그렇다면 개혁이라고 부를 수 있는 것은 어떤 게 있을까? 우선 고려시대 묘청의 개혁이 있다. 앞에서 묘청의 난이 전개된 과정에 관해서는 살펴본 바 있으니, 여기서는 개혁과 관련되는 측면을 보자. 서경으로 파견된 일관(日官, 기상 관측으로 나라의 길흉을 점치던 관리) 백수한은 묘청의 인물됨에 반해 형제의 의리를 맺고 개경에 있는 서경 출신 관리 정지상에게 묘청을 소개했다. 마침 정지상은 몇 년 전 이자겸의 난에서 척준경 일파를 제압하는 데 공을 세워 인종의 신임을 얻었으므로 왕에게 묘청을 천거했다(서경에서 이 세 사람은 삼성[三聖]이라고 불릴 만큼 인기가 대단했다). 이들의 개혁론은 내정 개혁에 관한 것이 아니라 사대주의를 극복하고 자주성을 확보하자는 대외 정치에 관한 것이었다. 이들의 주장은 여진족의 금 나라를 정벌하자는 북벌론과 고려왕을 황제로 승격시키고 독자 연호를 사용하자는 칭제건원론(稱帝建元論)의 두 부분으로 나뉜다.

이들이 처음 그 주장을 왕에게 건의한 때는 1129년인데, 당시 금나라는 4년 전에 거란의 요나라를 멸망시키고 그 이듬해에는 중국의 한족 왕조 송나라를 정복할 정도로 막강한 신흥 국가였다(송은 그 이듬해 남송으로 재건되었다). 따라서 고려의 힘으로 볼 때 북벌론은 거의 실효성이 없는 구호에 불과했으나 칭제건원 문제는 좀 달랐다. 이것은 사대주의 의식을 떨치면 되는, 어떤 의미에서 내정에 관한 사항이었다. 더구나 당시 중국의 한족 왕조(송)는 허약하기 짝이 없지 않은가? 그래서 칭제건원론에 관해서는 묘청의 세력 외에도 동조자가 많았으며, 김부식과 같은 극단적 사대주의자를 제외하면 상당수의 사람들을 끌어들일 수도 있었다.

그러나 묘청 세력은 북벌론과 칭제건원론의 두 가지 문제를 분리하지 못한 데다 서경 천도 운동을 조급히 실천하려 함으로써 불리한 여론을 자초하게 된다. 아마도 그들의 의도는 표면상 내세운 북벌보다는 서경으로 천도하는 데 있었던 듯하다. 사실 왕건도 풍수지리설에 입각해 서경을 중시하라는 말을 훈요 10조로 남겼던 것을 보면, 이들의 천도 운동은 그리 실현 불가능한 것도 아니었다. 다만 시기가 문제였다. 칭제건원론으로 시일을 끌어 지지를 모은 뒤 북벌론, 서경 천도운동으로 매듭을 풀어갔다면 묘청의 개혁론은 결실을 보았을지도 모를 일이다.

묘청은 자신이 하늘의 뜻을 따랐노라고 말했지만 하늘은 그의 천도 계획을 돕지 않았다. 마침내 인종을 설득해 1132년 서경 길을 떠나는 중에 공교롭게도 폭우로 조난당하는 일이 일어난다. 이 우연한 사건을 기화로 개혁 반대 세력이 주도권을 잡게 된다. 풍수지리설을 이론적 바탕으로 삼았던 묘청이 풍수지리 현상(폭우)을 예측하지 못해 실패했다는 게 아이러니랄까? 이렇게 해서 개혁파의 첫 도전은 수구파의 역공에 휘말려 좌절하고 말았다.

두 번째 도전은 고려 공민왕 때 승려 신돈의 개혁 운동이다. 옥천사라는 절에 딸린 노비의 소생인 신돈은 일찍부터 탁월한 정치 감각을 보여 공민왕의 측근인 김원명의 추천으로 왕의 절대적인 신임을 얻었다. 때마침 공민왕은 원의 세력이 급격히 약화되는 틈을 이용해 원의 연호와 관제를 폐기하고, 식민지 지배기구를 없애고, 원의 변방을 공략해 옛 영토를 수복하는 등 대외 정치에서 신선한 바람을 일으키고 있었다. 이때 그에 걸맞은 참신한 대내 정책을 건의한 사람이 바로 신돈이다. 노비의 아들이 어떻게 왕실에까지 접근할 수 있었을까? 그것은 고려 말의 혼란기였기에 가능했다.

우리에게는 일제 강점기의 친일파가 더 익숙하지만, 몽골 지배기에도 친원파가 크게 득세했다. 권세가들은 왕실과 혈연관계를 맺어 기득권을 유지했고, 귀족이 아니더라도 전공(戰功)을 세우거나 학문을 닦아 출세하는 경우도 많았으며, 심지어 몽골어를 할 줄 안다는 것만으로 출세하는 자들도 많았다. 그 덕분에 고려 사회 내내 굳게 유지되었던 신분제가 무너져 신분의 상승과 하락이 잦았다. 보잘것없는 출신의 신돈이 중용된 것도 그래서 가능한 일이었다.

고려 중기부터 권신들은 갖가지 불법, 탈법 행위로 토지를 독점하고 농민들을 노비화했다. 노비 출신이었던 신돈은 권력을 틀어쥐자 바로 그런 모순을 개혁하고자 했다. 그가 설치한 전민변정도감(田民辨正都監)은 억울하게 토지를 빼앗기고 노비로 전락한 농민들을 재심사해 토지를 돌려주고 양민으로 만들어주는 기관이었다. 또한 그는 각 향촌 사회에서 특정한 관직도 없으면서 신분만 믿고 백성들을 괴롭히는 한량관(閑良官)들을 군대에 배속시켜버렸다. 이렇게 해서 민심은 어느 정도 얻었으나 민주주의 사회도 아닌 고려시대에 민심의 힘만으로 개혁에 성공할 수는 없었다. 고려 사회의 기득권을 쥐고 있는 귀족층은 신돈의 개혁을 두고 보려 하지 않았다. 신돈 자신도 지나치게 급진적으로 돌면서 개혁 일정을 무리하게 몰아붙였다.

전민변정도감을 설치한 것까지는 좋았으나 신돈이 직접 판사(判事)를 맡아 심사에 나선 것부터가 좀 지나쳤다. 의욕이 앞선 신돈은 비타협적인 강력한 정책으로 일관하면서, 자기 세력조차 키우려 하지 않고 독단적으로 일을 처리했다. 처음에는 신돈을 철석같이 믿었던 공민왕도 끊임없이 제기되는 귀족들의 반발에 견딜 수 없게 되었다. 이윽고 귀족들의 배척 운동이 거세지자 신돈은 앞서 묘청이 저지른 것과 같은 잘못에 빠져들었다. 풍수지리설로 공민왕을 설득해 충주 천도를 계획한 것이다. 그러나 공민왕의 마음은 이미 돌아섰다. 신돈은 마침내 왕을 죽이려 했다는 혐의로 처형되고 말았다.

신돈이나 묘청이나 수구파에 대해 우위를 확립하자마자 그동안 품어왔던 개혁의 구상을 즉시 실행에 옮기려 한 조급증이 실패의 원인이었다. 원래 개혁파는 현재의 상태를 부정하려는 데서 출발하므로 현실에 없는 것을 있는 것으로 보여주려는 생각에서 자꾸 마음이 조급해지게 마련이다. 반면 현실을 인정하는 기득권층, 수구파는 개혁파의 기세가 도드라질수록 자연스럽게 반대 세력을 규합할 수 있게 된다. 따라서 개혁이 성공하려면 수구파를 확실히 제압할 수 있는 물리력을 장악하든가, 아니면 급진적인 외피를 벗어버리든가 해야 한다.

가슴에 품은 이상은 옳았으나 조급한 실행, 거기다 수구파의 역공에 휘말려 개혁이 실패한 전형적인 사건은 조선시대 조광조(1482~1519)의 개혁이다.

조광조는 성균관 유생 200여 명의 추천으로 각광을 받으며 중앙 관직에 진출했다. 때마침 중종은, 수많은 유학자들을 죽여 한창 성장하던 성리학을 위축시켰던 연산군을 제거하고 즉위한 터라, 조광조를 비롯한 젊은 유학자들의 등장을 무척 반겼다. 유생들의 추천에 왕의 지원까지 얻어 서른여덟 살의 나이에 대사헌(지금의 감사원장)에 오른 조광조는 성리학의 기본 정석인 《소학(小學)》과 《근사록(近思錄)》에 입각한 철인(哲人) 정치를 구현하고자 했다. 이치를 깨우치고 이에 따라 지식을 완전히 다듬어 실천하면 올바른 정치 행위가 된다는 게 그가 내세운 격물치지(格物致知)다. 쉽게 말해 왕이나 군신들이나 정치 행위에서 성리학의 기본 원리

조선의 개혁가 조광조의 문집인 《정암집》. 우리 역사에는 대규모의 개혁이 성공한 사례가 없다. 언제나 수구파의 힘이 컸던 탓이기도 하지만, 조급한 개혁 프로그램이 부른 자충수인 경우도 많다.

에 충실하자는 것이다.

하지만 현실을 원리원칙에 완전히 부합하도록 한다는 게 가능한 일일까? 일단 연산군이 초래한 각종 폐단의 후유증은 일소했지만, 당시 상황은 젊은 조광조가 일으킨 신선한 바람에 대해 기득권층 훈구 대신들이 눈을 모로 뜨고 바라보는 중이었다. 조광조는 개혁을 위해 먼저 자신의 세력을 구축해야 할 필요를 느꼈다(이 점은 묘청이나 신돈보다 좀 더 멀리 보는 안목이다). 그는 기존의 과거제도와 관계없이 각 지방에서 인물을 추천받아 등용하는 현량과(賢良科)를 실시했다. 이렇게 해서 뽑힌 인물들은 조광조의 추천으로 정부 요직에 배치되었다. 여기서 한 걸음 더 나아가 조광조는 가뜩이나 구석에 몰린 훈구 대신들에게 회심의 강펀치를 날렸다. 중종이 즉위하는 데 기여했던 정국공신(靖國功臣)들의 자질이 의심스러우니 공신 자격을 박탈하자는 것이다. 이때 공신의 무려 4분의 3에 달하는 76명의 자격이 박탈되었다.

그러나 현량과로 한 대 맞고 공신 자격 박탈로 몰매를 맞아 끝장날 줄 알았던 수구 세력은 침착하게 전세를 뒤집기 시작했다. 이들이 준비한 작전은 두 가지, 부지런한 상소와 끈덕진 중상모략이었다. 때마침 군주마저 수신(修身)을 철저히 해야 한다는 조광조의 지나치게 원칙에 투철하고 급진적인 개혁에 싫증을 느끼기 시작하던 중종은 마침내 조광조가 왕이 되려 한다는 모함에 넘어가 수구 세력과 손을 잡았다. 왕의 마음이 확실히 돌아선 것을 확신한 수구 세력은 집단 상소를 통해 하룻밤 만에 5년간의 개혁 바람을 잠재웠다.

고려의 묘청과 신돈, 조선의 조광조는 모두 이상과 현실의 간극을 메우려 노력한 사람들이지만 '급행료'를 톡톡히 치러야 했다. 특히 조광조는 묘청이나 신돈과 달리 실제로 군사 행동을 일으키거나 역모를 꾀한 것이 아니었음에도 불구하고, 고려보다는 훨씬 정치적으로 안정된 조선 왕조였기에 용납되지 못했다. 세 가지 경우 모두 처음에는 왕이 신선한 바람을 반겨 맞았으나 수구 세력의 집요한 공작으로 개혁이 꽃피우지 못하고 좌절했다. 그것은 수구 세력이 강했던 탓이기도 했지만, 개혁 세력이 이상에만 치우쳐 그 이상을 실현할 현실적 기반은 정작 만들어내지 못한 데 일차적인 원인이 있었다.

묘청과 신돈이 모두 천도 계획을 꾀했던 것을 보면 고려시대에는 풍수지리 사상을 상당히 신봉했던 것으로 보인다. 그 이유는 무엇이었을까?

풍수지리 사상은 삼국시대에 중국에서 도입될 때부터 우리 민족의 심성에 잘 맞았다. 풍수지리란 한 마디로 말하면 땅에 관한 사상이므로 우리 땅에 맞는 풍수지리설이 발달하는 것은 당연한 일이다. 고려시대에는 조정과 민간이 모두 풍수지리설을 믿고 적극적으로 따랐다. 고려의 과거제 중 잡과 과목에는 풍수지리 분야도 있었을 정도다. 왕건이 남긴 훈요 10조 중에서도 4개항은 풍수지리와 밀접한 연관을 가지고 있었다. 이렇듯 고려시대에 풍수지리가 특히 강조된 것은 그것이 건국이념의 중요한 일부분이었기 때문이다. 반면 유학이 국가 통치의 기본 원리가 되는 조선시대에는 풍수지리가 큰 힘을 발휘하지 못했다.

제 4 장

영욕의 조선

시공은 이성계,
설계는 정도전

조선 건국의 브레인 정도전

어느 시대, 어느 왕조든 나라를 세우는 일은 무장 출신이 담당하게 마련이다. 한의 건국자 유방, 당의 이연, 송의 조광윤, 명의 주원장, 청의 누르하치 등은 모두 무장이었다. 그러나 새 왕조가 어느 정도 안정을 찾게 되면 그때부터는 관료제를 기반으로 하고 문치주의를 노선으로 채택하게 된다. 정권을 잡기까지는 공격적인 전략이 중요하므로 물리력이 필요하지만, 일단 권력이 안정되면 방어와 유지가 중요해지기 때문에 정상적인 정치 행정으로 돌아가야 하는 것이다.

고려의 건국자 왕건도, 조선의 건국자 이성계도 무장이었다. 그러나 고려의 건국과 조선의 건국은 큰 차이가 있다. 고려가 건국될 당시에는 한반도가 후삼국의 세 나라로 분열되어 있었으므로 통일을 이루기 위해 무엇보다 물리력이 중요했지만, 조선의 경우는 그렇지 않았다. 고려는 한반도를 통일한 데 비해 조선은 고려라는 왕조를 다른 왕조로 바꾼 것일 뿐이다. 아무래도 통일에 비해서는 왕조 교체가 정당성을 확보하기에 더 어렵다.

그래서 조선의 건국에는 물리력을 통한 쿠데타만이 아니라 이데올로기적 정당화도 필요했다. 그것은 이성계 혼자 해결할 문제가 아니다. 이성계는 뛰어난 무장이었으나, 그의 배후에는 그보다 훨씬 뛰어난 두 명의 책략가가 있었다. 바로 정도전과 조준(趙浚, 1346~1405)이다.

원의 세력이 쇠퇴하고 고려가 식민지 상태에서 벗어나면서 공민왕 때는 젊은 유학자들의 사대부 세력이 성장하기 시작했다. 이들은 고려 말의 권신들에 맞서 개혁 운동을 활발히 전개하다가 이내 두 갈래로 갈라지게 된다. 사대부 상층 세력인 이색, 정몽주 등이 온건파라면, 소장 학자인 정도전 일파는 급진파다. 온건파와 달리 급진파는 일찍부터 권력을 장악할 마음을 품고 그에 필요한 군사력을 확보하기 위해 노력했다. 안 되면 힘으로라도 밀어붙이겠다는 생각부터가 벌써 유약한 고려의 문신답지 않은 기세다. 당시 왜구 토벌로 전 국민적 인기를 모으고 있는 무장은 최영과 이성계였다. 급진파는 나이도 많은 데다 온건파의 물리력을 담당하고 있는 전통의 노장군 최영(崔瑩, 1316~1388)보다는 새로이 국민적 영웅으로 급부상하는 이성계가 여러 가지 면에서 적임자라고 판단했다.

당시 이성계는 북으로 홍건적, 남으로 왜구를 물리치는 등 동분서주하면서 곳곳에서 빛나는 전과를 올리고 있었다. 이미 1368년에 원나라는 중국 대륙에서 밀려나 몽골 초원으로 물러갔는데도 고려에서는 여전히 이인임 일당의 친원파가 권력을 장악하고 있었다(스스로의 힘으로 해방을 이뤄내지 못하면 그런 법이다). 이런 상황에서 친원파와 맞서는 길은 원을 축출한 중국의 신흥국인 명나라와 결탁하는 것밖에 없다. 탁월한 대세관을 가진 정도전은 1375년 반원친명(反元親明) 운동을 벌이다가 이인임에게 배척받아 2년간 귀양까지 간 '전과'가 있었다. 이성계와 정도전은 드디어 1383년 역사적인 첫 만남에서 서로 의기투합했다. 이인임을 공동의 타깃으로 삼은 그들은 우선 최영 세력과 결탁해 이인임 일당을 제거하고, 1388년 위화도 회군으로 최영 세력마저 제거했다(최영은 쿠데타에 저항한 죄로 처형당했다). 이때 이성계는 또 한 명의 유능한 참모인 조준을 얻었다.

이성계, 정도전, 조준의 삼총사는 각각의 능력에 따라 정확한 역할 분담으로 일을 처리했다. 정도전은 학문, 문장, 병법, 정치 감각 등 모든 면에서 뛰어났고 책략에도 능한 팔방미인으로, 조선 건국 과정의 총 지휘를 맡은 핵심 브레인이었다. 이성계는 쿠데타를 위한 물리력을 담당하고 있으며, 장차 새 나라의 건국자가 되기 위

태조 이성계. 조선의 설계사 정도전의 치밀한 기획 아래 고려의 마지막 왕인 공양왕을 폐위시키고 조선을 건국한다.

한 전국적인 신망을 쌓아갔다. 그리고 조준은 당대의 가장 첨예한 문제였던 토지 제도에 관해 해박한 경제통이었다.

정도전의 전략에 따라 이성계는 1388년 5월 위화도 회군을 감행해 정권을 장악하고, 곧바로 7월에 조준은 토지 제도의 개혁을 단행했는데, 미리 준비해두고 있지 않았다면 불가능한 일이다. 개혁안은 귀족들이 소유한 대토지를 몰수하고, 모든 토지를 사유할 수 없도록 하며 단지 수조권(收租權, 토지의 소유권과는 달리 농민이 국가에 내는 세금을 수취할 수 있는 권리)만을 부여한다는 혁명적인 내용이었다. 예상했던 대로 이색, 권근 등 온건 개혁파의 거물들이 반기를 들었다. 그러나 이성계는 온갖 수단을 다해 백관회의에서 결국 이 안을 통과시켜 온건파의 손발을 묶었다. 이듬해 정도전은 우왕이 신돈의 자식이라는 기발한 구실을 만들어 왕위에서 끌어내렸다. 온건파의 저항을 고려해 일단 우왕의 아들 창왕을 옹립했으나 1년 만에 폐위시키고 이성계의 영향력 아래 공양왕을 세웠다. 이것으로 조선 건국은 절차만 남았다. 이윽고 이성계 일파는 공양왕의 손으로 우왕과 창왕을 죽이게 하고, 2년 만에 공양왕마저 폐위시킨 다음 이성계를 왕으로 삼아 조선을 건국했다. 이런 스피디한 건국 과정을 보면, 조선이 과연 이성계가 건국한 것인지 정도전이 건국한 것인지 의아스러울 정도다.

빈틈없이 진행된 건국 과정을 총지휘한 쿠데타 삼총사의 브레인 정도전은 새 왕조에 들어서도 탁월한 솜씨를 자랑했다. 한양으로 천도할 때 궁궐과 종묘의 위치, 각 궁전의 이름들까지 모두 짓고, 새 왕조에 필요한 책들을 직접 저술하고, 어느새 번개같이 《고려사》 37권을 편찬했다. 게다가 이성계의 공덕을 자랑하는 여러

조선의 설계자 정도전의 시문집인 《삼봉집》.
세조 11년에 간행된 이 중간본에 '조선경국전'
이 합편되었다.

악곡도 지었는가 하면, 병제(兵制)를 만들고 직접 군사 조련까지
하는 등 각종 제도와 문물을 만드는 데 일일이 관여했다. 그러나
그가 미처 고려하지 못한 점은 어느 나라나 첨예한 건국 초기의
왕위계승 문제였다. 이 민감한 문제를 잘못 건드렸다가 그는 결국
이성계의 아들 이방원의 표적이 되어 그의 손에 죽고 만다.

　사실상 정도전은 조선 건국의 일등공신 정도가 아니라 조선의
실제 건국자라고 할 수 있다. 정도전이 기획실이라면 이성계는 생
산 라인에 불과하며, 정도전이 건축설계사라면 이성계는 설계도
면대로 건축한 십장이나 다름없다. 앞서 왕자의 난에서 보았듯이
정도전이 이성계의 세자 책봉에까지 권한을 행사하는 것을 보면
그의 지위가 어땠는지 충분히 짐작할 수 있다. 그러나 그는 결국
자신의 '작품'인 조선으로 인해 죽었으니, 자기가 만든 괴물의 손
에 죽는 천재 프랑켄슈타인 박사의 운명과 같다고 할까?

이성계는 최영의 명령을 받아 랴오둥 정벌을 떠났다가 위화도에서 회군해 정권을 장악했다. 최영은 왜 그런 명령을 내렸고, 이성계는 왜 그 명령을 어긴 걸까?

　　고려 말 중국 대륙에는 원나라가 물러가고 한족 왕조인 명나라가 들어섰다. 그러나 오랫동안 원나라의 식민지로 지냈던 고려의 조정은 급변하는 국제 정세에 둔감한 친원파가 여전히 장악하고 있었다. 이것을 좋게 볼 리 만무한 명나라는 여러 측면에서 고려를 압박했다. 심지어 1388년 명나라는 강원도 북부의 철령까지만 조선의 영토로 하고 그 이북에는 철령위를 설치해 명나라가 관할하겠다는 강짜를 부렸다. 최영은 그 억지에 반발해 이성계에게 랴오둥 정벌을 명령한 것이다. 하지만 처음부터 이 계획을 반대했던 이성계는 마지못해 군사를 이끌고 랴오둥을 향하다가 압록강변의 위화도에서 군대를 돌리고는 개경으로 쳐들어가 쿠데타를 성공시켰다. 이 사건을 두고 후대의 역사가들은 최영의 자주성을 강조하는 입장과 이성계의 합리성을 강조하는 입장으로 나뉜다. 하지만 당시 최영은 친원파의 거두였으니 그의 랴오둥 정벌 명령은 자주성과 무관했고, 이성계는 반원친명을 통해 정권을 잡으려는 속셈이었으니 합리성과 무관했다.

국호부터 사대적이었던

조선

조선이라는 국호의 배경

　　우리 역사의 마지막 왕조 이름인 조선이라는 말은 지금
도 두루 쓰이고 있다. 일간 신문의 이름이기도 하고, 호텔의 이름
으로도 쓰며, 같은 이름의 대학교도 있다. 또 북한의 공식 명칭은
조선민주주의인민공화국이다. 조선이라는 말이 이렇게 널리 쓰이
게 된 것은 물론 우리 역사에서 500여 년이나 존속한 왕조의 명칭
이었기 때문이다. 그래서 조선 왕조가 사라진 지 100년이 지났어
도 조선이라는 말은 여전히 우리에게 익숙하고 친근한 이미지를
주고 있다. 그러나 건국 당시 나라 이름을 조선으로 지을 때는 전
혀 그런 이미지를 고려한 게 아니었다.

　낡은 나라를 무너뜨리고 새 나라를 열었으니 새 이름이 필요하
다. 나라 이름을 짓는 것은 무장 출신인 이성계로서는 어려운 일
이므로 그것도 정도전의 몫이다. 그는 한동안 무엇으로 지을지 고

민한다. 사람 이름과 달리 그저 부르기 좋게만 지을 수도 없고, 그렇다고 중국처럼 건국자의 성을 딴다든가 해서 글자 하나로만 짓자니 우리 정서에 영 맞지 않는다(아마 중국도 제후국이 중국식으로 국호를 짓는다면 반대했을 것이다). 더구나 전 왕조를 타도한 '원죄'가 있기 때문에 뭔가 정통성을 갖춘 이름이 아니면 안 된다.

역사책을 뒤적거리며 숙고하던 그에게 조선이라는 두 글자가 퍼뜩 눈에 들어온다. 아침 조(朝)에 선명할 선(鮮). 뜻도 괜찮다. 더욱이 조선이라는 말은 무척 역사가 오래되었다. 단군이 아사달에 도읍을 정하고 나라를 열어 이름을 조선이라 했다는 데서 비롯된 말이니까 무려 수천 년을 거슬러 올라간다. 고구려에서 따온 고려라는 국호는 고구려까지 합해봤자 기껏해야 1500년도 못 되는 역사 아닌가? 조선은 고구려보다 먼저고 고려보다 나중이니 훨씬 더 역사적 전통에 빛나는 이름이다.

이렇게 해서 조선이라는 이름이 정해진 것이라면 얼마나 좋았을까? 그러나 실은 전혀 그렇지 않았다. 조선이라는 이름을 정하게 된 데는 신라 이래 우리 역사의 어느 왕조도 벗어나지 못한 수치스러운 사대 의식이 배어 있다. 원나라가 망하고 고려가 식민지 상태에서 벗어난 무렵인데 왜 그랬을까? 이를 알기 위해서는 우선 조선의 설계자 정도전의 중국에 대한 의식을 살펴보아야 한다.

정도전은 일찌감치 원나라의 쇠퇴를 감지하고 신흥국 명나라를 추종하고자 했다(명나라는 태조 주원장이 몽골을 몰아내고 1368년에 건국했다). 고려 말 정권을 장악하고 있던 막강한 친원파에 맞서 그는 과감하게 친명론을 주장했으며, 그로 인해 여러 가지 고초를 겪었어도 원은 지는 해고 명은 뜨는 해라는 신념을 굽히지 않았다.

혼일강리역대국도지도. 1402년(태종 2년)에 제작되었다. 중국과 조선을 비교적 사실적으로 표현한 이 지도에서 조선은 실제보다 크게 그려져 있지만 중국 중심의 세계관을 드러내고 있기는 마찬가지다.

지내놓고 보면 뻔한 일이라도 막상 그 전에 그런 사태를 예감한다는 것은 탁월한 식견이 없으면 불가능하다. 더구나 마르코 폴로도 감탄해 마지않던 유사 이래 최대의 세계제국인 원이 그렇게 빨리, 그렇게 쉽게 무너진다는 것은 당시로서 도저히 믿기 어려운 일이었다.

하지만 종주국이 물러난 뒤에도 여전히 친원파가 지배하는 고려를 중국 대륙의 새 주인이 된 명나라가 곱게 볼 리 없다. 그래서 명에서는 '건방진 소국' 고려를 치자는 의견까지 나왔는데, 이런 험악한 상황에서 1372년 고려의 정몽주는 명에 사신으로 가게 된다. 이때 당대에 문장가로 이름을 날리고 있던 정도전은 정몽주의 서장관(書狀官, 문서 담당관)으로 함께 따라갔다. 자칫하면 뼈를 묻게 될지도 모르는 명의 수도 금릉(지금의 난징)에서 정도전은 빛나는 표문을 지어 명 태조 주원장에게 바쳤다. 주원장은 그 문장에 감탄해 대번에 우호적인 태도로 바뀌었을 뿐 아니라 예전에 사신으로 왔다가 옥에 갇히게 된 고려의 관리들까지 석방해주었다.

명에게서 후한 점수까지 땄겠다, 정도전은 이빨 빠진 호랑이 원

18세기 조선의 '상상 속의 세계지도(天下圖)'. 조선의 관념적 세계관을 나타낸 천하도에서 중국은 가장 중심에 자리잡고 있다.

나라를 더욱 멀리하며, 중국을 등에 업고 조선의 건국까지 일사천리로 내달았다. 하지만 국호를 정하는 일은 워낙 민감한 사안인지라 쉽지 않았다. 조선은 고려가 건국될 당시처럼 분열되어 있던 나라들을 통일한 게 아니라 낡은 나라를 쿠데타로 타도하고 들어선 새 나라였으므로 정통성에 결함이 있었다. 이 문제는 오로지 중국에 의존할 수밖에 없었다. 따라서 나라 이름도 중국의 의사를 고려하지 않고서는 정할 수 없었다. 그런데 명나라는 새 나라를 환영하기는커녕 이성계의 쿠데타 자체를 승인하지 않고 있는 것이다. 정도전은 주원장에게 점수를 땄지만, 한반도의 신생국을 선선히 받아들이기에는 명도 아직 신생국이었다.

  명나라로서는 몽골의 식민지였던 고려가 못마땅하기는 했으나 그렇다고 해서 중국 대륙의 주인이 바뀐 것에 때맞춰 한반도의 주인도 바뀌게 된 사실을 썩 환영하지는 않았다. 특히 자신이 문을 연 신흥국 명나라를 든든한 반석 위에 올려놓기 위해 절치부심하던 주원장은 주변 상황에 대해 후각이 지극히 예민한 상태였다. 그 전까지의 중국 왕조들이 중원에 도읍을 정한 데 비해 주원장은 이례적으로 강남의 난징에 도읍을 정했다. 오랜 이민족의 지배에서 벗어났다는 것도 확실히 하면서 자신의 고향이자 세력 근거지에서 벗어나지 않기 위해서였다(곧 명나라는 베이징으로 도읍을 옮기지만 중국의 역대 통일 왕조 가운데 건국 무렵 강남에 도읍을 정한 것은 명나라가 유일하다).

역사책을 이리저리 뒤적거리며 고민하던 정도전의 눈에 조선이라는 이름이 퍼뜩 들어온 것은 사실이었다. 그러나 그것은 단군시대의 유구한 역사 때문이 아니라 2천500년 전 주나라 무왕이 기자를 조선왕으로 책봉하는 장면 때문이었다. 그것을 본 순간 정도전은 무왕을 주원장에 비유하고, 기자를 이성계에 비유하는 절묘한 알레고리를 생각해냈다. 산적 두목 출신인 주원장도 자기가 전설 속의 성군(聖君)인 무왕에 비교되면 더 없이 만족할 테니 승인은 따놓은 당상이다.

조선이라는 국호에 대단히 만족했던 정도전은 자신이 저술한 국가 운영지침서 《조선경국전(朝鮮經國典)》에서 그 근거를 이렇게 밝히고 있다.

해동[중국 문헌에서 한반도를 가리키던 옛 말]은 그 국호가 일정하지 않았다. 박·석·김 세 성씨가 신라라고 일컬었고, 온조는 백제라 했으며, 견훤은 뒤에 후백제라고 일컬었다. 또 고주몽[주몽을 고씨로 본 것은 정도전 역시 중국 문헌에 의존한 탓이다]은 국호를 고구려라 했으며, 궁예는 후고구려라 했고, 왕씨[왕건을 가리킨다]는 궁예를 대신하여 고려라는 국호를 사용했다. 이들은 모두 한 지역을 임의로 차지하여 중국의 명령을 받지도 않고서

스스로 명호를 세우고 서로 침략하였으니, 국호는 있으되 어떻게 나라라고 할 수 있겠는가? 다만 기자만은 주나라 무왕의 명령을 받아 조선왕에 봉해졌다.

중국의 명을 받지 않고 스스로 이름을 지은 나라는 나라라고 할 수 없다는 말이니, 사대 의식의 극치가 아닐 수 없다. 고려의 대표적인 사대주의자인 김부식도 신라만큼은 정통으로 인정했으나, 정도전은 신라까지 싸잡아 고대 삼국을 경멸하고 있다. 조선이 아무리 쿠데타로 생겨난 나라라고 해도 과거 역사에 속하는 부분까지 송두리째 무시하는 것은 단순한 사대의 수준을 넘어서 자기비하에 가깝다. 어쨌든 이렇게 해서 새 나라의 이름은 중국의 승인을 받아 조선이라고 정해졌으니, 조선이라는 이름을 실제로 지은 게 조선인지 중국인지 모를 일이다.

정도전은 조선 건국 후 주원장에게 미움을 사게 된다. 명 태조에게 올린 문서에 명을 모독하는 글귀를 썼다는 이유로 주원장이 작성자를 잡아들이라고 명한 것이다. 하지만 정도전은 그에 반발해 랴오둥 정벌을 위한 계획을 세우고 직접 군사를 조련했다. 그 때문에 그는 중국에 대해 자주적인 태도를 견지하려 했던 인물로 여겨지기도 한다. 그러나 불과 몇 년 전 위화도 회군에서는 랴오둥 정벌이 불가하다고 여겼던 그가 이제 와서 랴오둥을 정벌하겠다고 나서는 것은 랴오둥 정벌이 정치적 쇼였음을 말해준다. 그것은 당시 명나라나 조선이 모두 신흥국이었으므로 양자 사이에 '올바른 사대 관계'를 정립하기 위한 제스처에 불과했다. 명나라가 쉽사리 조선을 승인하지 않고 잔뜩 애를 먹이다가 태종 때 와서야 승인하는 것도 역시 정치적 제스처였다. 그래서 정도전의 '랴오둥 정벌 계획'은 이후 아무런 후속 조치도 없었다.

정도전은 조선 이외에 화령이라는 이름도 만들어놓고 두 가지를 중국에 보내 결정해달라고 부탁했다. 화령은 함경도 영흥의 다른 이름으로, 이성계의 출생지다. 당연히 명에서는 조선을 선택했지만, 그렇게 사대적인 배경을 가진 이름이 조선이라면 차라리 쿠데타의 주동자라 할지라도 건국자의 출생지로 하는 편이 더 당당하지 않았을까?

한국사 질문하는 시간 정도전은 옛날 중국 주나라의 무왕이 기자를 조선왕으로 책봉하는 장면에서 조선이라는 국호를 생각했다. 그럼 왜 기자조선보다 이전에 있었던 단군은 생각하지 않았을까?

단군신화는 고려 중기에 공식화된 것이니 정도전도 당연히 잘 알고 있었을 것이다. 그러나 유학 사상에 물든 그는 한반도에 자체적인 문명과 나라가 있었다는 것을 인정하고 싶지 않았다. 그가 보기에 한반도에 제대로 된 문명이 처음 생긴 것은 기자가 조선왕으로 부임할 때부터다. 그 이후의 삼국시대는 중국의 통제를 받지 않았던 탓에 생겨난 비문명의 혼란기다. 한반도의 역사는 오로지 중국과의 관련성 속에서만 의미가 있다. 조선이 세워지기 이전에 한반도가 중국의 통제와 승인을 받은 왕조라면 바로 기자조선 하나밖에 없다. 따라서 그에게는 기자조선이 이전의 단군조선이나 이후의 고대 삼국보다 훨씬 더 '정통적'이었던 것이다.

왕조 시대의
'토지 공개념'

고려와 조선 초의 토지 제도

어떤 의미에서, 자연에 존재하는 땅을 이리저리 구획해 개개인이 소유한다는 관념 자체가 잘못된 것일 수도 있다. 물이나 공기를 나누어 각자가 소유하는 게 터무니없는 것과 마찬가지다. 그러나 현실적으로는 토지의 사유가 엄연히 법으로 보장되어 있으므로 그 문제는 넘어가자. 그렇다면 중요한 것은 토지의 사유를 위한 구획 설정이 그 땅에 사는 모든 사람을 만족시킬 수 있느냐, 혹은 가장 불만이 적은 방식으로 이루어졌느냐일 것이다.

경제적 가치의 생산이 다양화된 현대와 달리 과거에는 토지가 거의 유일한 생산수단이었다. 더구나 화폐경제가 통용되기 이전에는 토지가 거의 유일한 재산이기도 했다. 농민들은 당연히 토지에서 나오는 생산물로 살아갔으며, 관리들도 급료를 토지로 받았고, 국가도 토지에서 나오는 세수입으로 운영되었다. 이 점은 동·

서양이 공통이다. 예컨대 영어에서 토지, 즉 부동산은 '진짜 재산(real assets)'이다.

그러나 무주공산을 개간하는 게 아니라면 토지에는 언제나 임자가 있다. 그리고 대토지를 소유하고 있는 자들은 재산에 따르는 권력도 가지고 있다. 그래서 새 나라가 들어서면 언제나 토지의 임자를 갈아치우기 위해 토지개혁부터 실시하게 된다. 토지개혁은 일반 백성들의 민심을 얻는 동시에 기존 세력의 권력 기반을 해체하는 길이기 때문이다.

재미있는 것은 왕조의 말기에 이르면 꼭 토지 독점 현상이 나타난다는 점이다. 왕조의 초기에는 이전 왕조의 토지를 모두 새 왕조가 몰수하므로 토지가 남아돌지만, 말기에 이르면 거의 모든 토지에 임자가 정해지게 된다. 나라 전체로 보면 소수의 권력층이 대부분의 토지를 독차지하고 있으므로 대다수의 불만과 불행 위에 소수의 만족과 행복이 서 있는 꼴이다. 당연히 사회가 불안정할 수밖에 없다. 기득권층은 언제나 사회의 안정을 바라는데, 실은 기득권층 자신의 행위(토지 겸병)로 인해 사회가 불안정해지는 것이다.

신라 말기에 귀족들은 왕에게서 받거나 다른 사람에게서 사들이는 방식으로 대토지를 소유했다. 오늘날 세금 부과를 피하기 위해 다른 사람 명의를 이용하는 것처럼, 귀족들은 사원이 면세되는 것을 악용해 사원 명의로 토지를 사 모으기도 했다. 이렇게 해서 각 지방에서 대토지를 소유한 지방 호족들이 세력을 떨치게 되는데, 이들이 고려 건국에 단단히 한 몫을 했음은 앞서 본 바 있다.

새 나라가 들어서면 이전의 모든 토지 소유는 무효가 된다. 모든 토지는 원칙적으로 왕(국가)의 것이다. 이를테면 '토지 공개념'을 채택함으로써 토지를 새로 나누기 위한 예비 조치를 취하는 것이다. 신라 왕실은 신하들에게 토지를 완전히 떼어주는 형식으로 급료를 지급했다. 토지 소유자들은 토지 생산물만이 아니라 토지를 경작하는 농민들까지 소유했다. 그러나 고려는 토지의 소유권을 국가에 귀속시켰으므로 관리들에게는 농민들이 국가에 내는 세금을 수취할 수 있는 권리, 즉 수조권만을 지급했다. 따라서 토지는 원칙적으로 상속이나 매매가 불가능했다. 그러나 공신들이 기존에 소유하고 있던 토지는 몰수당하지 않았고 또 대대로 세습할 수 있었다. 이런 예외 조항이 있는 한 처음의 기세 좋았던 '토지 공개념'의 자세가 그대로 유지되기란 어려운 일이다.

그래도 개국 초기에는 새로운 토지 제도가 매끄럽게 기능한다. 공신이나 관리에게 나누어줄 토지가 철철 넘치기 때문이다. 하지만 신생국의 단계를 넘어 나라가 안정되면서 여기저기 문제점이 생겨나기 시작한다. 무엇보다 현직 관리들에게 직급에 따라 나누어주던 과전(科田)이 사실상 세습되기 시작한다. 규정에 따르면 관직에서 물러날 경우 과전을 반납하도록 되어 있으나 현실적으로는 그렇게 하는 관리도 없고 또 신분제가 엄격한 사회였기 때문에 정부가 반납을 무리하게 요구하기도 어렵다. 관리가 사망해도 그가 생전에 가지고 있었던 토지의 수조권이 국가로 반환되지 않으므로 갈수록 토지가 부족해진다. 게다가 귀족들과 사원들은 토지 겸병을 통해 마음껏 토지를 늘려나가니 가뜩이나 부족한 토지는 아예 바닥나고 만다. 급료를 주지 못해 관리를 새로 임용하는 것도 걱정되는 형편이다. 임시방편으로 같은 토지에 몇 개의 수조권을 중복해 설정하는 편법을 쓰지만, 그 토지를 경작하는 농민들은 이중, 삼중 과세로 죽을 맛이다. 고려 말기의 경제적 혼란은 여기서 비롯된다.

따라서 조선은 '토지 공개념'을 다시 한 번 선언할 수밖에 없었다. 모든 토지는 왕의 소유라는 왕토사상을 더욱 엄격하게 강조한 것이다. 조선의 건국 세력은 이 원칙에 따라 모든 토지를 몰수해 공전(公田, 공유지)으로 만든 다음 인구 비율에 따라 재분배할 계획을 세웠다. 반대 세력의 저항으로 철저히 시행되지는 못했지만,

조선 시대의 등기문서. 통일신라 시대에는 토지의 소유자가 그 토지에 속한 백성들도 소유하는 식이었다. 고려 때는 수조권만 인정하는 것으로 바뀌는데 아직은 과도기였고 관료사회인 조선에 들어서야 토지 소유는 완전히 수조권만으로 한정된다.

토지의 소유권과 수조권이 병존했던 고려와는 달리 조선에서는 수조권만 인정되었다. 그리고 사원전 등 각종 면세 혜택을 받았던 토지들을 모두 접수해 공전보다 사전(私田, 사유지)이 많았던 상태를 역전시켰다. 고려를 부정하고 출범한 조선이었기에 기존의 소유 관계도 상당 부분 부정할 수 있었다.

그러나 고려가 맞닥뜨렸던 문제는 이내 조선에서도 그대로 나타났다. 문제는 역시 과전이 세습되는 데 있었다. 과전은 급료라는 의미 이외에도 양반의 품위 유지비라는 의미가 있었다. 현직에

있던 관리가 직책에서 물러난 뒤에도 양반이라는 신분이 바뀌는 것은 아니므로(관직이 없는 양반은 한량관이라고 불렸는데, 여기서 요즘도 흔히 쓰는 한량이라는 말이 나왔다) 그때까지 소유했던 과전을 거의 그대로 소유했다. 조선에서도 공신전을 비롯한 일부 토지는 특례를 두어 세습이 허용되었는데, 이런 토지들과 더불어 과전이 계속 세습되는 탓에 토지는 갈수록 부족해지고 곳곳에서 대토지 소유가 늘어났다. 그토록 주의했음에도 불구하고 조선에서도 사전이 급격히 팽창해 아직 건국 초기인 3대왕 태종 때에 이미 토지 부족

현상이 생겼다. 말하자면 새로 임용하는 관리에게 줄 급료가 없는 것이다.

이 문제를 타개하기 위해 태종은 경기 지역에만 설정하던 과전을 남도 지역까지 확장했다. 그러나 이번에는 한양으로 오는 양곡이 부족해지는 바람에 국가 재정이 위태로워졌다. 그래서 다음 왕 세종은 다시 과전을 경기 지역으로 제한했다. 이렇게 개국 초부터 조선의 토지 정책은 갈팡질팡한다. 나중에 세조는 현직관리에게만 과전을 인정하는 방식(직전법)을 도입했지만 성종 때는 그럴 토지마저 부족해진다. 결국 임진왜란으로 모든 제도가 엉망이 된 것

을 계기로, 관리들에게 토지를 나누어주는 방식 자체를 포기하게 된다. 공공기관이나 군대의 운영비로 주어지는 토지를 제외하고는 관리들에게는 토지 대신 급료를 주는 방식으로 바꾼 것이다.

이로써 초기의 엄격했던 토지 정책을 국가가 포기한 셈인데, 이미 대토지를 소유하고 있던 상층 관료와 부호들은 그때를 노렸다는 듯이 일제히 토지 겸병에 나섰다. 조선 후기에 이르면 '토지 공개념'의 흔적은 어디에서도 찾아볼 수 없게 된다. 17세기 실학자들이 앞다투어 각종 토지 제도 개혁안을 내놓았지만, 이미 그 어느 것도 실행이 불가능한 상황이 되었다.

결국 '토지 공개념'은 왕조가 바뀔 때마다 처음에는 서슬 퍼렇게 외쳐대다가 다들 제 몫을 차지한 다음에는 슬그머니 사라지는 공염불이 되어버린 셈이다. 고려와 조선이 '토지 공개념'을 구현하는 데 실패한 이유는 수조권을 세습하도록 허용한 탓이었다. 대통령을 하다가도 그만두면 대통령 봉급을 받지 못하는 오늘날에는 납득하기 어려운 일이다. 신분제 사회였기에 그런 일이 가능했다. 그런데 당시에는 재산의 개념이 토지였지만, 오늘날에는 자본이 그 역할을 한다. 부정한 방식으로 축적된 재벌 자본도 버젓이 상속되고, 남의 명의로 돌려놓은 탈세액도 법적 근거가 없다는 이유로 환수하지 못하는 이 자본주의 시대에 과연 신분제 사회의 토지 세습을 탓할 수 있을까?

조선의 과전법은 고려의 전시과와 어떤 차이가 있을까?

과전법은 원래 고려 말에 생겨난 토지 제도였으나 조선 초기에 주로 시행되었으므로 조선의 토지 제도라고 할 수 있다. 전시과나 과전법이나 관료들에게 급료처럼 토지를 나누어준다는 점에서는 마찬가지다. 하지만 전시과는 사실상 토지의 소유권 자체를 준 것인 반면에 과전법은 수조권만을 부여한다는 중요한 차이가 있었다(토지의 소유권자는 왕, 즉 국가밖에 없었다). 전시과에서는 한 번 토지를 내주면 다시 국가에서 돌려받기 어려웠지만 과전법에서는 그렇지 않았다. 그렇다면 과전법은 전시과의 문제점을 해결할 수 있었을 텐데 왜 비슷한 폐해를 드러냈을까? 그 이유는 명분으로만 수조권이었을 뿐 사실상 소유권이나 다를 바 없었기 때문이다. 상징적으로는 모든 토지가 왕의 것이지만, 실제로는 그렇지 않았다. 관리였던 아버지가 죽었다고 해서 즉시 아들이 토지(수조권)를 반납하는 경우는 없었다. 더구나 공신전처럼 처음부터 면세된 토지도 있었으니 과전법은 그 이념 그대로 통용되기 어려웠다.

14세기의
'교과서 왜곡' 사건

선조 때에야 해결된 종계변무

　　중국 문헌만큼 사료로서 신뢰하기 어려운 것도 드물다. 이른바 '춘추필법' 때문인데, 이것은 대외관계 기록에서 중국에게 불리한 내용은 일방적으로 빼고, 유리한 내용은 온갖 미사여구를 동원해 치장하는 서술 방식이다. 일기를 그렇게 기록했다면 그것은 사실 왜곡이라 해도 개인의 자유가 되겠지만, 역사를 그렇게 기록했다면 문제가 된다. 중국과 한반도에 거의 동시에 신생국이 들어섰을 무렵, 조선과 명나라 사이에 그런 일이 있었다.

　　이성계가 위화도 회군으로 권력을 장악하자 심사가 뒤틀린 무리가 있었다. 이초와 윤이라는 자들이 그런 무리였다. 그들은 뜻을 같이하는 사람들을 모아 졸지에 실력자로 떠오른 이성계를 추락시키기 위해 대책을 강구했다. 그들이 생각해낸 대책은 명나라의 힘을 빌려 이성계를 제거하려는 음모였다. 당시 이성계는 위화도 회군으로 중국의 점수를 땄지만, 아직 전폭적인 지지를 받는 입장은 되지 못했다. 그런데 때마침 명에 사신으로 갔던 이성계 측의 조반이라는 자가 돌아와 그 정보를 이성계에게 알렸다. 분노한 이성계는 그 일당을 옥에 가두었는데, 이초와 윤이는 재빨리 중국으로 도망쳤다.

명나라에서 그들은 분풀이 삼아 이성계가 이인임의 아들이라고 무고했다. 이인임이 누군가? 이성계와 정도전에게 화해할 수 없는 적수인 고려 말의 친원파 권신이 아니던가? 터무니없는 말이었지만 조선과 이성계의 약점을 잡고자 했던 명나라는 사실 확인도 하지 않은 채 공식 문헌인《대명회전(大明會典)》에 그대로 기록해버렸다.

이성계, 아니 조선 왕실로서는 참을 수 없는 모욕이었다. 조선의 태조가 고려 간신 이인임의 아들이라니? 더구나 이인임은 성주 이씨고 이성계는 전주 이씨니까 그것은 조상에 대한 모독이기도 하다. 이 사실을 알게 된 이성계는 그 기록이 허위라고 중국에 통보했지만 명백한 증거에도 불구하고 명나라는 묵묵부답이었다. 오히려 명은《태조실록》에까지 태연히 그 사실을 기록해 이성계를 더욱 초조하게 만들었다(중국의 관점에서 볼 때 한반도의 역사는 중국의 지방사와 같았으므로 중국 공식 역사서에 한 항목으로 포함되는 게 관례였다). 조선은 다시 원망 섞인 변명을 해보았지만 아무 소용도 없었다.

사실 중국 측으로서도 명의 건국자인 주원장의 업적을 기록한 《태조실록》을 후손들이 감히 고치기는 어려웠다. 일기장도 아니고 공식 문헌에 허위 사실을 기재했음에도 불구하고, 중국에 사대하는 조선은 명이 알아서 고쳐주기 전까지는 그저 청원하고 또 청원하는 방법밖에 없었다. 하지만 이성계와 조선을 탐탁하게 여기지 않는 명나라는 좀처럼 고쳐주지 않았고 오히려 사사건건 트집을 잡는 데 써먹었다.

태조 이성계의 혈통이 잘못 기록된 데서 종계변무(宗系辨誣, 변명이라는 '변'자가 들어 있으니 항의가 아니라 변명이다)라는 이름이 붙게 된 이 문제가 해결을 보게 된 것은 그로부터 무려 200년 가까이 지난 1584년이었다. 조선의 14대왕 선조는 종계변무 주청사(奏請使)를 보내 마침내 조상들을 그토록 괴롭혔던 사건을 해결했다. 《태조실록》은 어쩔 수 없으니 그대로 두고 《대명회전》에서 드디어 사실을 바로잡은 것이다. 어찌나 이 문제에 골머리를 앓았던지 선조는 고쳤다는 말만 가지고는 완전히 마음을 놓을 수 없어 수정된 《대명회전》을 가져오라고 사신에게 명했다.

드디어 1588년 사신 유홍이 개정판 《대명회전》을 가지고 명의 사신과 함께 귀국했는데, 선조는 너무 기쁜 나머지 직접 모화관(慕華館, 중국 사신을 영접하던 곳)까지 나가 명의 사신을 맞아들였다. 사실 유홍은 때마침 그때 사신으로 파견된 것이므로 운이 좋았을 뿐이지만 그 덕분에 푸짐한 토지를 상으로 받았다. 선조는 개정판 《대명회전》을 가지고 종묘로 가서 종계의 개정을 조상들에게 보고하는 제사를 성대하게 지냈다.

그렇게 해서 개국 초부터 골칫거리이던 조선 왕계의 숙제는 해결되었다. 그러나 과연 조선 왕실이 중국 문헌의 왜곡된 기록을 고치기 위해 그토록 애를 써야 했을까?

'사대주의 원년'인 신라 진덕여왕 2년(648년) 이래 한반도의 모

영은문의 주초. 영은문은 중국 사신이 오면 맞이하던 모화관 앞에 세웠던 홍살문이다. 청일전쟁 후 1896년 모화관이 사대사상의 상징이라 하여 독립관이라 고쳐 부르는 한편, 영은문을 헐고 독립문을 세웠다.

든 왕조들은 중국에 대한 사대를 당연한 것으로 여겼으나 그 양태는 왕조마다 약간씩 달랐다. 신라시대에는 중국이 당시 전 세계를 통틀어 최강국이었던 당나라 시대였으므로 '큰 나라를 섬기는' 사대는 어쩔 수 없었다. 또한 고려시대에는 한족 왕조인 송의 힘은 미약했으나 그 대신 거란의 요와 여진의 금이 강성했으므로 '생존을 위해' 사대할 수밖에 없었다.

그러나 조선의 경우는 달랐다. 명나라는 태조 주원장과 3대 황제인 영락제가 지배한 15세기 중반을 고비로 일찌감치 쇠락의 길을 걷기 시작한 제국이었다. 특히 16세기에 들어서는 환관이 득세하고 고질적인 당쟁이 잇따른 데다 토지 정책의 실패로 내정이 극히 문란했다. 해적에 불과한 왜구마저도 제대로 제압하지 못해 일본의 무로마치 바쿠후 정권에 왜구의 근절을 부탁할 정도로 군사력도 보잘것없었다(16세기 말에 터진 임진왜란에서 명나라가 별로 큰 역할을 하지 못한 것도 그 때문이다).

그런데 조선은 신라나 고려와 달리 아예 처음부터 중국에 대한 사대를 공식 관계로 채택했다. 왜 그랬을까? 조선은 쿠데타로 생긴 왕조였으므로 왕조의 정통성에 문제가 있었다. 조선의 개국공신 세력은 이 문제점을 명나라의 승인을 얻는 것으로 해소하려 했고, 명은 오히려 그 점을 이용해 조선을 통제하려 했다. 그래서 조선은 명나라의 '힘'과 무관하게 사대해야 했으니 첫 단추부터 잘못 꿴 격이다. 굴욕적인 종계변무 사건은 그 점을 보여주는 작은 사례다.

요즘도 잊을 만하면 일본의 '역사 교과서 왜곡' 사건으로 전국에 반일 감정이 끓어오르는 것을 보면 당시 조선 왕실의 분위기가 어땠을지 이해할 수 있다. 그러나 대등한 관계에서 남의 나라 교과서에 실린 내용을 점잖게 '지적'하는 것과, 사대 관계에서 조심스럽게 사실 왜곡을 '변명'하는 것은 전혀 다른 문제다. 혹시 일본의 '교과서 왜곡'도 조선의 종계변무 사건처럼 세월이 한참 더 지나서야 해결되는 것은 아닐까? 그렇다면 그때 우리는 조선의 선조처럼 호들갑을 떨지 않고 당연한 일처럼 의연한 태도로 받아들일 수 있게 될까?

종계변무 문제가 해결되자 선조는 직접 모화관에까지 나가 돌아
오는 사신을 맞았다. 그때 선조의 기분은 어땠을까?

태조 이래 200년이나 끌던 문제였으니 선조로서는 당연히 기뻤
을 것이다. 그러나 선조의 그 기쁨만큼 그 사건을 되새기는 지금 우리의 마
음은 씁쓸하다. 《조선왕조실록》에 실린 당시 선조의 말을 보면 그 기쁨과
씁쓸함을 함께 느낄 수 있다. "경들의 힘을 입어 오늘날 이같이 기쁜 일이
있으니 무어라 표현할 수 없으며, 지금 유홍의 서장을 보니 황은(皇恩, 명나
라 황제의 은혜)의 망극함을 역시 무어라 표현할 수 없다. …… 수백 년 마음
아팠던 응어리가 깨끗이 씻기어, 조상으로 하여금 아버지가 없다가 아버지
가 있게 되었고, 임금이 없다가 임금이 있게 함으로써, 우리나라 수천 리가
비로소 나라답게 되었으니, 하늘에 계시는 조상의 영혼이 무어라 하시겠는
가. 내가 이제야 할 말이 있게 되었다."

말로 주고
되로 받기

조선의 공물 무역

　　조선 왕조의 대외 정책을 가리켜 흔히 사대교린(事大交隣)이라고 말한다. 강대국인 중국과는 사대 관계, 이웃인 일본이나 여진과는 교린, 즉 우호 관계를 맺었다는 뜻이다. 쉽게 비유하면 중국은 어버이처럼 모시고, 일본과 여진은 형제처럼 대우했다는 것인데, 과연 중국, 일본, 여진은 각각 조선에 대해 조선이 바라는 대로 해주었을까?

　　결론부터 말하면 조선은 사대교린에 걸맞게 행동했지만, 중국, 일본, 여진은 그렇게 하지 않았다. 무엇보다 무역 불균형이 심했다. 사적인 무역은 서로가 필요로 하는 물자를 비정규적으로 거래하는 식이니까 별 문제가 없었지만 국가 차원에서 하는 무역이 문제였다. 당시의 무역이란 주로 사신이 왕래하면서 물품을 교환하는 방식이었는데, 이것이 예상 외로 상당한 규모의 경제 교류였다.

예부터 중국은 중화사상의 관점에서 국제 관계를 보았기 때문에 오늘날과 같은 개념의 국제 무역을 인정하지 않았다. 사실 중화사상에 따르면 진정한 국가는 중국 하나뿐이었으므로 국가 간의 대등한 관계를 전제로 하는 '국제 관계'라는 말 자체가 용인되지 않았다. 중국이 볼 때 무역이란 곧 조공이었다. 이것을 가리켜 후대의 역사가들은 조공 무역이라는 말을 쓰지만 실은 무역이라고 하기 어려운 것이었다. 그나마 들끓는 왜구 때문에 명나라는 조공 무역마저 제한하기 위해 주변의 조공국들에게 일정량의 감합(勘合)을 발부했다. 감합이란 배 한 척마다 한 장씩 발부되는 무역 허가증(말하자면 요즘의 무역 쿼터와 같다)으로, 이것이 없으면 중국과 교역할 수 없었다. 감합 무역을 제외한 모든 무역은 공식적으로 허가하지 않았기 때문에 민간에서는 사무역, 즉 밀무역이 성행했다.

조선에서 중국에 정기적으로 사신을 보내는 경우는 명나라 황족의 생일(성절사, 천추사)과 연말연시(정조사, 동지사)였으며, 그밖에 필요에 따라 부정기적으로 임시 사절들을 보냈다. 상국으로 가는 사신은 공물을 가져다 바치고, 상국은 조공에 대한 보답으로 물품을 회사(回賜)했다. 그러므로 경제적인 측면만 고려한다면 조공하는 물품과 회사하는 물품 중 어느 쪽이 더 가치가 큰가 하는 것이 문제였다.

조공과 회사의 형식을 취한다면 주고받는 물품들은 선물처럼 성의를 표시하는 의미가 커야 할 것이다. 하지만 실제로는 그렇지 않고 아무래도 서로가 바라는 물품이 있게 마련이다. 조선에서 중국으로 가져가는 물품은 금과 은 같은 귀금속, 소나 말 같은 가축,

인삼, 모시, 베, 화문석, 호피, 자개 물건, 문방구, 해물, 과일 등 대단히 다양했지만, 중국에서 가장 환영하는 물품은 단연 금과 은이었다. 고려시대부터 중국은 금과 은을 정기적으로 공납할 것을 요구했는데, 이것은 선물이 아니라 아예 돈을 바치라는 것이나 다름없었다. 더욱이 한반도에는 금과 은의 산출량이 많지 않아 조공 때가 되면 무척 애를 먹어야 했다. 그래도 조선은 얼마 되지 않는 금광의 채광에 박차를 가하고 민간 수요를 금지하는 등의 출혈을 감수하면서도 정성을 다해 조공물을 장만했다.

중국은 때때로 환관과 처녀도 요구했는데, 이것도 큰 골칫거리였다. 환관을 보내면 나중에 그들이 명나라 사절이라는 신분으로 고향에 돌아와 위세를 부리면서 조선에 있는 자기 일가붙이들을 관직에 등용시키라고 으름장을 놓는 경우도 많았다. 또 처녀를 조공하라는 요구가 있을 때는 전국에 금혼령(혼인을 금지하는 명령)을 내리고 처녀를 선발했으므로 민간에서는 그럴 때마다 재빨리 딸들을 혼인시키느라 법석을 떨어야 했다. 마치 일제 강점기에 일본

17세기 작품인 '명나라로 가는 바닷길(航海朝天圖)'. 조선은 중국이 요구하던 금과 은, 처녀의 조공 문제로 골머리를 앓던 중 세종 때에 이르러 금과 은은 다른 특산물로 대체하고 처녀 조공은 폐지하는 성과를 거둔다.

군부가 조선에서 위안부를 모집할 때의 상황과 비슷했다.

　조선의 애를 먹였던 금과 은, 처녀의 조공 문제를 해결한 사람은 세종이다. 그는 금과 은의 산출량이 부족하다는 점과 처녀를 조공하는 데 따르는 어려움을 명에게 거듭 호소해 마침내 금과 은은 다른 특산물로 보충하고 처녀 조공은 폐지하라는 승낙을 얻어 냈다. 세종은 한글 창제만이 아니라 불공정 무역을 시정한 업적으로도 뛰어난 임금이었다.

　이렇게 구색을 맞춰 정성껏 공물을 보내면 중국에서는 무엇으로 회사했을까? 일단 물품 목록으로 보면 비단, 약재, 서적, 문방구, 도자기 등으로 조선에서 보내는 물건과 크게 다를 게 없었는데, 문제는 양이 적다는 것이었다. 조선으로서는 금과 은까지 보내면서 받는 물건은 지나치게 약소해 무역 역조가 완연했다. 다만 한 가지 위안이 있다면, 서적과 문헌을 가져와 중국의 선진 문물을 수입하는 효과뿐이었다. 서로 간에 중복되는 일반적인 물품들을 공제한다면 결국 조선은 돈(금과 은)을 주고 책을 사온 셈이다.

　지금으로 말하면 선진국과의 무역이니 후진국으로서는 역조 현상을 당연하게 받아들일 수도 있을 것이다. 하지만 그렇다면 어디선가 그것을 보충해야 종합적으로 무역수지를 맞출 수 있다. 조선은 과연 사대 관계에서 손해본 것을 교린 관계에서 보충할 수 있었을까?

　불행히도 그렇지 못했다. 고려 말부터 한반도 해안 주민들을 공포에 떨게 만들었던 해적 왜구들은 조선이 건국되고 나서도 최대의 골칫거리였다. 일찍이 왜구 토벌로 이름이 높았던 태조 이성계가 직접 나서서 일본 정부(무로마치 바쿠후)에 왜구를 다스려달라고 요청하기도 했고, 세종은 왜구의 본거지인 쓰시마를 정벌하기도 했지만, 왜구는 경제적인 문제 때문에 해적질을 일삼는 것이므로 좀처럼 근절되지 않았다. 따라서 조선은 회유책을 쓰기로 결정하고, 3포(오늘날의 부산, 진해, 울산)를 개항해 왜구에게 노략질이 아닌 정식 무역을 하도록 유도했다. 이렇게 해서 일본과의 무역이 시작되었는데, 여기서 조선은 중국 – 조선 간의 무역 방식을 모방했다. 3포에 왜선이 들어오면 우선 진상물을 바치게 하고, 그에 대한 보답으로 회사품을 주는 것이다.

그런데 무역 이전에 조선은 먼저 손해부터 보고 들어갔다. 한 해에 수천 명씩 왜인들이 와서 수개월씩 머물고 가는데, 이들을 먹이고 재우는 데만도 한 해 쌀 1만 석 이상이 소요되었다. 반면 조선에서 일본으로 가는 사절들은 회수로 보나 물량으로 보나 그와 비교도 되지 않았다. 일본에서 조선으로 오는 물품으로는 구리, 유황, 백반, 감초, 물소뿔 등이었고, 회사품은 면포와 쌀, 서적, 베, 모시, 인삼 등이었다. 애초에 이익을 남기려는 게 아니라 회유책으로 할 수 없이 허락한 무역이었으니 여기서도 역시 무역 역조가 심했다.

여진과의 관계도 일본과 비슷했다. 조선 정부는 함경도 경성과 경원에 무역소를 두어 여진에게서 말, 해동청, 산삼, 모피 등을 받고는 면포, 베, 모시, 콩, 소금, 농기구, 문방구 등을 주었다. 때로는 토지나 가옥, 노비까지 주기도 했다. 이들 역시 조선의 북변을 자주 침탈한 탓으로 조선에서는 회유책의 일환으로 상대한 것이었으므로 무역 수지 균형을 기대할 수는 없었다.

대차대조표는 보지 않아도 뻔하다. 중국에게는 정치적으로 종속되기 위해 비용을 지불했고, 일본과 여진에게는 정치적으로 종속시키기 위해 비용을 지불했다. 그러나 중국에게는 비용을 들인 만큼 정치적으로 종속될 수 있었지만 일본과 여진에 대해서는 바라던 효과를 전혀 얻지 못했다. 중국에게는 자발적으로 사대하고, 일본, 여진에게는 할 수 없이 교린하는 것이니, 모든 게 울며 겨자먹기일 수밖에 없었다. 사대교린 관계를 유지하는 비용은 결국 백성들이 부담해야 했다. 한편으로는 중국에 바칠 공물을 충당하고, 다른 한편으로는 일본과 여진에게 노략질을 당하고, 결국 사대교린 무역에서 죽어나는 것은 백성들뿐이었다.

한국사 질문하는 시간 고려 말, 조선 초에 걸쳐 왜구들은 한반도는 물론 중국 연해까지 수시로 침범하며 노략질을 일삼았다. 이 무렵 왜구가 특히 늘어난 이유는 뭘까?

왜구의 활동은 삼국시대부터 있었지만 고려 말, 조선 초에 특히 극심했다. 14세기 일본은 두 명의 천황이 대립하는 60년간의 남북조 시대를 겪었으며, 15세기에는 전국(戰國)시대로 알려진 내전기에 접어들었다. 내부 혼란으로 중앙 정부의 통제력이 약화되면서 왜구들은 더욱 기승을 부렸다. 이 무렵에는 일본 서부 해안 지역 주민들의 상당수가 왜구로 변해 중국과 한반도의 해안 지대를 수시로 침탈했다. 심지어 중국인들까지 왜구에 가담해 해적질을 하는 경우도 있었다. 중앙 정계에 발을 못 붙인 지식인 계층, 지방의 유력 호족 세력 등이 무역을 구실로 왜구의 수령 노릇을 한 것이다. 중국 연해 지역의 빈민들과 밀무역 집단이 왜구를 가장해 노략질을 하는 경우도 비일비재했다. 오랫동안 중국과 국교를 끊고 있던 일본에게 명나라가 조공 무역을 허락한 것도 실은 왜구의 침탈 때문이었다. 명나라는 무로마치 바쿠후에 왜구를 근절하는 조건으로 조공 무역을 허락했다.

한글이
한글이라는 이름을 얻기까지

한글의 역사

　　지금도 완전한 한글 전용이 이루어지지는 않았지만, 한글이 처음 반포될 때는 그 이름부터 한글이 아니었다. 세종은 훈민정음(訓民正音, '백성들을 가르치기 위한 바른 소리')이라는 한자 이름으로 한글을 반포했다. 하긴 맨 처음 만들어진 자는 자로 재서 만든 게 아니듯이, 갓 만든 글을 가지고 그 글의 이름을 붙일 순 없었을 것이다.

　　하지만 어느 정도 시일이 지나면 제 이름을 가지는 게 당연한 일인데, 한글은 그렇지 못했다. 여기에는 이유가 있다. 한글은 산고 끝에 태어났음에도 얼마 안 가 부모에게서 버림받는 아이와 같은 처지가 되어버렸기 때문이다.

　　일단 새로운 문자를 만들었으면 어떻게든 써먹어야 글이 살 수 있을 것이다. 한글을 제정한 세종 때는 《월인천강지곡(月印千江之

曲)》이나 《두시언해(杜詩諺解)》처럼 주로 시와 노래를 짓고, 한문으로 된 시와 노래를 번역하는 데 사용했다. 그래도 여기까지는 한글을 사용하고자 하는 의욕이 넘쳤는데, 세조 때 한글의 운명은 천덕꾸러기로 전락한다. 그것도 세조의 의도와 무관하게.

세조는 조카인 단종의 왕위를 찬탈하고 즉위했으므로 단종의 복위를 둘러싸고 유명한 사육신 사건이 일어났다. 사육신 가운데 성삼문, 박팽년, 이개 세 사람이 훈민정음 제정에 기여한 학자들이었다. 신숙주, 정인지 등 훈민정음에 관계했던 나머지 학자들은 모두 세조의 편이 되었지만, 동료들이 죽고 비겁하게 살아남은 마당에 훈민정음을 되살리는 데 주력할 처지가 아니었다. 그래서 애써 만든 훈민정음은 사장될 운명에 처하게 되었는데, 이때 세조가 훈민정음을 부활시킬 방안을 강구했다. 그는 간경도감(刊經都監)이라는 관청을 설치하고 불경을 한글로 번역해서 간행했다. 하지만 그것은 의도하지 않은 실수였다. 개국 이래 숭유억불을 철칙으로 하던 조선의 국가 이념에 배치된 것이다. 세종 때부터 한글의 제정과 사용에 반대하던 골수 사대주의 유학자들은 불경을 번역하는 것이 숭불 행위라고 반대하고 나섰다. 결국 얼마 뒤인 성종 때 간경도감이 폐지되었고 한글은 또 버린 자식이 되어버렸다.

더욱이 연산군의 치세에 갑자사화로 학자들이 떼죽음을 당하는 와중에 한글은 법으로 금지되기에 이르렀다. 연산군은 한글을 사용하는 사람을 밀고하라는 명령을 내렸으며, 한글로 된 서적을 가지고 있으면 모두 불태워버리게 했다. 이 법령은 2년 만에 폐지되었으나 아직 충분히 성장하지도 못한 한글이 입은 상처는 매우 컸다.

19세기의 한글 목활자. 한글의 이름이 '언문(속된 말, 상스러운 말)'에서 국문으로 바뀐 것은 1894년 갑오개혁에 이르러서다.

이런 상황에서 한글이 제 이름을 찾기란 어려운 일이다. 그렇다고 거의 창제 당시의 한글만을 가리키는 '고유명사' 훈민정음이라는 말을 계속 쓸 수도 없는 일이다. 그래서 이후 한글은 《세종실록》에 '諺文二十八字'라는 구절이 나오는 데서 비롯된 언문(諺文)이라는 한자 이름으로 불리게 된다. '언문'을 만들어 비로소 '언문일치(言文一致)'를 하게 되었지만, 언문의 언(諺)자는 '속된 말, 상스런 말'이라는 뜻이므로 한글은 처음부터 대단히 모욕적인 이름을 지니게 된 셈이다. 그럼에도 언문이라는 좋지 않은 뜻의 이름은 근세까지 꽤 오랫동안 쓰였다.

한편 한글 발전에 특히 공로가 컸던 16세기의 어학자 최세진은 《훈몽자회(訓蒙字會)》에서 '반절(反切)'이라는 이름을 썼는데, 실은 이것도 언문 못지않게 치욕적인 이름이다. 반절에서 '反'이란 '半'을 가리키므로 절반이라는 뜻이다. 예를 들어 "동(東)의 음은 덕홍절(德紅切)"이라고 하는데, '덕'의 초성 'ㄷ'을 따고, '홍'의 중성과 종성인 'ㅗㅇ'을 따서 '동' 자의 음을 표기한다는 뜻이다. 이는 한자음을 두 글자로 나누어 표기해왔던 오랜 관습에 따른 것이다. 최세진은 그럴 의도가 전혀 아니었겠지만, 한글이 그렇게 순전히 표기 방식에 따른 이름으로 불린다면 체면이 말이 아니다.

다행히 1894년 갑오개혁 때 한글의 이름은 언문에서 국문으로 바뀌었다. 이렇게 해서 한글은 '상스런 말'에서는 탈피하게 되었지만, 국문도 '한 나라의 글'이라는 뜻일 뿐 이름다운 이름의 맛은 없다. 여기서 비롯되어 아직도 '국어'라는 과목 이름을 쓰지만, 그것도 마찬가지다. 왜 한글이라는 이름이 있는데 국어라는 어색한 이름을 쓸까? 영국에서도 영어는 그냥 영어(English)일 뿐 국어(native language)라고 부르지는 않는다. 굳이 국어라는 말을 쓴다면 '한국어'라 불러야 마땅할 것이다. 물론 그것보다는 한글이라는 이름이 더 사랑스럽겠지만.

한글이라는 이름을 처음으로 쓴 사람은 한글 문법과 맞춤법 연구에 일생을 바친 한글학자 주시경(1876~1914)이라고 알려져 있다. 한글이 한글이라는 한글 이름을 얻기까지는 무려 500년가량이 걸린 셈이다. 물론 한문중독증에 걸린 사대주의 유학자들이 아니었다면 그 세월은 훨씬 단축되었을 것이다. 다른 한편으로, 사대주의에서 자유로웠던 여성들은 일찍부터 한글을 사용하여 많은 문학 작품들을 남겼는데, 그나마 이들이 아니었더라면 초기 한글의 용례는 거의 없었을 것이다.

훈민정음이 처음 반포될 당시의 한글은 지금 우리가 쓰는 한글과
어떻게 달랐을까?

　　세계 역사를 통틀어 보아도 한 개인이나 특정 집단이 한 민족의
문자를 만든 경우는 거의 없다. 문자란 오랜 세월에 걸쳐 자연스럽게 형성
되는 것이기 때문이다. 그런 점에서 한글은 세계사적으로 희귀한 문자에 속
한다. 처음 반포될 당시 한글은 자음 17자, 모음 11자 합쳐서 28개의 기본
자모로 되어 있었으나 오늘날에는 자음 세 개와 모음 한 개가 없어져 24개
의 자모를 쓴다. 언어학적으로 볼 때도 한글은 세계의 많은 문자들 중 가장
다양한 발음을 표기할 수 있는 문자로 손꼽히고 있다.

발명을 해도
써먹지 못하면

인쇄술과 화약의 비운

고려와 조선의 관리 임용제도였던 과거 시험은 문과 위주였다. 군인을 뽑는 무과는 문과에 비해 비중이 크게 낮았고, 심지어 기술자를 뽑는 시험은 잡과로 분류되어 경시되었다. 그래서인지 우리 역사에서는 과학의 흔적을 별로 찾아볼 수 없다.

하지만 우리 민족이 원래부터 과학에 약했던 것은 아니다. 근대까지 기술 과학의 발달 수준을 나타내는 표준과도 같았던 대표적인 정밀 기계인 시계를 보아도 알 수 있다. 조선은 전형적인 농업사회였으나 지금 1만 원짜리 지폐의 뒷면을 장식하고 있는 정교한 물시계인 자격루(自擊漏)를 발명했다. 또한 당시 중국에도 없었던 독창적인 해시계 앙부일구(仰釜日晷)도 사용했다. 더욱이 세종 때 발명된 측우기는 1639년 이탈리아에서 발명한 것보다 무려 200년이나 앞선 세계 최초의 장치다.

그런데 아무리 새로운 발명품을 만들었다 해도 이후에 사용하지도 않고 관리도 제대로 하지 못한다면 그 빛이 바래게 마련이다. 대표적인 것이 인쇄술이다. 삼국시대에 고구려, 백제, 신라가 모두 공식 역사서를 편찬하고 간행한 기록이 있는 것을 보면 목판 인쇄술은 일찍이 삼국시대부터 시작된 것으로 추측된다. 8세기 초에 간행된 《무구정광대다라니경(無垢淨光大陀羅尼經)》은 현존하는 세계 최초의 목판 인쇄물이다. 두루마리로 된 이 인쇄물에는 당나라의 측천무후가 지배했던 시대(690~705)에만 만들어 썼던 고

통일신라 시대(8세기)의 《무구정광대다라니경》 목판본. 현존하는 세계 최초의 목판 인쇄물이다.

유한 한자들이 나와 있어 제작된 시대를 추측할 수 있었다.

고려시대에는 금속 활자를 만들었는데, 이것도 세계 최초다. 1234년에는 금속 활자로 《고금상정예문(古今詳定禮文)》을 28부 발행했다는 기록이 《동국이상국집》에 나온다. 《고금상정예문》은 지금 전해지지 않아 '물증'이 되지는 못하지만, 1377년 금속 활자로 인쇄한 《직지심경(直指心經)》은 프랑스 국립도서관에 보관되어 있으니 확실한 증거다. 이것만 해도 서양에서 금속 활자를 최초로 만들었다는 독일의 구텐베르크보다 80년이 앞선다. 조선에서는 이미 활자체에까지 관심을 두고 여러 글씨체를 이용하여 인쇄하는 솜씨를 보이고 있었다.

동양에서 일찍부터 금속활자를 만들어 썼다는 것은 목판인쇄술과 또 다른 의미를 가진다. 한자 문화권인 동양에서는 사실 활자를 이용한 활판인쇄술보다 책의 한 쪽 전체를 판각하는 목판인쇄술이 훨씬 더 유리하다. 알파벳처럼 수십 개의 기호를 사용한다면 활자의 용도가 크지만, 한자는 수천 개의 글자를 사용하므로 일일이 활자로 만들어 쓰는 게 불편하다. 그럼에도 불구하고 목판인쇄술만이 아니라 활자를 이용한 인쇄술도 서양보다 동양에서 먼저 사용했다는 것은 과거에 두 문명의 수준 차이를 확연히 보여준다.

하지만 누가 먼저 인쇄술을 발명했느냐는 것은 발명자의 개인적인 명예를 논외로 한다면 실제로는 그다지 중요한 일이 아니다. 중요한 점은 그 인쇄술을 이용해 무엇을 했느냐는 것이다. 즉 인쇄술의 발명보다 중요한 것은 용도와 쓰임새이며, 그것이 사회 발전에 어떻게 기여했느냐는 점이다.

인쇄술이란 본질적으로 많은 사람들에게 책을 공급하려는 목적에서 생겨난 기술이다. 한두 사람에게 필요한 책이라면 필사본으로도 얼마든지 가능하다. 적어도 수십, 수백 명에게 똑같은 책을 공급할 수 있어야 인쇄술은 제 기능을 하는 것이다. 서양에서는 구텐베르크가 금속활자 인쇄술을 발명하자마자 50년도 채 못되어 유럽 전역에 수백 군데의 인쇄소 겸 출판사들이 생겨났고 서적의 대량 출판이 이루어졌다. 때마침 유럽은 종교개혁의 와중에 있었으므로 성서 출판이 성행했는데, 이것이 종교개혁의 물결을 더욱 널리 퍼지게 하는 데 결정적으로 기여했다. 이렇게 인쇄술은 소수의 지배층과 지식인이 독점했던 지식을 사회의 각계각층에 골고루 퍼지도록 하는 기술이다.

세계 최초의 목판인쇄술과 금속 활자를 이용한 인쇄술이 불경이나 경전, 법률서, 역사서 외에도 일반 백성의 생활과도 관련 있는 것들이 많았다면 인쇄술은 더욱 비약적으로 발전했을 것이다. 또한 지식과 정보가 민간에 널리 보급됨으로써 사회와 역사의 진보에 크게 기여했을 것이다. 그러나 우리의 인쇄술과 활자는 그렇게 사용되지 못했다. 왕조 사회에서 인쇄술은 그저 국가가 보관하기 위한 문서와 문헌을 인쇄하는 데 그쳤다. 세종 때 간행된 《향약집성방(鄕藥集成方)》이나 《농사직설(農事直說)》 같은 실용 서적 이외에 더 심원한 지식을 담은 문헌은 인쇄되었어도 민간에 대량 보급되지 못했다. 결국 우리의 앞선 인쇄술은 지배층이 지식을 독점하고 전승하는 데만 사용되었던 것이다.

그런 점에서 화약의 경우는 더 큰 아쉬움을 남긴다. 화약은 고려 말 최무선이 발명했는데, 세계 최초는 아니고 두 번째였다. 중국의 송나라와 원나라에서는 그 전부터 화약을 만들어 전투에 이용했지만, 중국은 화약 제조 비법을 극비 보안사항으로 취급하고 고려에 가르쳐주지 않았다. 할 수 없이 최무선은 중국인이 고려에 올 때마다 조금씩 묻고 나름대로 궁리하기도 하면서 마침내 혼자 힘으로 화약을 만들어냈다. 일단 화약을 만들고 나면 이용하는 방법은 여러 가지다. 최무선은 조정에 건의해 화통도감(火筒都監)이라는 기구를 설치하고, 여기서 화약을 이용한 각종 신무기를 제작했다. 이 무기들이 이성계의 왜구 토벌에 큰 도움이 되었으므로, 이성계가 조선을 건국하는 데는 화약도 중요한 역할을 한 셈이다.

그런데 고려 때부터 자체적으로 화약을 만들었던 나라가 왜 16세기 말의 임진왜란에서는 왜군의 조총 앞에 힘없이 무너졌을까? 이

천자총통(왼쪽)과 동몽선습을 찍은 목판. 세계에서 두 번째로 화약을 발명하고 최초로 금속 활자를 만든 우리 민족이지만 애써 만든 발명품을 더욱 개선하여 민족 전체에 도움이 되는 방향으로 사용하지는 못했다.

것도 역시 발명의 문제가 아니라 사용의 문제다. 화통도감은 설치된 지 10년 만에 폐지되고 말았다. 조선시대에 들어서도 화약은 전혀 중요하게 간주되지 않았다. 그 이유는 유학을 바탕으로 하는 문치주의가 확고히 뿌리를 내렸을뿐더러, 조선은 외교권과 군사권을 처음부터 명나라에 맡기고 출범한 나라였기 때문이다(오늘날 한국이 미국의 핵우산 밑에 있듯이 조선은 중국의 보호망 아래에 있었다). 중국을 천하의 주인으로 섬기며 안주한 조선으로서는 굳이 별도의 방어 수단을 개발할 필요가 없었다. 그 반면 중국 중심의 국제 관계를 인정하지 않았던 일본은 16세기 중반에 포르투갈 상인들에게서 총포와 화약을 받아들여 조선만이 아니라 중국에 대해서도 화력의 우위를 점했으며, 실제로 불과 수십 년 만에 그 신무기를 실전에 써먹었다. 그게 하필 침략 전쟁이었다는 점이 안타깝지만.

인쇄술이든 화약이든 먼저 발명했다는 개인의 명예가 민족의 명예를 지키는 데 사용될 수 있었다면 얼마나 좋았을까? 발명은 개인이 하는 것이지만 그 귀중한 발명을 더욱 확장하고 연구를 거듭하여 민족 전체에게 도움이 되는 방향으로 사용하는 것은 사회

전체의 몫이다. 인쇄술을 발명해 실생활에 필요한 각종 서적을 대량으로 간행하고, 백성들의 문맹을 해소하고, 화약을 발명해 외적을 물리치는 데 요긴하게 사용했다면, 발명자 개인의 과학적 창의성은 민족 전체로 확산되고 더욱 꽃피울 수 있었을 것이다.

한국사 질문하는 시간

세계 최초의 금속활자본으로 명성을 누리고 있는 《직지심경》은 어떤 책이었을까?

《직지심경》은 제목에서 알 수 있듯이 불교 서적으로 1377년에 흥덕사에서 처음 간행되었다. 활자의 모양과 크기가 고르지 않고 인쇄도 조잡한 편이지만, 관청이 아닌 지방 사찰에서 금속활자본을 찍어낼 정도였다면, 고려 말 당시에는 금속활자가 꽤 널리 사용되었을 것이라고 추측할 수 있다. 현재 이 책은 프랑스 국립도서관에 있다. 우리의 중요한 문화재이므로 장기적으로는 반환되어야 하겠지만, 약탈된 물건이 아니라 19세기 말 초대 프랑스 공사인 플랑시가 서울의 서점에서 직접 구입해 가져간 것이므로 무조건 반환을 요구할 게 아니라 우리가 구입해야 할 물건이다. 그 구입 대금은 선조들이 남긴 유물을 제대로 관리하지 못한 데 대한 벌금이라고 여겨야 할 것이다.

대리전으로 전개된
임진왜란

한반도에서 부딪친 중국과 일본

 아직 우리 헌법에서는 북한을 국가로 인정하지 않고 있다. 공식적으로 북한은 장차 수복해야 할 우리나라 영토의 일부이며 북한의 정권은 우리 영토를 불법적으로 강점하고 있는 '집단'에 불과하다. 그러나 누구나 알고 있듯이 현실적으로는 그렇지 않다. 사실 한반도 군사 협상의 두 주체가 북한과 미국이라는 점을 고려하면 남한과 북한 중 어디가 국가이고 어디가 집단인지 모를 일이다. 이런 사태의 원인이 된 한국전쟁의 정전 협상에서도 협상 주체는 북한과 UN(사실상 미국)이었고 오히려 남한 당국은 협상 테이블에도 끼지 못했다.

공교롭게도 한국전쟁과 더불어 우리 역사상 민족 최대의 수난이자 비극인 임진왜란 때의 '정전 협상'에서도 바로 그런 상황이 벌어졌다. 여기서도 역시 전쟁은 우리 땅에서 벌어졌으면서도 막상 협상 과정에는 우리가 참여하지 못했다.

16세기 말 일본의 전국시대를 통일한 도요토미 히데요시(1536~1598)의 앞에는 커다란 숙제가 있었다. 100년이 넘는 오랜 내전 기간 동안 봉건 영주들의 무력이 크게 증가한 것이다. 전란이 끝나 할 일이 없어진 사무라이들의 불만을 해소하려면 그 군사력을 대외로 방출해야 했다. 그 시도가 성공한다면 해외 영토가 생길 테니 일석이조다. 이런 목적에서 그는 대륙 침략을 꿈꾸었다(여기에는 총기와 화약을 공급하는 상인층의 부추김도 한 몫 했다).

중국의 명나라를 치려면 반드시 거쳐야 하는 곳이 바로 조선이다. 도요토미는 침략의 의도를 숨기고 쓰시마의 지배자를 대변인으로 삼아 조선에게 사신을 보내라는 뜻을 전했다. 조선은 콧방귀를 뀌며 몇 차례 거절했으나, 일본의 의도가 조선과 동맹을 맺고 함께 중국을 치자는 것임을 깨닫고 혼비백산했다. 오랑캐들이 감히 중국을 치려 하다니?

그들이 내비치는 침략의 의도에 긴장하지 않을 수 없는 조선 정부는 일단 그들의 요구대로 통신사를 일본에 보냈다. 이때 통신사로 간 정사와 부사 사이에 의견이 엇갈려 일본의 진의조차 제대로 파악하지 못했던 것은 잘 알려진 이야기다. 침략의 의도가 있다고 본 정사 황윤길은 서인이고, 그렇지 않다고 본 부사 김성일은 동인이었다. 조선의 조정이 동인과 서인으로 갈려 치열한 당쟁을 일삼는 가운데 동인 세력이 우세하던 무렵이었으므로 김성일의 의견이 접수되었다.

어차피 조선이 일본의 뜻에 따르지 않는다면 조선부터 정복할 작정이었던 도요토미는 드디어 1592년 20만 대군을 편성해 조선

동래부순절도(東萊府殉節圖). 화가 변박이 1760년에 그린 동래부 전투 기록화. 전쟁 발발 후 두 번째 싸움인 이 동래부 전투에서 동래부사 송상현이 순절했다.

을 침략했다. 당시 조선은 국방 정책이라고 해야 임시 기구였던 비변사(備邊司)를 상설화한 데 불과했다. 그 정도로는 장기간의 내전으로 전투 경험이 풍부한 일본군의 상대가 될 수 없었다. 한반도에 상륙한 일본군은 파죽지세로 한양을 향해 진군했다. 충주 탄금대에서 믿었던 신립의 군대가 무너지자 조선의 왕 선조는 대뜸 줄행랑을 놓을 차비를 했다(국란을 맞아 지배자가 먼저 내빼는 이 장면은 수백 년 뒤 한국전쟁에서 개전 사흘 만에 미아리 고개로 북한군이 쳐들어오자, 서울을 사수하겠다던 국민과의 약속을 내팽개치고 새벽 3시에 한강 인도교를 폭파하고 수원으로 도망친 이승만 대통령에게서 다시 반복된다).

선조는 신하들도 모르게 세자를 데리고 돈의문(서대문)으로 달아나 평양으로 갔지만, 이내 사실이 알려져 후대의 이승만처럼 숱한 비난을 받았다(실은 왕국의 왕이었던 선조보다 공화국 시대의 대통령인 이승만이 더 욕을 먹어야 마땅하다). 용케도 알아챈 백성들은 왕의 행렬을 가로막고 직접 욕을 퍼붓기도 했다. 고니시 유키나가가 이 끄는 일본군이 서울을 손쉽게 접수하고 평양까지 진격하자 선조는 다시 명나라 국경과 가장 가까운 의주로 달아났다.

이때 고대하던 이여송의 명나라 구원군이 와서 평양을 수복했다. 이여송은 조선에서 명나라로 이주한 군벌 이성량의 아들이었으므로 핏줄로 보면 조선인이고 주로 만주 지역을 관장하고 있었다. 그렇게 보면 명나라는 지방군을 동원하여 조선을 구하려 한 것이나 다름없다. 하지만 그것은 일본의 힘을 제대로 알지 못한 대처였다. 당시 명나라 황실도 조선 왕실처럼 극심한 당쟁에 휘말려 있었으므로 사태를 제대로 파악할 여유와 안목이 없었다.

이여송의 부대도 이내 서울 수복 직전에 벽제에서 일본군에게 크게 패하고 주춤거렸다. 그러나 조선 8도 전체가 일본군의 수중에 떨어질 즈음 하늘에서 내려준 구세주가 등장한다. 미리 전쟁이 있을 것을 예측하고, 군사를 조련하고 군선을 만들어두었던 이순

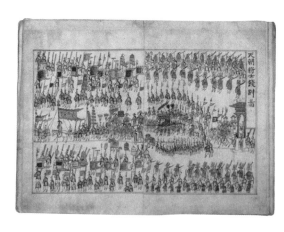

원군으로 왔던 명나라 군대가 철수할 때 베푼 연회의 모습을 담은 그림. 조선은 나라 전체가 쑥대밭이 된 이 전쟁의 휴전협상에서 당사자가 되지 못하는 굴욕을 겪었다.

신이다. 첫 싸움인 옥포해전에서 승리한 뒤 이순신은 전쟁 전체에
걸쳐 단 한 번의 패배도 없이 일본군에게 완봉승을 거두었다. 그
가 옥포, 사천, 한산, 부산포 등에서 벌어진 네 차례의 해전에서 모
조리 대승을 거두자 일본 육군도 보급로가 사라져 더 이상 진군하
지 못했다. 이것을 계기로 각지에서 의병들이 승전보를 전하기 시
작했다. 이때에야 비로소 전세는 호각을 이루게 된다.

  서로의 세력이 비등한 채 전쟁이 지속되면 결국 휴전 협상의 분
위기로 가게 마련이다. 전쟁 초부터 조선이 입은 피해는 아랑곳하
지 않은 채 오로지 전쟁을 귀찮게만 여기고 화의를 모색했던 명나
라는 전선이 고착되자 적극적으로 휴전 협상에 나섰다. 한편 이순
신과 의병 활동으로 세가 위축된 일본군도 남하해 지금의 창원 부
근에 진주하면서 휴전에 응할 뜻을 비쳤다.

  여기까지의 드라마만 해도 누구나 한국전쟁의 진행 과정과 너
무나 비슷하다고 느낄 것이다. 그런데 휴전 협상 테이블은 더욱
그렇다. 한국전쟁에서처럼 조선 측은 협상 테이블에 끼지 못했다.
협상 당사자는 명에서 파견된 사신 심유경과 도요토미 히데요시
다. 조선의 외교권과 군사권이 중국에 있었음을 분명히 보여주는
장면이다.

  도요토미는 심유경에게 명나라의 황녀를 일본왕의 후궁으로 줄
것, 무역을 재개할 것, 조선 8도 중 4도를 할양할 것, 조선의 왕자
와 신하들을 인질로 보낼 것 등을 요구했다. '신탁통치'도 아닌 상
황에서 조선의 국토 절반을 직접 요구하는데도 막상 조선은 협상
담당자가 아니니까 발언권이 없었다. 결국 조선은 일본과 명나라
가 서로의 힘을 시험가동하기 위한 전쟁터만 제공한 셈이다. 마치

한국전쟁을 통해 서구 세계와 사회주의 세계가 한반도에서 서로의 힘을 시험했듯이.

터무니없는 것은 심유경의 행동이다. 그는 도요토미의 무리한 요구를 본국이 받아들이지 않을 것으로 미리 짐작하고 허위 보고서를 꾸몄다. 도요토미의 요구도 황당했지만 심유경의 허위 보고서는 더욱 황당한 내용이었다. 그가 작성한 보고서에는 일본 측의 요구 조건이, 일본왕을 명나라가 책봉하고 일본이 명나라에게 조공을 바치도록 허락해달라는 것으로 바뀌었다. 누가 봐도 말이 되지 않는 내용이었지만, 중화사상에 물든 데다 당쟁에 정신이 없는 명나라 조정에서는 허위 여부조차 판별할 능력이 없었다. 그래서 명은 그 허위 요청을 허가하고 도요토미에게 그 사실을 전달했는데, 애초에 요구하지도 않았던 사항을 허락한다는 말에 도요토미는 기가 막힐 수밖에 없었다. 화가 잔뜩 난 도요토미는 다시 군사를 일으켜 조선을 침공했는데, 이것이 제2차 전쟁인 정유재란이다.

'대리전'의 피해는 고스란히 조선 백성들의 몫이었다. 두 차례의 전란(그 중 하나는 전혀 불필요한 전란)으로 조선의 전 국토는 황폐화되었고(전쟁 전에 비해 경작 토지 면적이 3분의 1 이하로 줄었다), 인명의 피해는 이루 셀 수 없었으며, 수백 년을 내려오던 각종 문화유산들도 불타 없어졌다(몽골과 일본의 침략, 그리고 한국전쟁이 없었다면 우리 문화재는 지금의 10배는 되었을 것이다). 그러나 어떤 면에서 눈에 보이는 피해보다 더 큰 것은 임진왜란으로 확인된 조선 지배층의 무능함과 반민중성, 굴욕적인 사대 관계였다.

임진왜란은 세 나라가 연루된 만큼 조선, 중국, 일본의 문헌에다 등장한다. 그런데 같은 사건을 두고 명칭은 각기 다르다. 발생

연도를 표기하는 방식이 다르기 때문이다. 조선에서는 육십갑자를 사용해 임진왜란과 정유재란이라고 부르지만, 중국에서는 당시 명 황제인 신종의 연호를 사용해 '만력(萬曆)의 역(役, 전쟁)'이라고 부르며, 일본에서도 역시 당시 천황의 연호를 사용해 '분로쿠(文祿)·게이초(慶長)의 역'이라고 부른다. 독자적인 연호를 사용하지 못했던 조선은 명칭에서도 자유롭지 못했던 것이다.

한국사 질문하는 시간 1592년의 임진왜란과 1950년의 한국전쟁은 350년이나 시차가 있는데도 불구하고 여러 모로 닮은꼴이다. 구체적으로 어떤 점이 닮았을까?

임진왜란과 한국전쟁의 닮은 점을 정리하면 이렇다. ①두 전쟁 모두 우리 민족이 원하지 않았음에도 주변 강대국들이 우리 땅에서 벌인 대리전이다. ②두 전쟁 모두 우리 정부에서는 거의 아무런 대비도 하지 못한 채 기습을 당했다. ③전쟁이 발발하자 최고 지도자(선조와 이승만)는 국민들의 안위를 고려하지 않고 제 살 길만 찾아 도망쳤다. ④개전 초기에는 일방적으로 밀려 거의 전 국토를 점령당했다가 외국군의 참가로 전력의 균형을 맞추며 오랜 소강상태에 접어들었다. ⑤휴전 협상에서 우리 정부는 전쟁 당사자로 참가하지 못했다. ⑥전쟁이 끝났는데도 우리 정부는 적에게 잡힌 아군 포로들을 모두 귀환시키지 못했다.

당쟁의
하이라이트

예송논쟁의 배경

　　일제 강점기에 우리 역사를 의도적으로 왜곡했던 일제
는 조선시대의 당쟁을 우리의 민족성 탓이라고 주장했다. 한민족
은 서로 의견 통일이 잘 되지 않고 사사건건 분열한다는 것이다.
그래서 쓸데없는 국론의 분열과 갈등으로 국력이 약화되었고, 급
기야 남의 나라의 지배를 받는 처지로 전락했다는 것이다. 뭐든지
설명하기 가장 편한 '결과론'을 두고 보면 그렇다. 하지만 그 논리
는 남의 나라를 강점하려는 침략국이 없어도 남의 지배를 받을 수
있다는 것이므로 터무니없다. 그런데 그보다 더 중요한 문제가 있
다. 당쟁은 과연 민족성 탓인가?

　　물론 그것은 아니다. 민족성 탓이었다면 그 민족성이란 쉽게 변
하지 않는 것일 테니, 우리 역사상 모든 시대에 당쟁이 있어야 할
것이며, 오늘날의 양당 정치제도도 당쟁의 표현이어야 할 것이다.

그런데 당쟁은 조선시대 이전에는 없었고, 지금의 양당 정치는 이른바 현대 민주주의의 발현지라는 미국에도 있는 제도가 아닌가?

조선의 개국 초부터 조정의 신하들은 크게 둘로 나뉘었다. 공신전과 과전 등 토지 분급에서 각종 혜택을 누린 중앙의 훈구파(勳舊派)와, 토지 부족 현상으로 급료인 과전마저 제대로 받지 못하고 지방에서 세력을 키운 사림파(士林派)가 그들이다. 사실 사림파가 형성된 물질적 기반은 과전으로 받은 수조권을 반납하지 않고 대대로 상속한 데 있었다. 훈구파의 토지는 공식 면세였고 사림파의 토지는 비공식 면세였으므로 둘 다 국가 경제를 좀먹으면서 성장한 세력이다.

그래도 그들은 서로 이해관계가 달랐던 탓에 사사건건 맞부딪칠 수밖에 없었는데, 이것이 당쟁의 싹이 된다. 하지만 당쟁으로 발달하려면 붕당(朋黨, 글자로는 친구들이라는 뜻이지만 실은 지연이나 학연, 이해관계에 따라 나뉜 무리)이 있어야 한다. 그래서 본격적인 당쟁은 선조 때 관리의 임명권을 놓고 권력다툼을 벌인 김효원과 심의겸의 대립으로 시작된다. 김효원의 집이 도성의 동쪽에 있어 그 추종 세력을 동인이라 불렀고, 심의겸은 서쪽에 있어 서인이라 불렀다(동인은 이후 남인과 북인으로 또다시 나뉘게 된다).

이후 당쟁은 몇 차례의 피비린내 나는 사화(史禍)를 거쳐 영조의 탕평책으로 순화되기까지 거의 200년 동안 극성을 부리며 조선의 중앙정치를 말아먹었다. 당쟁 속에서 정상적인 정치와 행정은 실종되었고 국가 발전의 추진력이 완전히 소진되었다. 그 가운데 하이라이트는 이른바 예법을 놓고 격렬하게 싸웠던 '예송(禮訟) 논쟁'이라고 부르는 당쟁이다.

1659년 효종이 죽자 서인과 남인은 효종의 어머니 자의대비(인조의 둘째 아내였고 효종보다도 나이가 어렸다)의 복상(服喪) 기간(상복을 입는 기간)을 두고 의견이 대립했다. 효종은 전 왕인 인조의 둘째 아들인데, 형인 소현세자가 청나라에 볼모로 갔다가 돌아오자마자 죽은 탓에 왕위에 오른 인물이다. 둘째 아들로서 한 나라의 왕이 된 특이한 신분이었기에 그가 죽자 복상 문제가 대두된 것이다.

인조반정(1623년) 이후부터 상당 기간 권력을 장악하고 있던 세력은 서인이었고, 예송논쟁 시기에 서인의 우두머리는 당대 유학의 거두인 송시열이었다. 서인은 자의대비가 상복을 1년간 입어야 한다고 당론을 확정짓고 있었다. 하지만 오랫동안 야당 신세를 면하지 못해 호시탐탐 집권을 노리고 있던 남인이 이의를 제기하고 나섰다. 1년이라 하면 보통 양반의 예법과 다를 바 없는데, 어떻게 왕이 죽었는데도 그걸 그대로 적용할 수 있느냐, 그러니 복상기간을 3년으로 하자는 것이다. 이에 대해 여당인 서인은 아무리 왕이라도 효종은 둘째 아들이므로 일반 사대부의 원칙을 적용해 1년이 옳다고 반박했다.

기준은 중국에서 정해진 유학의 예법이었다. 주자(주희)가 정한 예법에 따르면 부모가 죽은 아들의 상을 지낼 때 맏아들의 경우에는 3년, 다른 아들에 대해서는 1년이었다. 효종은 둘째 아들이면서 왕이었으므로 한 가문으로 보면 맏이가 아니지만 한 나라의 왕실로 보면 맏이에 해당한다. 그래서 하나의 사실을 두고 서로가 강조점을 달리해 시각차를 빚은 것이다.

남인은 둘째 아들이라도 왕위에 올랐으니 맏아들과 같은 자격으로 간주해야 한다고 재차 반박했다. 하지만 본질은 단순히 예법이나 논리상의 문제가 아니라 권력 다툼에 있었다. 권력에서 아직은 남인이 서인을 누르기에 역부족이었다. 결국 송시열의 주장이 채택되어 서인은 집권을 연장했고, 남인은 대권 도전에 실패했다. 15년 뒤에 벌어진 2라운드에서는 권토중래 끝에 남인이 판도를 뒤집는 데 성공한다.

효종의 아들 현종 때인 1674년, 이번에는 효종의 왕비인 인선대비(현종의 어머니)가 죽자 다시 2차 예송논쟁이 벌어졌다. 여기서도 똑같이, 이제는 대왕대비(현종의 할머니)가 된 자의대비의 복상 기간이 쟁점이었다. 여당인 서인은 예전의 논리대로 인선대비가 가문의 둘째 며느리이므로 예법에 따라 복상 기간을 9개월로 잡아놓고 있는데, 다시 남인이 딴죽을 걸었다. 남인은 지난번처럼 인선대비가 한 나라의 왕후라는 사실을 들어 맏며느리의 예우를 해줘야 한다고 주장했다. 맏며느리의 경우에는 부모가 1년을 복상하도록 되어 있었다. 양측이 주장하는 복상 기간이 1라운드에 비해 크게 줄어든 3개월의 차이였으나 남인은 이번마저 물러날 수는 없다는 각오로 결전에 임했다. 지난번처럼 이것도 역시 단지 예법을 놓고 다투는 게 아니라 권력 다툼이었기 때문이다. 그런데 지난번과 달리 이번에는 세력 규합에 성공한 남인의 주장이 채택되었다. 이렇게 해서 남인은 숙원이던 여당이 되었다.

이런 식으로 여야가 바뀐다면 평화적인 정권 교체일뿐더러, 나름대로 정치 철학적 견해 차이를 두고 벌이는 '멋진' 다툼으로 보일지도 모른다. 비록 오늘날의 관점에서 보면 하잘것없는 예법을 중심으로 양대 세력이 다투고 있는 것이지만, 당시 예법과 관련된 유교 사상은 곧 정치 철학이었으므로 결코 가벼운 문제가 아니

예송(禮訟) 논쟁 당시 서인의 태두였던 송시열. 예법을 놓고 격렬하게 싸웠던 예송 논쟁의 배경에는 한족의 나라인 명이 망하고 오랑캐 나라인 청이 등장한 데 따른 '소중화 사상'의 태동이 있었다.

었다.

그러나 그 이전에도 예법을 둘러싸고 견해 차이가 빚어지는 경우는 숱하게 많았을 텐데, 왜 하필 그때에야 비로소 예법에 관한 논쟁이 치열하게 부각된 걸까? 비록 예법은 서인과 남인의 양대 세력이 집권을 목표로 당쟁을 벌이는 데서 표면적인 구실에 불과한 것이었지만, 그게 왜 하필 예법이어야 했을까? 17세기 후반이라면 당쟁의 역사도 벌써 100년을 헤아리는 시점인데, 왜 그때 그런 쟁점으로 당쟁이 치열하게 진행된 걸까?

앞에서 보았듯이 효종은 북벌을 추진했던 왕이며, 서인들도 중국 역대 왕조의 옛 고향인 주나라를 숭상하고 북벌을 추진한다는 존주북벌론(尊周北伐論)을 내세웠던 세력이다. 효종이 북벌을 계획한 개인적 이유는 병자호란 이후 형 소현세자와 함께 청나라에 볼모로 잡혀가 곤욕을 치르던 일에 대한 복수이고, 국가적 이유는 사대의 대상인 명나라가 '오랑캐' 청나라에게 멸망한 일에 대한 복수다. 그렇다면 왜 하필 그때 예법에 관한 논쟁이 치열한 정치적 논제가 되었는지 추측할 수 있다. 명나라가 망하고 오랑캐가 지배하는 중국이 되었으니, 이제 예법을 논의하고 확정하는 것도 조선의 몫이 되었다고 보는 것이다. '명나라가 망했으니 이제 우리가 중화'라는 소중화 사상이 싹트기 시작하는 게 바로 이 무렵이다.

신라는 사대의 대상인 당나라가 망하자 사직을 보존할 의욕을 잃었고, 고려는 사대의 대상을 송에서 원으로 바꿔가며 존속했다. 조선에 이르러서는 사대의 대상이 사라지자 이제 우리가 바로 중국이라는 극단적인 허위 관념이 생겨난 것이다. 실제로 이때는 마치 중국 대륙에서 망한 중국 한족 왕조(명나라)가 바로 조선 속으로 옮겨온 듯한 상황이었다. 예를 들어 서인 계열의 학자인 유계가 쓰고 송시열이 서문을 붙인 역사서 《여사제강(麗史提綱)》에서는 우리의 기년을 중국 기년보다 우위에 두고 있으며, 남인 계열의 홍여하도 《휘찬여사(彙纂麗史)》에서 중국의 역사를 우리 역사 속에 넣어 서술하고 있다.

당시 조선 지배층의 정신세계를 한 마디로 요약하면 이제부터는 우리가 세계의 중심이라고 생각한 것이다. 그렇다면 사대 의식을 버리고 자주적이고 주체적인 자세를 찾은 것이라고 할 수 있지 않을까? 안타깝게도 그렇지 않다. 그것은 오히려 사대의 변종이다. 사대의 대상이 없어졌는데도 진정한 주체로 돌아오지 못하고 오히려 사대의 대상을 허구적 우상으로 만들어 주체 속으로 가져온 것이기 때문이다.

중국 대륙에 청나라가 들어선 뒤 곧바로 조선에서 예법 논쟁이 벌어진 것은 결코 우연이 아니다. 논쟁에 참여한 세력들은 눈앞에 어른거리는 권력과 경제적 이익에도 관심이 컸겠지만, 그에 못지 않게 그동안 중국에 의존해왔던 유학의 틀을 우리 손으로 송두리째 재정비해야 한다는 긴장감과 위기감을 느꼈던 것이다. 이제 중국이 아닌 한반도가 유학의 총본산이 되었으니(이 점은 오늘날에도 마찬가지) 각 붕당마다 기선을 제압하려 들 것은 당연하다. 예법논쟁은 바로 이런 배경에서 치열하게 전개되었던 것이었고, 그런 점에서 북벌론과 마찬가지로 허황하고 허망하며 허구적인 것이었다. 이를테면 아버지(중국)가 죽은 뒤 형제들(붕당들)이 유산 다툼을 하는 것에 불과했다.

한국사 질문하는 시간 조선의 당쟁은 국론의 분열을 가져왔지만, 그와 동시에 정치 철학의 발전과 참다운 사대부 정치를 보여준 긍정적인 의미도 있다고 평가된다. 과연 그랬을까?

조선의 당쟁은 일제 식민지 사학자들로부터 큰 비판을 받았다. 그런 탓에 해방 이후 우리 역사가들은 그에 대한 반동으로 당쟁의 긍정적인 측면을 부각하려 애쓰기도 했다. 그러나 그렇다고 해서 당쟁이 끼친 폐해가 축소될 수는 없다. 17세기는 서로 어느 정도 독립적으로 발전해 왔던 동양과 서양의 역사가 한 물줄기로 합쳐지기 시작하는 중요한 시기였다. 이것을 가리켜 서세동점(西勢東漸)의 시대라고 부르는데, 당시 근대 사회로 접어든 서양 열강은 발달하는 산업의 원료 공급지와 시장을 찾아 동양으로 물밀듯 밀려오고 있었다. 명나라는 바로 이런 세계사의 흐름에 어두웠기 때문에 국력이 급격히 쇠약해졌다(명나라 역시 심한 당쟁으로 오랫동안 몸살을 앓았다). 그런 상황에서 자기가 사는 곳이 곧 세계의 중심이라는, 중국에서도 힘을 잃은 중화사상에 뿌리를 두고 모든 문물과 제도를 자기 마음대로 판단하고 정하려는 조선의 유학 논쟁은 공허하고 무익한 것이었다.

'오랑캐'도
인간이다

소중화 사상을 물리친 실학

어떤 의미에서 조선의 성리학적 정치 철학이 낳은 최대의 실천적 성과는 북벌론이라 할 수 있다. 예의와 도덕을 강조하는 유교적 질서를 국제적 차원으로 연장하면 중국을 '어른'으로 받드는 중국 중심의 세계 질서를 가리킨다. 그런데 이 질서를 오랑캐(만주족의 청나라)가 깨뜨렸다. 실천과 행동에 대단히 인색한 유교 사상에서도 북벌론이라는 과감하기 짝이 없는 실천론을 정립하고 준비한 이유는 그 때문이었다.

그 북벌론이 흐지부지되면서 비로소 조선 유학자들은 본격적인 반성의 계기를 갖게 된다. 이 반성의 물결은 두 가지 방향을 취했다. 하나는 성리학 체계 내에서의 반성이고, 다른 하나는 우물 안 개구리에서 벗어나 바깥을 향해 눈을 돌리는 반성이다.

기존 성리학의 가르침에 따르면, 세상 모든 생물은 중화와 이적

(夷狄, 오랑캐)뿐이며, 중화만이 인간이고 오랑캐는 짐승이나 다를 바 없다. 이것을 인물성이론(人物性異論, 사람과 사물은 근본이 다르다는 것인데, 여기서 '물'은 오랑캐를 포함하는 말이다)이라고 한다. 그런데 '오랑캐'가 저렇게 강성해지는 것을 보면 그 가르침이 꼭 옳은 것은 아닐지 모른다는 회의가 싹튼다. 이런 자각에서 나오는 게 인간과 사물의 성격이 기본적으로 같다고 보는 인물성동론(人物性同論)이다. 호서(충청도)의 학자들은 여전히 인물성이론을 고집한데 반해 낙하(서울 부근)의 학자들은 인물성동론이라는 새로운 학설을 주장해 서로 논쟁을 벌였으므로 이것을 흔히 '호락논쟁'이라고 부른다. 인물성이론에 비해 시대에 맞게 발달한 인물성동론에 따르면 '오랑캐'도 역시 인간이므로 청나라를 보는 시각도 달라지게 된다.

그 덕분에 명나라의 멸망과 청나라의 등장이라는 사건이 조선 유학자들의 눈에 새삼스러운 '현실'로 들어왔다. 명이 망한 뒤 한동안 '이제는 우리가 세계의 중심'이라는 기형적 민족주의에 사로잡혀 있다가, 뒤늦게 망상에서 벗어나 현실 감각을 되찾은 것이다. 여기에는 역시 새로이 중국의 지배자가 된 청나라의 변화도 주요한 역할을 했다.

청나라는 수백 년 전의 선배 '오랑캐' 나라인 원나라와 달리 한족의 명나라를 정복한 뒤에는 즉시 한족과 동화되는 정책으로 나아갔다(원도 한화[漢化] 정책을 썼으나 중국을 지배하고 100년 뒤에야 노선을 바꾸었다). 특히 강희제는 대외 정복에서도 큰 성과를 거두었고, 대내적으로도 경제, 사회, 문화 등 사회 전반적인 면에서 국가를 비약적으로 발전시켰다. 그는 또 서양과의 교류를 활성화해 서

오랑캐를 스승으로 삼았던 실학자 김정희. 그를 비롯한 실학자들의 업적은 물론 무시할 수 없지만 중국이 한족 문화권으로 계속 존속했더라도 과연 조선에서 자주적인 학풍이 생겨났을까는 의문이다.

양 문물을 과감하게 도입했으며, 특히 《고금도서집성(古今圖書集成)》이라는 제목으로 무려 1만여 권의 도서를 집대성하는 대규모 출판 사업을 진행했다. 그리고 건륭제는 강희제에 이어 중국식 백과사전에 해당하는 《사고전서(四庫全書)》를 발간했다(이 책도 실은 7질밖에 인쇄하지 않았다. 장서용이었을 뿐 보급용은 아니었던 것이다). 주자학을 좋아했던 강희제와 달리 건륭제 때는 고증학이 발달하는데, 이것도 유학의 한 갈래이기는 하지만 동양 최초로 과학적 바탕을 가진 유학이었다.

강희제, 건륭제의 시대에 이르러 청나라는 과거에 중국을 지배했던 '오랑캐' 나라들과는 전혀 다른 모습이 된다. 이쯤 되면 설사 사대주의가 뼛속까지 스며든 조선 유학자들이라 하더라도 '우리가 세계의 중심'이라는 주장은 황당하고 터무니없는 것임을 확실히 깨달을 수밖에 없었다. 허구적 북벌론을 홍역처럼 앓고 난 조선의 유학자들은 안팎의 반성과 자각을 통해 비로소 정신을 차리

청나라 건륭제와 병사들. 청나라의 건륭제 때 고증학이 발달하는데, 이로써 동양 최초로 근대적 의미의 과학이 시작된다.

고 청나라를 냉철한 눈으로 바라보게 되는데, 바로 여기서 실학(實學)이 싹트게 된다.

사실 실학이라는 이름은 고유명사가 아니라 보통명사다. 우리나라뿐 아니라 중국과 일본에서도 쓰이던 말이었으며, 우리나라만 해도 조선뿐 아니라 고려시대에도 쓰였다. 고려 때는 불교와 비교하는 의미로 신흥 학문인 유학을 실학이라고 불렀고, 조선 초에는 성리학, 이후에는 경학(經學)을 지칭하는 말이었다. 유학, 성리학, 경학 등이 모두 당시에는 신흥 학문이었으므로 실학이라는 말은 기존의 사상과 학문이 부패하면서 이에 대한 대응으로 떠오르는 새로운 사상과 학문을 가리키는 의미였다고 볼 수 있다. 실학을 18세기 조선의 학풍을 뜻하는 말로 국한시켜 거의 고유명사처럼 쓰게 되는 것은 20세기의 일이다.

사실 유학을 통치 이념으로 삼은 동양 3국 중에서도 조선은 중국이나 일본과 상당히 달랐다. 원래 유학은 중국의 춘추전국시대에 공자에 의해 창시되어 이후 1천500여 년 동안 내용이 별로 변하지 않았다. 그러던 것이 12세기 송나라의 주자에 이르러 체계상의 커다란 변화를 겪게 된다. 이 결과로 생긴 신흥 유학이 바로 주자학, 즉 성리학이다. 고려 말 성리학이 도입된 이래 조선에서는 바로 이 성리학이 특히 발달했으며, 학자들은 성리학을 유학의 전부라고 여겼다.

이후 중국에서는 명나라 시대에는 양명학으로, 또 청나라 시대에는 고증학으로 유학이 점차 실용성과 실증성을 가진 학문으로 발달한 데 비해 조선에서는 성리학의 추상적 이론만 무성하게 자라나고 수많은 가지를 쳤다(이 때문에 오늘날 우리나라는 세계 유학의 총본산이 되어 있다. 중국의 유학은 변모하는 과정에서 일반 학문과 자연스럽게 섞였지만 우리의 유학은 성리학적 순수함을 굳게 지켜왔다. 그 폐해마저도 굳게 지켜왔다는 게 문제이지만). 비슷한 시기 중국, 일본과 달리 우리나라에서 실학이 유독 성리학과의 밀접한 연관성을 떨쳐버리지 못한 이유도 거기에 있다.

실학은 성리학적 반성을 토대로 청나라의 고증학(북학)과 서양의 서학을 받아들이게 되는데, 사실 서학도 청나라를 통해서 도입되었으므로 조선에게는 북학이나 마찬가지였다. 그러나 전과 같은 물심양면의 사대 관계에서 선진 문물을 도입한 게 아니었기 때문에 실학의 자세는 신라시대에 사대 관계가 확립된 이래 가장 자주적인 모습을 취했다. 이것도 실은 소중화 사상처럼 중국 한족 왕조와 조선의 긴밀한 끈이 끊어진 데서 비롯된 것이기는 하지만, 그래도 실학은 허구적인 소중화 사상에 비하면 비교적 진정한 의미의 주체성을 구현한 학풍이었다. 중국과의 기계적인 사대 질서를 상당 부분 불식하고(병자호란 이후 조선은 청나라와 사대 관계를 맺지만, 명나라 때와 같은 충심은 아니다), '새로운 중국'을 사대의 눈이 아닌 선진국가로 바라보는 안목을 갖추게 되었기 때문이다. 이렇게 중국을 그냥 '상국'이 아닌 '선진국'으로 규정하고 나면, 이제 사대 – 종속의 의무를 다하는 게 문제가 아니라 선진 문물을 받아들이고 섭취하는 게 중요한 일이 된다.

실학자들 가운데 가장 진보적인 색채를 띠는 사람들은 청나라에서 선진 문물을 도입하려는 북학파였다. 이들은 먼저 여전히 잔존하는 소중화 의식을 청산했다. 직접 청나라에 가서 선진 문물을 눈으로 보고 온 이들이, 오랑캐는 짐승이나 다름없다는 기존 성리학의 가르침을 수용할 수는 없었다. 심지어 학문과 글씨로 유명한 김정희는 스무 살 때 아버지를 따라 북경에 가서 당대의 거물 유학자였던 청나라의 완원과 옹방강을 만나 그들의 제자가 되었다. 그리고 그들에게서 배운 고증학으로 진흥왕 순수비를 발견하는 등 금석학(묘비문, 갑골문 등을 연구하는 학문)의 신천지를 열었다.

꿩 잡는 게 매다. 독불장군식의 기형적 민족주의인 소중화 허위의식은 결국 과학(실학)의 힘으로 퇴치되었다. 그러나 수백 년 전통의 유교적 질서가 한순간에 무너질 수는 없다. 기존 제도권 정치의 두터운 벽은 자체적인 개혁의 길을 모색하지 못했던 것은 물론, 실학자들이 내놓은 각종 개혁 정책을 수용할 만한 너그러움도 없었다. 그래서 우리가 배운 실학의 역사에는 실학자들의 사상과 이론만 무수하게 제시될 뿐 그것이 제도화된 사례는 거의 없다.

조선이 청나라를 통해 받아들인 서양 학문들 중 가장 크게 공감할 수 있었던 것은 서양의 과학이었다. 서양 과학에 대해 실학자들은 어떻게 생각했을까?

서세동점의 시대에 유럽 국가들이 동양에 소개한 학문은 크게 그리스도교와 과학으로 압축될 수 있다. 둘 중 어느 것이 더 동양인들에게 설득력이 있었는지는 뻔하다. 그리스도교에 대해서는 거부감이 많았으나 과학은 적극적으로 수용되었다. 서양의 과학에 깊은 인상을 받아 유학적 토대에서 나름대로의 과학 이론을 전개한 실학자들 중에 홍대용이 있다. 그는 《의산문답(醫山問答)》이라는 책에서 지구가 자전한다는 이론을 동양 최초로 전개했다. "지구는 하루에 한 바퀴를 도는데, 그 둘레는 9만 리이며 하루는 12시간이다"(우리의 옛 시간 측정법은 간지에 따른 12지시[支時] 제도였으므로 하루가 12시간이다). 그 덕분에 그는 오늘날 조선의 갈릴레이라는 별명을 가지게 되었다.

서양인은
왜 조선에 오지 않았을까?

근대 조선을 바라보는 서양인의 시각

　　17세기부터 서양 세력이 동양을 향해 물밀 듯 밀려온 것을 가리켜 동양사에서는 '서세동점'이라고 부른다. 이것을 더 노골적으로, '서양 세력의 동양 침략'이라는 식으로 부르지 않는 데는 이유가 있다. 서양이 군대를 앞세워 동양을 본격적으로 침략하기 시작한 것은 19세기 초반 제국주의 시대부터의 일이다. 그럼 서세동점의 시대에 서양 세력은 어떤 방식으로 동양에 접근했을까?

　　유럽이 동양에 관심을 가지게 된 시기는 '대항해 시대' 혹은 '지리상 발견의 시대'라고 불리는 15세기부터였다. 이 무렵 유럽 세계는 포르투갈과 에스파냐를 선두로 각국이 앞다투어 항로 개척과 동방 무역에 나섰다. 이 과정에서 바르톨로뮤 디아스는 희망봉을 발견했고, 바스쿠 다 가마는 인도 항로를 열었고, 마젤란은 최초의 세계 일주에 성공했다. 유럽인들이 이렇게 애써 동양에 진출하려 한 이유는 크게 두 가지였다. 하나는 향료 무역이었다. 육식을 즐기는 유럽인들은 고기를 오래 보관하고 맛을 좋게 하기 위해 향료가 반드시 필요했는데, 당시 지중해를 통한 향료 무역은 이탈리아 상인들이 장악하고 있었기 때문에 대서양에 면한 포르투갈과 에스파냐가 국가적으로 항로 개척을 장려한 것이다. 다른 한 가지의 목적은 그리스도교의 포교였다. 이것은 종교개혁의 여파로 유럽에서 힘을 크게 잃은 가톨릭 세력이 주도했다. 그들에게 동양은 새로운 '종교 시장'이었던 셈이다.

일본의 경우 포르투갈 상인은 1543년부터 왔으며, 도요토미 히데요시가 집권한 16세기 말에 이르면 일본의 여러 항구에 서양의 무역선들이 출몰했다. 이 상인들의 입을 통해 일본은 유럽 세계에 '지팡구'라는 이름으로 알려지기 시작했다. 또한 중국의 경우에는 일찍이 당나라와 원나라 시대에 서양과의 교류가 있었지만, 당시에는 아라비아 상인들이 유럽과 중국을 잇는 역할을 했을뿐더러 서양인들도 굳이 중국까지 진출하려 하지 않았다. 그래서 중국과 서양의 교류가 본격적으로 시작된 것은 명나라 시대라고 할 수 있는데, 상인들보다는 선교사들이 교류를 주도했다. 명나라는 중화사상에 입각해 다른 나라들과의 무역을 조공으로 인식했으므로 정상적인 무역 관계가 어려웠기 때문이다.

여기서 한 가지 의문이 생긴다. 서양의 상인들과 선교사들은 왜 동북아시아 세 나라 중에서 유독 조선에만 오지 않았던 것일까? 조선의 영토가 중국과 일본보다 작기 때문일까? 그것은 아니다. 일본의 면적이 한반도보다 좀 큰 것은 사실이지만, 일본에 자주 왔던 서양의 무역선들이 한반도 땅을 발견조차 못 했을 리는 없다.

그 무렵 조선에 온 서양인이 없지는 않다. 한반도에 유럽인이 처음 온 것은 1628년으로, 그 주인공은 네덜란드 선원 벨테브레였다. 하지만 그는 원래부터 조선에 오려 한 게 아니라 일본으로 가던 중에 풍랑을 만나 제주도에 표착한 것이었다. 동료 두 명과 함께 관원에게 잡힌 그는 서울로 압송되어 박연(朴燕)이라는 조선식 이름까지 받고 훈련도감에서 총포를 제작하는 일에 종사하다가 조선 여자와 결혼하여 아이까지 낳았다(다른 두 명은 병자호란 때 전사했다). 이후 그의 가족이 어떻게 되었는지는 알려지지 않았다.

그 뒤 얼마 지나서 다시 조선에 서양인이 왔는데, 이번에도 역시 일본에 가던 네덜란드 무역선이 제주도에 난파한 경우였다. 1653년 네덜란드의 무역선 한 척이 대만에서 일본의 나가사키로 가던 중 폭풍우를 만나 선원 64명 중 28명을 잃고 36명이 제주도에 도착해 관원들에게 체포되었다. 선원들은 이후 14년간이나 조선 정부에 억류되어 있다가 8명이 탈출에 성공해 1668년에 네덜란드로 돌아갔다. 그 중 한 명인 하멜은 억류 생활의 경험을 《하멜 표류기》라는 책에 썼는데, 여기에는 당시 조선의 정치, 군사, 풍

《하멜 표류기》 중 삽화. 14년 간 억류되어 있다가 돌아간 하멜은 표류기를 썼는데 당시 조선의 정치, 군사, 풍속, 지리 등이 서양인의 눈으로 서술되어 있다.

속, 지리 등이 서양인의 눈으로 서술되어 있다. 이 책은 한반도를 서양에 소개한 최초의 문헌이다.

《조선왕조실록》에서는 하멜 일행이 제주도에 표류한 사건을 이렇게 서술하고 있다.

제주 목사 이원진이 보고했다.

"배 한 척이 고을 남쪽에서 깨져 해안에 닿았기에 군사를 거느리고 가서 보게 하였더니, 어느 나라 사람인지 모르겠으나 배가 바다 가운데에서 뒤집혀 살아남은 자는 38인이며 말이 통하지 않고 문자도 다릅니다. 배 안에는 약재와 짐승 가죽 따위의 물건을 많이 싣고 있었습니다. 파란 눈에 코가 높고 노란 머리에 수염이 짧았는데, 혹 구레나룻은 깎고 콧수염을 남긴 자도 있었습니다. 그 옷은 길어서 넓적다리까지 내려오고 옷자락이 넷으로 갈라졌으며 옷깃 옆과 소매 밑에 다 이어 묶는 끈이 있었으며 바지는 주름이 잡혀 치마 같았습니다. 왜어(倭語)를 아는 자를 시켜 묻기를 '너희는 서양의 크리스천인가?' 하니, 다들 '야야' 하였고, 우리나라를 가리켜 물으니 고려라 하고, 본도(本島)를 가리켜 물으니 오질도(吾叱島)라 하고, 중원(중국)을 가리켜 물으니 혹 대명(大明)이라고도 하고 대방(大邦)이라고도 하였으며, 서북을 가리켜 물으니 달단(??, 몽골)이라 하고, 정동을 가리켜 물으니 일본이라고도 하고 낭가삭기(郞可朔其, 나가사키)라고도 하였는데, 이어서 가려는 곳을 물으니 낭가삭기라 하였습니다."

이에 조정에서 서울로 올려 보내라고 명하였다. 전에 온 남

만인(南蠻人) 박연(벨테브레)이라는 자가 보고 '과연 만인(蠻人)
이다' 하였으므로 드디어 금려(禁旅)에 편입하였는데, 대개 그
사람들은 화포를 잘 다루기 때문이었다. 그들 중에는 코로 퉁
소를 부는 자도 있었고 발을 흔들며 춤추는 자도 있었다.

여기서 주목할 만한 것은 제주 관헌이 일본어를 하는 자를 시켜
서양인과 대화를 시도했다는 부분이다. 이는 곧 하멜 일행이 일본
어를 알고 있었다는 뜻이다. 또한 당시 조선이 일본과 서양의 교
역을 잘 알고 있었다는 뜻이기도 하다. 그렇다면 서양인이 조선에
오지 않으려 했던 것처럼 조선 역시 서양인을 부르지 않았다는 이
야기가 된다. 왜 그랬을까?

서양인은 왜 조선에 오지 않았고 조선은 왜 서양인을 부르지 않
았을까? 이 두 가지 의문에 대한 대답은 한 가지다. 우선 당시 서
양인들은 조선을 중국 영토의 일부로 여겼으므로 굳이 조선에까
지 올 필요가 없었다. 오늘날 한국과 수교를 맺으러 오는 외교 사
절이 서울에도 오고 부산에도 올 필요는 없는 것과 마찬가지다.
또한 당시 조선도 스스로 중국의 정치적 지배를 받고 있다고 여겼
으므로 굳이 별도로 서양인과 접촉할 통로를 열 필요가 없었다.
그래서 조선이 서양 문물을 접하는 것은 오로지 중국을 통해서
였다.

신라의 삼국통일 이래로 한반도는 중국 역대 왕조에게 사대하
는 관계였다. 오늘날의 용어로 말한다면, 한반도 왕조들은 외교권
과 군사권을 중국에 맡기고 내정의 자치권만 가졌을 뿐이다. 조선
도 외교권을 중국에 위임했으므로 새로운 세계와 독자적으로 접

할 권한도 없었고 그럴 필요도, 의지도 없었던 것이다.

그 덕분에 조선은 일본과 중국이 서양 선교사들 때문에 골머리를 앓던 17~18세기에도 그런 고통을 겪지 않을 수 있었다. 조선은 오로지 중국 한 곳과 교류하면 되었을 뿐 특별히 외교 문제에 신경 쓸 필요가 없었다. 그러나 스스로 우물 안 개구리의 신세를 선택한 대가로 주어진 그 '혜택'은 진정한 혜택이 아니었다. 그 때문에 조선은 서세동점이 제국주의로 바뀌는 18~19세기에 동북아시아의 숨가쁜 국제 정세에 대비하기는커녕 그것을 전혀 읽어내지도 못하고 있었던 것이다. 그 결과가 결국 일본에게 강점되는 것이었다고 말해도 과언이 아니다.

한국사 질문하는 시간 서세동점의 시대에 중국의 청나라에 온 서양 선교사들은 일차 임무가 그리스도교의 포교였다. 그러나 그들은 그에 못지않게 중요한 다른 임무를 수행했는데, 그것은 무엇이었을까?

청나라에 파견된 서양의 선교사들은 그리스도교를 포교하려는 목적만 가진 게 아니었다. 명나라 시대에 온 선교사들은 종교개혁으로 유럽에서 신교가 세력을 장악한 탓에 교세 확장을 위해 멀리 동방까지 온 구교(가톨릭) 사제들이 대부분이었으므로 비교적 순수한 종교적 색채를 가졌으나, 청나라 시대의 선교사들은 그렇지 않았다. 이들은 오랜 기간 청나라에 머물면서 중국의 내부 상황, 관습, 지리 등에 밝은 '중국통'이 되었다. 중국에 진출하려는 제국주의 열강의 입장에서 보면 그들은 상당한 가치를 지닌 '가이드'였다. 중국의 사정을 파악하는 데도 큰 도움이 될 뿐 아니라 조약을 맺을 경우에도 중국어를 아는 서양인이 있어야 했다. 결국 선교사들은 원하든 원치 않든 제국주의적 침략의 앞잡이가 되는 경우가 많았다.

왕들의
과외공부

경연을 역이용한 영조

  의사는 한두 사람의 생명을 책임지지만 정치는 수백만
명의 생명을 좌지우지한다. 세금을 조금 올리거나 내리는 일은 회
의석상에서 '쉽게' 결정되는 정치 행위이지만, 그 간단한 행위가
수많은 기업들에게 미치는 영향력은 엄청나다. 또 대규모 간척 사
업이나 댐, 철도 등의 사회 간접 시설을 건설하겠다는 정책은 해당
지역 주민들의 삶을 송두리째 변하게 만들 수도 있다. 이렇게 정
치 행위가 중요한 일이라면 정치인은 정치적 자질과 아울러 사회
각 부문에 관해 상당한 지식이 있어야 할 것이다. 그렇다 해도 정
치인 한 사람이 모든 것을 알 수는 없다. 그래서 국회의원이나 대
통령 같은 정치인은 각 부문의 지식을 가진 비서들을 둔다. 하지
만 설령 유능한 비서들이 많다고 해도 비서의 조언을 취사선택하
는 사람은 정치인이며 또 최종적으로 결정을 내리는 것도 정치인

의 몫이다.

한 나라의 왕이라면 요즘 말로 최고 지위의 정치인이다. 모든 문제에 결정을 내릴 수 있어야 하므로 모든 분야에 대해 해박한 지식을 가지고 있어야 한다. 그런데 실제로 그런 지식을 한 개인이 가질 수는 없다. 그렇다면 최고 지배자인 왕은 어떻게 부족한 지식의 틈을 메웠을까? 아무리 어렸을 때부터 왕이 되기 위한 특별 과외를 받았다 해도 가진 지식에는 한계가 있다. 더욱이 사람마다 자질이 다른 것은 왕족이라도 마찬가지다. 그렇기 때문에 현군과 폭군이 생기기도 하지 않는가?

왕보다 높은 사람은 없지만, 왕보다 많은 지식을 가진 사람은 있다. 우리 역사의 역대 왕들은 그런 신하들에게서 학문을 배워 부족한 지식을 보충했다. 이것은 경연(經筵)이라는 제도로 관례화되어 있었는데, 일찍이 중국의 한나라 때부터 있던 전통이다.

우리 역사에서는 고려시대에 학문을 좋아했던 예종이 궁중에 청연각이라는 공간을 마련하고 아침저녁으로 신하들과 함께 학문을 토론했으며, 공민왕은 경연이라는 명칭을 처음 사용했다. 사대부 국가인 조선에 들어서는 경연이 더욱 강조되었는데, 특히 즉위하기 전부터 상당한 학문적 수준에 올랐던 세종은 경연청을 만들어 매일 경연에 참가할 정도로 열심이었다. 그러나 단종을 폐위시키고 왕위에 오른 세조는 유교적 명분을 잃은 탓에 집현전과 함께 경연도 폐지했으며, 유교 정치를 부활시킨 성종이 다시 경연에 힘썼다. 후세에 현군으로 알려진 왕들은 모두 경연을 열심히 한 셈이다.

그러나 경연을 중시한 일부 왕들의 경우를 제외하면, 경연은 형식적으로 진행되는 적이 많았다. 고려 무신정권 때에는 경연이 폐지되기도 했고, 원의 지배를 받던 시절에는 이름도 서연(書筵)으로 격하되기도 했다. 더욱이 경연은 지체 높은 왕이 신하들에게서 가르침을 받는 것이기 때문에 자칫하면 악용될 소지가 있었다. 실제로 신하들은 왕권의 행사를 제어하는 장치로 경연을 이용할 때도 있었다. 경연의 주제는 주로 유학의 경전과 역사 문헌이었는데, 발제와 토론이 끝난 다음에는 왕과 신하들이 자연스럽게 정치 현안을 논의했다.

탕평책으로 붕당 정치를 제어하고, 균역법으로 세제를 개혁하고, 총포 제작과 토성 건축 등 국방에도 뚜렷한 업적을 남긴 조선의 영조는 역대 왕들 가운데 경연을 가장 많이 실시했다. 52년간 3천400여 차례나 경연을 했으니 일주일에 한 번꼴로 한 셈이다. 영조는 조선 왕조의 왕들 중 가장 장수했고 재위 기간도 가장 길었지만, 경연을 많이 한 이유가 그것 때문만은 아니었다.

100년이 훨씬 넘도록 지긋지긋한 붕당 정치가 계속된 데다 노론(서인에서 갈라져 나온 무리) 세력의 지원에 힘입어 즉위한 영조는 경연을 대하는 심정이 여러 모로 착잡했다. 이미 즉위 초에도 이인좌가 소현세자의 후손인 밀평군을 왕위에 올리기 위해 반란을 일으키는 등 정세가 무척 불안정했다. 군신들에 의해 왕이 결정될 정도로 사대부 정치가 만연한 상황에서, 영조는 왕권 강화의 필요성을 절감했다(당쟁이 심했다는 것은 그만큼 왕권에 비해 관료들의 권한이 강했음을 뜻한다. 앞서 본 것처럼 조선의 관료들은 왕족의 복상 기간을 정할 정도로 막강한 권력을 가졌다). 영조는 경연을 위축시키기도, 활성화하기도 어려운 입장에 처했다. 숙원인 왕권 강화를 꾀하려면

역대 왕들 중 경연을 가장 많이 실시한 영조. 그것은 단순히 영조의 재위 기간이 길었던 탓이 아니라 사대부 세력을 견제하려는 그의 노력 때문이었다.

경연을 위축시켜야 하겠지만, 만년에는 스스로 성군(聖君)을 자처할 정도로 왕으로서의 자부심이 강했던 그로서는 그렇게 강압적으로 처리하고 싶지 않았다. 고민하던 그는 경연을 역이용한다는 절묘한 해결책을 찾아낸다.

그러나 학문에 자신이 없다면 감히 그런 수단을 쓸 수 없다. 올바른 군신의리를 확립하기 위해서는 자신부터 솔선수범하여 왕다운 왕이 되는 게 먼저다. 그래서 영조는 경연을 열심히 하는 한편, 학문을 닦는 데도 누구보다 열심이었다.

영조는 경연장을 강의실로 삼아 오히려 신하들에게 학문을 강의했다. 군신들 앞에서 자신의 학식과 덕이 성현들에 못지않다는 점을 마음껏 과시했다. 이렇게 실력으로 신하들을 제압하고 나서, 그들에게 왕에게 충성을 다하는 방도를 구상해 보고서를 올리라는 과제까지 내주었다. 신하들은 죽을 맛이었겠지만 왕부터 학문을 게을리하지 않으니 어쩔 수 없었다.

최고 지도자라고 해서 모든 방면에서 최고는 아니다. 다만 직책 상으로 가장 높을 뿐이다. 따라서 자기가 모자라는 부분이 있으면 아래 직책의 사람에게 배울 수 있어야 한다. 그런데 말이 쉽지 사실 아랫사람에게 배우려는 것 자체가 대단한 용기다. 그런 점에서 열심히 경연을 열고 신하들에게서 가르침을 받았던 왕들은 용기 있는 지도자들이었다.

한국사 질문하는 시간

영조의 주요 치적으로 손꼽히는 탕평책은 어떤 정책이었을까?

영조의 시대에는 서인이 노론과 소론으로 나뉘어 치열한 당쟁을 벌이고 있었다. 그대로 놔두면 왕권의 정정 불안은 물론이고 망국의 위기까지 올 수 있다고 파악한 영조는 조정 내에서 양측의 세력을 엇비슷하게 유지하는 정책을 썼는데, 이것이 탕평책이다. 오늘날로 말하면 일종의 양당 정치였던 셈이다. 특히 영조는 인사에서 양측 세력이 균형을 이루도록 신경을 썼으며, 양측의 강경파는 제거하고 온건파 인물들만 등용해 당쟁이 심해지는 사태를 예방하기 위해 노력했다.

도서관과
친위대

좌절된 정조의 개혁

　사도세자는 장희빈과 함께 TV 사극의 단골 소재다. 두 사람 다 왕의 측근이었다가 당쟁의 회오리에 말려 젊은 나이에 죽음을 당한 비극의 주인공인 탓에 드라마의 좋은 이야깃감이다. 그런데 두 젊은 남녀는 시대는 약간 다르지만 자기 아들들에게도 똑같은 비극적 운명을 물려준 점에서도 비슷하다.

　장희빈의 아들 경종은 어머니가 처형된 뒤 우여곡절 끝에 즉위했으나 노론 세력의 반발을 받아 왕으로서의 직무를 제대로 수행하지도 못한 채 왕세제인 연잉군(영조)에게 정무를 맡기고 이름뿐인 왕으로 지내다 재위 4년 만에 죽었다. 더구나 그 죽음의 원인도 명백하지 않아 일종의 의문사로 남아 있다. 사도세자의 아들인 정조 역시 아버지가 비극적인 죽음을 당한 뒤 왕위에 올랐다. 경종과 달리 강인하고 야심만만했던 그는 왕권을 확고히 다지고 여러 가지 개혁을 추진했지만, 23년의 재위 기간 동안 늘 반대 세력인 노론의 쿠데타를 우려했다.

당쟁의 한복판에서 영조의 명으로 뒤주에서 굶어 죽은 사도세자의 아들이었던 만큼, 정조는 여러 가지 숙제를 안고 즉위했다. 할아버지 영조의 정책과 마찬가지로 정조도 탕평책을 바탕으로 왕권 강화를 꾀했는데, 할아버지보다 훨씬 강경한 방식을 택했다. 그도 그럴 것이, 그는 탕평책의 성과를 수렴하고 당쟁을 완전히 해소해야 한다는 공적인 과제와 함께, 개인적으로는 아버지의 억울한 죽음을 풀어야 한다는 사적인 과제를 지니고 있었던 것이다.

정조는 그 두 마리 토끼를 잡기 위해 두 가지 비장의 무기를 마련했다. 하나는 규장각(奎章閣)으로 정치력을 담당하는 무기이고, 다른 하나는 장용영(壯勇營)으로 물리력을 담당하는 무기다. 어느 때보다도 왕권이 강화된 동시에 어느 때보다도 왕권이 불안정한 긴장 상태에서, 그는 문무의 전술을 모두 동원하지 않으면 목표를 달성하기 어렵다고 파악했다. 사실 그는 아버지가 죽고 세손(世孫)으로 책봉될 때부터 반대 세력에게서 암암리에 살해의 위협을 받은 적도 여러 차례 있었다.

규장각은 원래 역대 국왕의 친필 시문과 서화 등을 보관하던 곳으로, 300년 전 세조가 처음 설치했다가 곧 폐지된 기관이었다. 숙종은 환장각(煥章閣)이라는 명칭으로 복원하려 했으나 왕권 강화의 의도를 읽은 유학자들의 반대 때문에 이것도 제 기능을 하지 못했다. 그러나 정조는 즉위하자마자 규장각을 부활시켜 왕실 도서관이자 출판 기관으로 운영했다. 때마침 그 무렵 청나라에서는 강희제와 건륭제의 도서 집성 작업이 완성되어 있어 규장각의 설립과 운영에 큰 도움이 되었다(청나라의 백과사전《고금도서집성》 5천 권도 직접 베이징에서 구입해 규장각에 비치했다).

그러나 규장각은 단순한 도서관이 아니다. 정조는 규장각을 설치한 취지를 이렇게 밝혔다. "승정원(왕의 비서실)이나 홍문관(왕실 도서관)이 제 기능을 하지 못해 혁신 정치의 중추로서 규장각을 만들었다." 실제로 정조는 규장각을 비서실처럼 이용했으며, 과거 시험까지 주관하도록 했다. 나아가 그는 규장각을 학술 토론의 장으로도 활용했다. 왕과 신하들의 학술 토론이라면 앞에서 살펴본 경연이 있다. 정조는 재위 기간 중 경연은 거의 하지 않았고, 오히려 규장각을 경연장으로 삼아 신하들을 가르쳤다. 경연으로 신하들을 채찍질했던 영조보다 한술 더 뜬 것이다. 당연히 정조가 신하들에게 부여하는 학술 과제도 영조보다 훨씬 까다로웠다. 이를테면 규장각은 정조를 위한 정치 기획팀이었다. 그래서일까? 오늘날의 내각과는 의미가 다르지만, 당시 규장각의 별명은 내각(內閣)이었다.

정조의 혁신적인 조치는 여기서 그치지 않는다. 그는 서얼 출신을 규장각의 실무 담당자인 검서관(檢書官)으로 과감히 등용했으며, 신분을 가리지 않고 참신한 인재를 휘하에 끌어들였다. 사실 양반의 거의 대다수가 당쟁으로 갈려 있는 판이었으므로 서얼 출신을 배제하면 마땅한 인재를 구하기도 어려운 형편이었다. 그렇다 해도 신분을 무시하고 중인 계층까지 중용한 것은 정조의 야심과 시대감각을 잘 보여준다. 박제가, 유득공 등 진보적인 북학파 실학자들이 바로 이 검서관 출신이다.

그러나 학자들만 가지고 왕권을 강화할 수는 없다. 그래서 만든 정조의 글씨. 당쟁의 회오리에 말려 부왕인 영조의 명으로 뒤주에서 굶어 죽은 사도세자의 아들이었던 만큼, 정조는 여러 가지 숙제를 안고 즉위한다.

게 친위 부대인 장용영이다. 이것도 역시 규장각처럼 세조 때 처음 만들었다가 이후 폐지된 것이었다. 세조가 창설할 당시에는 장용위라는 명칭이었고 천인들로 편성해 전시에 특수 임무를 부여했다. 정조가 부활시킨 장용위는 처음에 왕의 호위만 전담했다가 군영으로 확대되면서 명칭이 장용영으로 바뀌었고 역할도 왕이 언제 어느 목적으로나 이용할 수 있는 친위 부대로 발전했다. 지금으로 치면 공수특전대로 청와대 경호실을 만든 격이다.

장용영은 내영과 외영으로 나뉘었다. 내영은 도성을 담당하고 왕을 호위하는 친위대였으며, 외영은 사도세자의 묘를 이장한 경기도 화성을 담당했다. 이로써 정조는 장용영을 자신의 공적·사적 목적을 위한 군사력으로 활용하겠다는 의도를 확실히 드러낸 것이다. 그의 타깃은 분명했다. 사사건건 왕의 발목을 붙들고 늘어지는 관료 세력이 공적 타깃이고, 아버지 사도세자를 모함해 죽음으로 몰아간 노론의 중추 세력이 사적 타깃이다.

정조는 규장각이라는 정치 기획팀과 장용영이라는 군대를 근간으로 삼아 왕권을 강화하고 당쟁을 완전히 종식시키고자 했다. 규장각은 새로운 정치 세력이 되어 낡은 세력을 조정에서 몰아낸다.

이 과정에서 혹시 있을지 모르는 낡은 세력의 반란 행위는 장용영으로 차단한다. 이 멋진 계획이 실현되었다면 이후 조선의 역사는 어떻게 되었을까? 적어도 세도정치 시대라는 황폐한 19세기를 보내지는 않았을 것이다.

그러나 불행히도 정조는 규장각과 장용영의 기능을 충분히 시운전해보기도 전인 1800년에 마흔여덟 살의 나이로 급사했다. 그가 죽은 뒤 조선은 마치 그가 없었던 것처럼 급속히 원래대로 돌아갔다. 규장각은 기능이 변경되어 그대로 남았지만 용도가 사라진 장용영은 불과 2년 만에 해체되고 말았다.

정조를 마지막으로 조선 왕조에서는 더 이상 '정상적인' 왕이 배출되지 않았다. 대한제국까지 합쳐 다섯 명의 나머지 왕들 중 셋(순조, 헌종, 철종)은 재위 기간에 외척 세도가들이 국사를 담당했고, 고종 때는 흥선대원군과 민비 세력이 집권했으며, 순종은 완전한 허수아비였을 뿐 아니라 그나마 몇 년 가지 못하고 나라가 일제에 합병되었다.

이렇게 보면 정조는 사실상 조선 왕조의 마지막 왕이라 할 수 있으며, 그때가 조선 왕조로서도 마지막 중흥의 기회였다고 할 수 있다. 특히 당시는 국제적으로도 서양 열강이 침탈하는 시대를 맞아 동북아시아 전체가 위기에 처한 시대였으므로 정조의 죽음은 지극히 중요한 시점에 우리 역사가 또 한 번 굴절을 겪는 안타까운 순간이었다. 그 시기에 선장마저 잃은 조선은 20세기 중반까지 150여 년이나 심한 풍랑에 시달렸다.

정조의 아버지 사도세자는 한여름 뒤주 속에서 굶어 죽는 형벌을
받았다고 한다. 세자의 신분에 어떻게 그런 벌을 받게 되었을까?

사도(思悼)라는 이름은 영조가 아들을 죽인 데 대해 뉘우침의 뜻
으로 나중에 추서한 시호다. 그는 겨우 두 살에 세자로 책봉되었고, 어릴 때
부터 아주 영특했다고 한다. 영조 만년에는 직접 정사를 맡아 일했는데, 과
감하고 혁신적인 사고 때문에 당시 기득권층이던 노론의 견제와 모함을 받
았다. 노론의 책동으로 아버지 영조에게서 호된 꾸지람을 받은 그는 정신질
환에 걸렸다. 영조는 어떻게 해서든 탕평책을 유지하겠다는 생각이었으므
로 세자로 인한 당쟁의 재발을 환영하지 않았던 것이다. 사도세자의 아들로
왕위에 오른 정조는 스물여덟 살의 젊은 나이로 비극적 죽음을 당한 아버
지의 시호를 장헌(莊獻)으로 바꾸었으며, 나중에 고종은 사도세자를 임금의
반열인 장조(莊祖)로 높였다.

최후의
중화사상

쇄국 정책의 배경

　　혼히 대원군(大院君)이라고 하면 쇄국정책으로 유명한 고종의 아버지 이하응(李昰應, 1820~1898)을 가리키는 말이지만, 사실 대원군이라는 말은 보통명사다. 왕이 죽으면 왕의 아들이나 형제가 차기 왕 후보 1순위인데, 그마저 없을 때는 다른 왕족 중에서 후보를 골라 왕위를 계승시켜야 한다. 나이 지긋한 인물을 고를 수는 없고 해서 대개 십대 청소년으로 왕위에 오르게 하는데, 이때 그 청소년의 아버지가 대원군이 된다. 졸지에 예기치 않게 왕이 되는 그 청소년만큼이나 대원군도 급작스런 신분 상승을 하게 되는 것이다.

　　조선시대 전체에 걸쳐 대원군은 네 명 있었다. 선조의 아버지 덕흥대원군이 처음이고, 광해군을 폐위시키고 즉위한 인조의 아버지 정원대원군, 후사가 없었던 헌종이 죽자 즉위한 '강화도령'

홍선대원군 이하응. 이하응은 용의주도하고 권력에 대한 집착이 대단히 강한 인물이었다. 쇄국 정책은 그의 철저한 믿음이었다.

철종의 아버지 전계대원군, 그리고 고종의 아버지 홍선대원군 이하응이다.

열일곱 살에 부모를 잃은 이하응은 왕족임에도 불구하고 안동 김씨의 세도에 밀려 한직을 전전하다가 그들의 견제를 의식해 호신책으로 건달들과 어울려 지내기도 했다. 그러면서도 그는 권력을 향한 꿈을 포기하지 않았고 동시에 안동 김씨 세도가에 대한 원한을 깊이 새겼다. 마침내 그에게 기회가 왔다. 헌종 때 잠깐 권력을 잡았다가 철종이 즉위하면서 다시 안동 김씨에 눌렸던 또 다른 세도가문인 풍양 조씨와 줄이 닿게 된 것이다. 철종이 후사를 남기지 못하고 죽자 그의 아들 명복이 그들의 힘을 등에 업고 고종으로 즉위했다. 마침내 이하응의 세상이 열렸다.

홍선대원군이라는 신분으로 열두 살짜리 아들의 섭정이 되어 권력을 손에 쥔 이하응이 맨 처음 한 일은 당연히 원수였던 안동 김씨 세력을 타도하는 것이었다. 그는 이참에 아예 세도가가 존립할 근거를 없애기 위해 유림 세력의 근거지인 서원을 정리하고, 양

경남 남해의 척화비. '양이(서양 오랑캐)'를 배척하자는 내용이지만 이미 조선은 그럴 힘이 전혀 없었으니 공허한 구호였을 뿐이다.

반에게도 국방세를 내게 했다. 또한 그동안 안동 김씨의 군사력과 같은 노릇을 해왔던 비변사도 없애고 대신 삼군부(三軍部)를 설치했다. 그러나 이렇게 참신한 개혁 정치의 바람을 몰고 왔는가 하면, 왕권을 강화하려는 의욕이 지나쳐 무리하게 경복궁을 수리하려다 여론의 포격을 맞기도 했다.

뭐니 뭐니 해도 후대에까지 잘 알려진 대원군의 트레이드마크는 쇄국 정책이라는 독특한 국수주의일 것이다. 구호 자체는 그럴 듯했다. 이른바 위정척사(衛正斥邪, 옳은 것을 보위하고 나쁜 것을 배척함), 즉 정학과 정도를 지키고 사학과 이단을 물리친다는 것이었다. 그런데 무엇이 정(正)이고 무엇이 사(邪)라는 것일까?

사실 이하응의 쇄국 이데올로기는 소중화 사상, 북벌론과 궤를 같이한다. 다만 상황이 그때와 다르기 때문에 목표도 다르다. 17세기 북벌론은 명나라가 무너지고 '오랑캐' 청나라가 중국을 장악했으므로 이제 조선이 세계의 중심으로서 사방의 오랑캐와 '성전(聖戰)'을 벌여야 한다는 것이었다. 그에 비해 19세기의 쇄국 이데올로기는 강성해진 사방의 '오랑캐'들이 유일한 중화 세계인 조선을 집어삼키려 하고 있으니 이것을 막으려면 나라의 문을 닫아 걸어야 한다는 것이다. 북벌론이 공세적 소중화라면 쇄국론은 방어적 소중화인 셈이다. 그래도 17세기에는 이론적으로나마 공세를 취했던 데 반해 19세기의 조선은 그런 허장성세마저 허락하지 않을 정도로 코너에 몰렸다. 쇄국 정책은 그 위기감의 표출이다.

이하응은 조선과 동병상련을 겪고 있는 중국 청나라와의 사대 관계 외에는 일체의 대외 관계를 차단했다. 일본은 1854년 미국을 필두로 영국, 러시아 등에게 문호를 열었으므로 대원군이 보기에는 서양 오랑캐와 다를 바 없었다. 따라서 전통적인 '교린'의 대상이 아니었다. 이로써 조선시대 내내 공식 외교 방침이었던 사대교린은 완전히 무너졌다.

그러나 '소중화'의 이하응은 진짜 중화(중국)가 전통적으로 자주 사용하던 이이제이 전략을 섣부르게 구사하다가 집권의 위기를 맞게 된다. 당시 남하 정책에 열심이던 러시아가 두만강까지 와서 통상을 요구하는 것에 위기감을 느낀 이하응은 대책을 마련하기 위해 고민했다. 이때 천주교도들이 교묘한 제안을 했다. 유럽의 강국 프랑스와 조약을 맺고 그들의 힘을 빌려 러시아를 막자는 것이다. 오랑캐로 오랑캐를 친다는 전략에 귀가 솔깃한 이하응은 러시아를 막아준다면 신앙의 자유를 허락하겠다는 뜻을 비치고, 조선에 와 있던 프랑스인 주교 베르뇌를 만나보기로 했다. 그런데 지방에 있던 베르뇌가 부랴부랴 상경하고 있는 도중에 베이징 특파원이 한양으로 보낸 서신이 도착했다. 지금 청나라에서 대대적으로 천주교도들을 탄압하고 있다는 소식이었다. 청나라의 방침은 곧 조선이 따라야 할 지침이다.

대원군은 즉각 정책을 180도 바꿔 천주교 박해령을 내렸다. 이 것이 1866년의 병인박해다. 이때부터 6년간 8천여 명의 천주교도 들이 대량 학살되었다. 그래도 그는 그 사건으로 비롯된 1866년 프랑스의 공격과, 1871년 미국의 공격까지는 잘 막아냈다. 하지만 나라를 다스리기 이전에 집안 단속에 실패하면서 그는 권좌에서 물러나게 된다. 1873년 며느리 민비를 등에 업은 외척 세력의 책 동으로 최익현이 대원군을 탄핵하는 상소를 올린 뒤, 이하응이 전 용으로 사용하던 창덕궁의 전용문이 폐쇄되었다. 출장 갔다가 돌 아와서 자기 책상이 치워지고 없으면 해고된 것이다. 이리하여 이 하응의 10년 집권은 결국 '정리해고'로 끝났다.

"서양 오랑캐의 침입에 맞서 싸우지 않는 것은 곧 그들과 화평 하자는 것이며, 화평을 주장하는 것은 곧 매국노다." 이런 내용의 척화비(斥和碑)를 전국 각지에 세울 정도로 단호한 쇄국을 주장했 던 흥선대원군 이하응의 철학은 결국 무너져가는 중국을 끝까지 끌어안고 같은 운명의 길을 가려는 중화사상의 마지막 몸부림이 었다. 그러나 뒤이어 집권한 민씨 세력이 무능과 무책으로 일관하 다가 끝내 나라마저 팔아먹게 되는 것을 보면, 그나마 쇄국 정책 은 강력한 방어 무기의 역할이라도 했다고 볼 수 있다. 그렇다면 조선의 마지막 무기는 중화사상이라는 공허한 자존심밖에 없었던 것일까?

흥선대원군 이하응은 급변하는 19세기 말 동아시아의 국제 정세 속에서 조선의 실질적 권좌에 올랐다. 아무리 조선이 국제 정세에 어두웠다 해도 서구 열강과 일본의 제국주의적 침략이 노골화되는 시점에서 그가 생각한 대처 수단은 오로지 쇄국 이데올로기 밖에 없었던 것일까?

이하응은 용의주도하고 권력에 대한 집착이 대단히 강한 인물이었다. 왕권의 부활을 두려워한 안동 김씨의 감시가 심해지자 젊은 시절의 그는 호신책으로 깡패들과 어울리고 구걸까지 하고 다닐 만큼 교활하기도 했다. 물론 쇄국 정책은 그의 철저한 믿음이었으나 그는 그것에만 의지하지 않았다. 필요하다면 천주교와도 서슴없이 타협할 정도로 그의 권력욕은 남달랐다. 민비 세력에 의해 실각한 뒤 그는 1882년 임오군란을 계기로 재집권에 성공하며, 중국의 실권자인 위안스카이(袁世凱)와도 손을 잡는가 하면 1895년 을미사변 때는 일본과도 결탁했다. 이처럼 그는 자신의 집권을 위해 물불을 가리지 않는 집념의 화신이었다.

개화開花하지 못한
개화開化의 길

오경석의 개화론

"왜놈들과 무슨 협상을 한다는 거야? 병인년과 신미년에 서양 오랑캐들도 물리쳤는데, 왜놈들에게 굴복한다니 말이 되는가?"

"중국도 개항을 했는데 우리가 뭐 중뿔난 재주가 있어 버티겠는가? 마침 중국에서도 권하는 일이니 이 기회에 문호를 열어야지."

"구차스럽게 개국할 수는 없어. 국제적 추세로 보아 조만간 개국은 해야겠지만 준비를 충분히 갖춰서 해야지. 하지만 그렇다고 해서 지금 무력시위를 하고 있는 일본과 전쟁을 벌이면 결과는 뻔하니 어떻게든 승산 없는 전쟁은 피해야지."

1876년 2월 일본이 강화도에 상륙해 조선 정부 측 인사들과 회담을 할 때 조선에는 위와 같은 세 가지 입장이 있었다. 첫째는 원로대신들과 흥선대원군의 쇄국 정책이고, 둘째는 민비 세력의 대책 없는 입장이며, 셋째는 박규수, 오경석 등 합리적 개화론자의 견해다.

특히 오경석(吳慶錫, 1831~1879)은 당시 통역관으로 회담에 참여해 열심히 양측의 이야기를 서로에게 전달해주면서도 회담을 조선 측에 유리하게 이끌기 위해 동분서주했다. 일본 측은 회담 도중에도 세 차례나 함포 사격을 하며 을러대면서 운요호 사건(그 전해 9월 일본 군함 운요호가 강화도에 상륙함으로써 빚어진 양국 간의 무력 충돌)의 원인이 조선에게 있다고 억지를 부렸다. 뻔한 거짓말인 줄 알면서도 어쩌지 못하는 조선 측 대표자들에게 오경석은 최근 중국 신문에 일본의 조선 침략론이 보도된 적이 있다는 말을 슬쩍 전하면서 그것으로 반박을 하라고 권했다.

결국 굴욕적인 강화도 조약이 체결되어 조선은 일본의 손에 의해 개국을 당하고 말았지만, 긴박한 상황에 기민한 순발력으로 대응한 데서 알 수 있듯이 오경석은 단순한 역관(譯官, 통역을 맡은 관리)이 아니었다. 스물세 살 때 중국에 파견된 조선 사신단의 역관으로 베이징에 간 그는 1년 가까이 베이징에 머물면서 서구 열강의 침략으로 무너져가는 중국의 실상을 똑똑히 목격했다. 그 뒤에도 그는 13차례나 중국에 드나들면서 서양의 과학과 지리학을 소개한 중국의 서적들을 가져와 탐독했다. 그는 개국이 필연적이고 개화(開化)만이 살 길이라는 결론을 내렸다.

그러던 중 1860년 영국과 프랑스 연합군이 베이징을 점령하고 불평등조약을 강제로 체결하는 모습을 현장에서 본 오경석은 큰 충격을 받았다. 올바른 개화는 혼자 힘으로 되는 게 아니라 뜻을 같이하는 사람들과 힘을 합쳐야 가능한 일이었다. 그래서 그는 절친한 친구인 유홍기에게 자기가 그간 읽었던 서적들을 권해주고, 북경에 조문단으로 갔다 와서 새로운 사고를 하게 된 박규수에게도 자신의 개화론을 설파했다. 특히 지체 높은 양반 가문 출신에다, 북학파를 연 박지원의 손자이며, 연배도 높은 박규수가 참여한 것은 오경석에게 천군만마를 얻은 격이었다.

오경석, 유홍기, 박규수의 개화 삼총사는 영민한 양반 자제들을 모아 개화론을 교육하기로 계획했다. 박규수의 사랑방을 교실로 삼아 그들에게서 '개화론 특강'을 받은 김옥균, 박영효, 홍영식, 유길준, 서광범 등은 훗날 개화파를 형성하게 된다.

개화론은 적극적으로 개화를 하자는 주장이므로 대원군의 쇄국 정책과 정면으로 부딪칠 수밖에 없다. 그러나 오경석은 맹목적인 개화론자가 아니었다. 그는 외세의 힘을 빌려 개화하는 것은 자주독립을 저해하므로 위험하다는 견해를 가지고 있었다. 특히 자기 나라도 제대로 지키지 못하는 중국이 권한다고 해서 무작정 개화하고 개항하는 것은 따를 수 없는 일이라고 생각했다. 개화를 주장한다고 해도 무능과 무정책으로 일관한 민비 세력과는 질적으

개화파의 인물들. 앞줄 중앙이 박영효. 뒷줄 왼쪽에서 네 번째가 유길준이다.

로 달랐던 것이다. 그가 가장 옳다고 여기는 개화의 길은 서양의 과학기술과 산업 체계를 받아들이는 것이었지만, 그렇다고 해서 서양을 무조건 추종하자는 것은 아니었다.

1871년 미국 군함이 대통령의 서신을 가지고 와서 정식으로 조선의 개항을 요구하자 오경석은 이 기회에 미국과 외교 관계를 맺자고 건의했다. 그러나 쇄국 정책을 목숨처럼 고수하고 있던 이하응의 귀에 그 말이 들어올 리 없다. 이 때문에 오경석은 '개항가'라는 경멸 섞인 낙인을 얻었지만, 나중에 미국이 무력을 앞세우고 재차 개항을 요구할 때는 단호하게 대결하자고 주장했다. 그는 어디까지나 외세를 이용하고자 했지 추종하려 하지는 않았다는 것을 보여주는 대목이다.

역관은 중인 신분으로 거의 세습되었던 직업이다. 당대에 명필로 이름이 높았고, 서화와 금석학에도 전문가였던 오경석은 오로지 양반 출신이 아니었던 탓으로, 정치에 직접 참여하지 못하고 양반층 자제를 골라 자신이 품은 뜻을 대리 실천하도록 교육할 수밖에 없었다. 그러나 바로 양반이 아니었기 때문에 그는 베이징에서 본 중국의 실상을 객관적으로 받아들일 수 있었을 것이다. 사대사상이 뼛속까지 스며든 양반이었다면 아마도 서양 오랑캐들에게 유린당하는 중국의 모습을 보고 중국의 아픔을 자신의 고통처럼 느꼈을 뿐 위기감을 느끼고 서양의 문물을 받아들이는 자세로 전환하는 것은 꿈도 꾸지 못했을 것이다.

신분 차별에 대한 오경석의 아쉬움은 교육을 통해 위안을 얻었다. 그의 양반 제자인 김옥균은 양반 중심의 신분 제도가 나라 발전의 가장 큰 질곡임을 깨닫고, 스승이 죽고 나서 5년 후 갑신정변을 일으켜 '귀족 타파'를 실현하고자 했다. 또한 오경석의 아들 오세창은 1919년 3·1운동에서 민족 대표 33인의 한 사람으로 독립 선언서에 서명했다. 하지만 지하에 있는 오경석은 아마 신분 차별 없는 세상이 되었다는 기쁨보다는 식민지가 된 조국의 현실에 울었을 것이다.

한국사 질문하는 시간

메이지 유신 직후부터 일본에서는 조선을 무력으로 정벌하자는 주장이 대두되었다. 그 이유는 무엇이었을까?

1868년의 메이지 유신 이후 일본 정부에서는 일본이 서양 제국주의에게서 입은 피해를 보상받고 강국으로 거듭나려면 조선을 침략해 정복해야 한다는 정한론(征韓論)이 대두되었다. 이 정한론의 근저에는 제국주의 시대라는 당시 세계정세의 흐름이 반영되어 있었다. 당시 일본 개화파의 정신적 지도자였던 요시다 쇼인은 이렇게 말한 바 있다. "러시아, 미국과 화의가 맺어지면 우리로서는 비록 오랑캐와의 약속일지라도 신의를 지켜야 한다. 우리는 그 사이에 국력을 배양하여 손쉬운 상대인 조선, 만주, 중국을 취함으로써 교역에서 러시아와 미국에게서 잃은 것을 보충해야 한다." 제국주의 열강에게서 입은 손해를 다른 식민지에 전가하고 일본도 하루빨리 제국주의 국가로 나서야 한다는 이 제국주의적 가르침은 일본을 강국으로 만드는 데 기여했으나 주변국들에게는 엄청난 고통을 주었다.

불과 20년의
차이로

일본과 조선의 개항

　　우리 역사, 특히 조선사를 보면 19세기 말에 느닷없이 일본이 등장한다는 느낌을 갖게 된다. 그 전까지 일본이 우리 역사에 등장했던 시기는 무려 300년 전인 임진왜란이다. 그토록 오랜 기간 동안 조선과 아무런 교류도 없다가 갑자기 19세기 말에 일본은 조선을 강제로 개항시키고 자기 집 안방처럼 드나들며 막강한 영향력을 행사하다가 급기야 합병까지 하게 된다. 거슬러 올라가면 삼국시대부터 고려시대까지, 그리고 조선 초까지도 한반도의 해변에 출몰하며 노략질이나 일삼던 '미개한' 일본이 어떻게 해서 갑자기 조선을 손에 쥐고 흔드는 입장이 되는 걸까?

　　하지만 일본은 결코 미개한 나라가 아니었다. 고려와 조선 왕조에서는 일본을 왜국이라는 경멸스런 이름으로 부르며 얕잡아보았지만, 사실 당시에도 일본의 국력은 고려나 조선을 능가하는 수준이었다. 일본은 역사의 초창기에 한반도를 통해 금속기 문명을 받았지만, 한반도보다 넓은 섬에 토착 인구가 처음부터 상당했으므로 금세 문명의 힘을 키울 수 있었다. 조선과 명나라가 힘을 합쳐 싸운 임진왜란을 무승부로 이끌었다는 사실이 일본의 힘을 보여준다. 더구나 임진왜란을 계기로 이후 일본은 번영의 시대를 맞았다.

임진왜란으로 조선은 전 국토가 황무지가 되다시피 했지만, 일본은 도요토미 정권만 무너졌을 뿐 별로 피해가 없었다. 오히려 전쟁은 내부의 모순을 해소하는 데 도움을 주었다. 게다가 조선에서 수많은 서적과 활자, 문화재 등을 가져가고 도공들을 잡아간 것은 경제 발전과 문화 창달의 계기가 되었다(일본은 역사적으로 늘 우리를 침략해 이득을 취했다. 임진왜란도 그랬고 일제 강점기도 그랬지만, 1950년 한국전쟁에서도 일본은 군수품 수출로 경제성장을 이루었다). 무리한 전쟁을 벌였던 도요토미가 죽자 도쿠가와 이에야스(1541~1616)가 정권을 장악해 에도 바쿠후 시대를 연다. 19세기 개항기까지 이어진 이 시절에 일본은 정치가 안정되고 경제의 번영을 이루어 국력을 크게 키웠다.

임진왜란이 끝난 직후부터 일본은 조선과 다시 교류를 재개했다. 조선은 에도 바쿠후의 지배자인 쇼군(將軍)이 즉위할 때마다 통신사라는 대규모 사절단을 보내 축하했다(일본은 천황이 따로 존재했지만 실질적인 일본의 왕은 쇼군이었다). 많을 때는 400명 넘게 보내기도 했으니, 말이 통신사지 거의 조공 사절단이나 다를 바 없었다. 게다가 일본 측은 조선에 사절단을 보내지 않았다.

조선 건국 이후 임진왜란 이전까지 통신사를 포함한 사절단이 수십 차례 파견되고 전쟁 이후 19세기 초까지는 모두 12차례의 통신사가 파견되었다. 잦은 교류라 할 수는 없지만, 그래도 일본에서는 조선과의 교류가 거의 유일한 국제 관계였다. 그 시절 내내 일본은 공식적인 쇄국기를 가졌기 때문이다. 그리스도교의 포교를 금지하기 위해 시작된 일본의 쇄국기는 에도 바쿠후 시대 내내, 즉 1639년부터 1854년까지 200여 년간이나 지속되었다. 조선 이외에 일본이 교류를 부분적으로 허용한 나라는 유럽의 네덜란드뿐이었다. 그 이유는 도쿠가와 이에야스 시절부터 생긴 네덜란드와의 각별한 친교 때문인데, 지금까지도 그 흔적이 남아 일본에는 특별히 네덜란드와 관련된 근세의 유적들이 많이 있다.

1840년대 네덜란드는 두 차례에 걸쳐 일본에게 개항을 권고했는데, 기득권을 가진 바쿠후 정권은 그 권고를 무시했고 바쿠후에 반대하는 세력은 지지했다. 당시 일본에서도 수구파의 쇄국과 개화파의 개항이 대립했던 것이다. 그러나 개항은 필연적이었다. 결국 1853년 미국이 군함을 동원해 무력시위로 일본에게 통상을 요구하자 이듬해 일본은 미국과 통상 조약을 맺었고 곧이어 영국과 러시아에게 문호를 열었다.

이 사건은 일본 내에 엄청난 반향을 불러일으켰다. 굴욕적인 개항은 반(反)바쿠후 세력을 결집시켰다. 이들은 바쿠후 타도와 존왕양이(尊王攘夷, 왕을 받들고 오랑캐를 물리친다)를 구호로 내걸었고 마침내 쿠데타를 통해 바쿠후를 무너뜨리는 데 성공했다. 이로써 200여 년의 에도 시대가 급작스럽게 종말을 맞으면서 일본에는 천황을 중심으로 하는 강력한 중앙집권 체제가 확립되었다. 그 결과가 바로 1868년의 메이지 유신이다. 유신 이후 일본은 급속한

강화도 조약이 체결되는 장면. 양측의 복장이 개항 시기의 차이를 대조적으로 보여준다. 불과 20년 앞서 개항한 일본측의 복장은 이미 완전히 서구화되어 있다.

경제성장을 이루어 한반도 진출을 노렸고, 1876년 운요호 사건으로 조선을 개항시키는 데 성공했다.

조선에게는, 제국주의 '본산'인 서구 열강도 아니고 후발 제국주의에다 탐욕스러운 일본의 손에 의해 개항된 것이 최악의 불행이라고 아니할 수 없다. 우선 강화도 조약부터 그렇다. 일본은 서구 열강에게 개항될 때는 통상 조약만 맺었으면서도, 자신이 제국주의 노선으로 나설 때는 외국에게 불평등조약을 강요한 것이다. 강화도 조약의 핵심 내용은 다음과 같다.

○ 조선은 자주적인 나라다(청나라와의 사대 관계 단절).
○ 연안 항해의 안전을 위해 일본 항해자에게 해안 측량을 허용한다.
○ 개항장에서 일어난 범죄 사건은 자국의 법에 의해 처리하도록 한다(치외법권 인정).
○ 상인의 편의를 위해 추후 통상협정을 맺는다(잠정적 관세 면제).

무력한 조선 정부는 이런 굴욕적인 조항들까지도 그대로 수용할 수밖에 없었다(더구나 조선 대표는 서울을 전통적 명칭인 '한성'이라고 불렀는데, 일본 대표는 굳이 '경성'이라고 불렀다. 일제 강점기를 거쳐 지금까지도 흔적이 남아 있는 '경성'이라는 명칭은 이때 일본이 '한성' 대신 만들어낸 것이다). 심지어 일본은 처음으로 조선의 문호를 열었다는 특권으로 나중에 조선이 다른 나라에게 차례차례 문호를 개방할 때도 일일이 간섭했다.

1854년과 1876년, 불과 20년의 차이지만, 일본의 개항과 조선의 개항은 의미가 전혀 달랐고 전혀 다른 방향으로 나아갔다. 실은 배경부터 달랐다. 일본은 에도 시대 내내 축적된 힘이 있었고, 조선은 허구적 북벌론과 무모한 당쟁, 특히 19세기 초·중반 60년 간의 세도정치로 국력이 쇠잔할 대로 쇠잔해진 상태였다. 그러나 더 큰 차이는, 개항을 한 직후부터 중앙집권 정치체제와 자본주의 경제제도를 갖추기 시작한 일본에게는 조선이라는 허약한 먹이가 있었다는 점이다. 그런 상황에서 개항한 이상 일본이 조선 침략에 적극 나설 것은 이미 개항 이전에 예고되어 있었다.

개항은 역사적 필연이지만 실제 개항의 과정이 시나리오처럼 필연적이었던 것은 아니다. 적어도 두 가지 가정을 해볼 수 있다. 하나는 18세기 영조와 정조 시대의 조선이다. 당시 조선은 정치적으로 안정된 상태에서 건강한 문화가 자리 잡아가고 있었다. 특히 왕권 강화 정책의 완성을 눈앞에 두고 의문의 죽음을 맞은 정조의 노력이 이후에도 계속 추진되어 결실을 맺었다면, 조선은 중앙집권 체제를 갖추고 나서 개항 문제에 대해 주체적으로 여유를 가지고 진행시킬 수도 있었다. 그러나 정조가 죽은 직후 권력이 외척 세도가의 손에 들어감으로써 모든 게 허사가 되어버렸다.

또 한 가지, 실학자들은 청나라를 거쳐 들어오는 서양 문물에 지대한 관심을 보이고 있었다. 박지원과 박제가 등 북학파와 정약용 등의 실학자들은 북학과 서학, 즉 서양의 기술문명을 도입하고 그들과 통상하자고 주장했다. 이미 18세기에 자발적인 '개항'의 목소리가 높았던 것이다. 비록 일본의 압력에 의한 것이었지만, 고종에게 개항을 건의한 우의정 박규수도 박지원의 손자였다. 황폐한 세도정치 하에서도 자발적인 '개항'의 외침이 완전히 사라지지는 않았다. 정조가 등용한 규장각 검서관 이덕무의 손자인 이규경은 대외 무역을 통해 이익을 볼 수 있다고 말하면서 주체적인 개방을 주장하기도 했다.

정조의 왕권 강화 정책이 실현되었거나, 실학자들의 주장에 정부가 귀를 기울이고 실행에 옮길 수 있는 방안을 마련했다면, 개항의 과정은 크게 달라졌을 것이다. 이 두 가지 주체적 개항의 길이 완전히 차단되는 것은 아무것도 한 일이 없는 60년간의 세도정치 과정에서다. 20년의 차이로 일본과 조선이 천양지차의 모습으로 달라지게 만든 것도 바로 그 세도정치다.

20세기 초반 러시아 사회주의 혁명을 이끈 레닌은 "혁명의 와중에서 보낸 20일은 평상시의 20년과 맞먹는다"고 말한 적이 있다. 조선은 국제 정세가 급격히 변화하기 시작한 19세기의 60년을 허무하게 보냈고, 일본은 1854년부터 1876년까지의 20년을 '혁명(메이지 유신)의 와중'에서 보냈다. 그 사실만으로도 두 나라의 차이는 되돌릴 수 없이 벌어졌다.

일본은 우리 문헌에서 근대에 이르기까지 내내 '왜(倭)'라는 이름으로 불린다. 작고 보잘것없다는 뜻이고 좋지 않은 이름인데 일본은 왜 그런 이름을 가지게 되었을까?

한반도에 고대 삼국이 틀을 갖출 무렵 일본에도 야마토 정권이라는 부족 연맹체가 성립되었다. 야마토를 고대 국가의 위상으로 발전시킨 인물은 일본 고대사의 최대 영웅으로 꼽히는 쇼토쿠 태자(574~622)다. 그는 법을 제정하고 중앙집권 체제를 확립했다. 그의 사후 한동안 반동 독재가 이루어지다가 645년 쿠데타를 통해 집권한 새 정부가 다이카 개혁을 실시함으로써 일본은 비로소 고대 국가로 발돋움하게 된다. 이 무렵 일본은 처음으로 '일본'이라는 국호를 정하게 되었다. 하지만 그 이전부터 중국에서는 일본을 왜라는 이름으로 불렀으며, 그 이후에도 그 이름을 계속 사용했다. 모든 면에서 중국을 본받으려 했던 한반도 역대 왕조들 역시 일본을 왜라는 이름으로 낮춰 불렀는데, 사실 7세기 이후부터는 일본이라고 불러야 옳다.

사대의 굴레를
벗어던진 농민들

갑오농민전쟁

60년의 세도정치로 나라가 무너지고, 10년의 쇄국으로 좀 더 버틴 다음 나라의 문을 열면서 열강의 침탈을 당하는 19세기의 우리 역사는 한 나라가 망하는 과정을 전형적으로 보여주는 한 편의 시나리오와 같다. 그러나 그 과정에는 긍정적인 변화도 있었다. 1천300년간이나 한반도 사회를 꽁꽁 묶었던 사대사상의 굴레가 드디어 벗겨진 것이다. 그것도 언제나 정치에서 소외되어 왔던 피지배층 민중의 손으로.

사실 사대의 역사는 언제나 지배층의 역사였을 뿐 민중의 역사는 아니었다. 우리 역사에서 여러 차례 일어났던 '민란'에서는 흔히 신분 해방이 고정 주제였다. 고려의 무신정권기에 있었던 만적의 난에서 만적은 다른 노예들을 모아놓고 이런 일장연설을 했다. "왕후장상의 씨가 따로 있는 게 아니고 때가 오면 누구든지 할 수 있는 것이니 우리도 언제까지나 상전 밑에서 고생만 할 게 아니다." 신분 해방을 국제적 무대로 확장시킨다면 만적의 말을 이렇게 바꿀 수도 있다. "천자의 씨가 따로 있는 게 아니고 여건이 되면 어느 나라나 제국을 칭할 수 있으니 우리나라도 언제까지나 중국 밑에서 복종만 할 게 아니다."

역사 속의 민란들은 대부분 경제적인 동기에서 비롯되었다. 이를테면 탐관오리의 수탈이나 가혹한 세금에 반대해 민중이 들고 일어난 것이었다. 따라서 힘이 있으면 요구 조건이 어느 정도 수용되고 그렇지 못하면 쉽게 진압되는 게 보통이었다. 그러나 1894년의 갑오농민전쟁은 성격이 다르다.

고부 군수 조병갑의 탐학에 맞서 그해 1월 전봉준의 지휘 아래 일어난 고부 농민들은 일차 타깃인 조병갑을 쫓아내는 데 성공했다. 이때까지만 해도 지역의 농민들이 탐관오리를 타도한 경제적 민란의 수준이었다. 이것을 '농민전쟁'의 수준으로 끌어올린 계기는 정부에서 안핵사(지방에서 사건이 발생했을 때 처리하기 위한 임시 직책)로 파견된 이용태의 학정이었다.

4월에 다시 봉기한 농민군은 고부 민란의 시기와 달리 불과 몇 개월 만에 정치적으로 크게 각성되어 있었다. 농민군의 4대 강령은 ①살생을 금한다, ②나라와 민족의 안녕을 기한다, ③서양과 일본 세력을 축출한다, ④탐관오리를 처단한다는 것이다. 여기에는 이미 경제적 요구와 정치적 요구, 나아가 국제 관계에 대한 요구까지 포함되어 있다. 전국으로 발송한 격문의 내용도 마찬가지다.

우리가 일어나는 목적은 백성을 도탄에서 건지고 나라를 튼튼히 하고자 함이다. 안으로는 탐학한 관리의 머리를 베고, 밖으로는 횡포한 강적의 무리를 쫓아내려 한다. 양반 밑에서 고통받는 민중과 수령 밑에서 굴욕을 당하는 하급 관리들은 우리와 같이 원한이 깊다. 그러니 주저하지 말고 즉시 일어나라. 기회를 잃으면 후회하리라.

이제 적은 안('탐학한 관리')에만 있는 게 아니라 바깥('횡포한 무리')에도 있다. 따라서 고부 농민만이 아니라 고통받는 민중과 하급 관리 모두가 함께 일어나야 한다는 것이다.

이렇게 일어난 농민군은 한 달 만에 전주를 점령해 위세를 떨쳤다. 무능한 정부는 농민군의 힘에 깜짝 놀라 서둘러 타협에 나섰다. 더구나 청나라와 일본이 자기들 마음대로 군대를 조선에 출병시키는 상황이었으므로 정부는 어떻게든 이 사건을 빨리 매듭지어야 했다. 12년 전 임오군란 당시 정부의 내분으로 친청파와 친일파가 각기 청나라와 일본에게 진압군을 요청한 사건이 있은 뒤부터 양국은 조선을 제 집 드나들듯 했다(당시 일본은 청나라와 톈진조약을 맺어 이후 양국이 조선에 출병할 때는 상호 통지할 것을 약속한 바 있었다. 두 나라가 조선의 주권은 무시하기로 합의한 것이다).

그러나 정부 측이 수용한 요구 조건이 제대로 실행되지 않은 탓에 농민군은 다시 봉기했다. 그러자 예상했던 사태가 터진다. 중국과 일본이 반란 진압을 구실로 조선에 군대를 파견한 것이다. 농민군의 지도자 전봉준은 외세가 간섭할 빌미를 주지 않기 위해 즉각 정부와 화의를 맺고 전주성에서 철수했으나 상황은 이미 엎

질러진 물이었다.

'진압 대상'이 없어지자 일본은 애초의 의도를 노골적으로 드러냈다. 두 달 가까이 동학 잔당을 없앤다며 분주하던 일본군은 7월 하순에 느닷없이 조선의 왕궁에 침입해 민비 정권을 제거하고 대원군을 다시 옹립했다. 이 때문에 오히려 동학 농민군은 재차 봉기에 나섰다. 일본군은 반란 진압을 구실로 왔다가 반란을 더욱 키운 셈이었다. 이때 농민군이 충청관찰사 박제순에게 보낸 편지에는 이런 내용이 있다. "지난날 임진왜란 당시 오랑캐들이 저지른 만행은 초야에 묻힌 우리 필부들도 잊지 못할 일인데 정부의 녹을 먹는 귀하께서는 어찌 구차히 살려 하느냐." 농민군은 이 사태를 300년 전의 임진왜란과 청일 전쟁을 연계시켜 바라보고 있는 것이다.

300년 전에는 중국이 원군이었으나 이제는 사정이 다르다. 중국도 일본처럼 조선을 침략하려는 적일 뿐이다. 그래서 농민군은 관군에게 "척왜(斥倭)와 척화(斥華)는 조선 사람 모두의 뜻"이라는 내용의 편지를 전한다.

그런데 척화라니! 척화는 바로 화(華), 즉 '중화(中華)'를 배척하겠다는 구호다. 드디어 여기서 신라 이래 1천300년간 유지되고 강

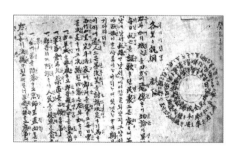

농민군이 작성하여 전국 각지로 돌린 사발통문. 농민군은 만민평등의 사상뿐만 아니라 1천300년 동안 한반도의 지배층을 옭매던 사대의 굴레를 벗어던졌다.

화되었던 사대사상의 뿌리가 싹둑 잘려나가는 소리가 들린다. 조선 사람의 입에서 '척화'라는 말이 나온 것은 아마 이게 처음이 아니었을까? 비록 여기에는 서구 열강의 침략에 속절없이 무너진 중국이 조선을 집어삼키고자 덤벼들었기 때문이기는 하지만, 조선 민중이 아니라 조선 정부였다면 감히 '척화'라는 말을 쓰지 못했을 것이다.

불과 20년 전 홍선대원군이 집권하던 때만 해도 중국만큼은 '척사'의 대상이 아니었고 중국과의 사대 관계는 튼튼했다. 또한 을미사변 이후에 전국 각지에서 들고 일어나는 의병들의 구호도 위정척사일 뿐, 중국과의 사대관계를 부정하지는 않았다. 대원군 일파나 유학자 의병들은 만일 청일 전쟁에서 중국이 승리했더라면 '척화'라는 생각은 꿈도 꾸지 못했을 것이다.

이 점은 개화파도 마찬가지다. 서재필이 주관하는 《독립신문》은 갑오농민전쟁이 일본군에 의해 유혈로 진압된 뒤 몇 년이 지난 1898년 4월 14일자에 이런 내용의 사설을 실었다. "지금 대한 인민에게 학문이 없다는 것을 고려하면 외국 군사(일본군대)가 있는 것이 도리어 다행이다. 만약 외국 군사가 없었다면 동학과 의병이 벌써 경성을 침범하였을 것이다."

쇄국파든, 수구파든, 개화파든 외세를 배격하자는 주장은 누구도 입에 담지 못했다. 그도 그럴 것이, 그들은 모두 지배층이었다. 일제의 식민지가 될 때까지도 지배층은 이념과 노선의 차이에도 불구하고 다들 사대의 근성을 버리지 못했다. "척왜와 척화는 조선 사람 모두의 뜻"이라는 민중의 입장은 지배층의 누구에게도 환영받지 못하는 것이었다.

어찌 보면 당연한 일이지만, 지배층에서 거리가 멀수록 사대사상의 독소가 침투하지 못했다는 것은 흥미로운 현상이다. 앞에서 본 중인 신분의 오경석은 사대사상에서 벗어난 객관적인 정세관을 선보였으며, 갑오농민전쟁의 농민들은 일본과 중국을 똑같은 침략 세력으로 보고 '척왜'와 '척화'를 똑같이 내세우는 대세 감각을 가지고 있었다.

기층 민중이 정치 세력으로 성장하는 길이 열리는 것은 세계적으로도 20세기에 들어서야 가능하지만, 신분 해방이 이루어지는 시기는 나라마다 크게 다르다. 그런 점에서 보면, 비록 조선시대 내내 민중이 정치에 참여할 수 있는 계기는 없었어도 어느 시점에서 어느 정도의 신분 해방만 이루어졌더라면 사대사상의 병균이 조선의 뿌리를 갉아먹지는 못했을지도 모른다.

서양의 역사가들은 흔히 갑오농민전쟁을 1851년 중국에서 일어난 태평천국운동과 비교한다. 종교적 이념을 깔고 있다는 점(갑오농민전쟁은 동학, 태평천국운동은 그리스도교), 농민 봉기로부터 비롯되었다는 점, 평등주의와 반제국주의 이념이라는 측면에서 비슷한 것은 사실이다. 하지만 양자는 차원이 다르다. 태평천국운동은 기본적으로 멸청흥한(滅淸興漢, 청을 멸하고 한을 부흥시킨다)이라는 한족 민족주의에 뿌리를 두었지만, 갑오농민전쟁은 보편적 신분 해방을 바탕으로 한 만큼 더 근본적인 요구를 제기했다. 그러나 제국주의 열강이 보기에는 다 침략의 걸림돌일 뿐이었고, 마침 두 나라의 정부는 무능하기 짝이 없었다. 그래서 결국은 둘 다 외세의 손에 진압되고 말았다.

아무리 일본이 조선을 침략하려는 의도를 가졌다 해도 국제 관계에서는 특별한 명분이 없는 한 먼저 무력을 들이대기가 어려운 법이다. 조선에서 갑오농민전쟁이 일어난 것은 일본에게 어떤 침략의 명분을 주었을까?

갑오농민전쟁은 조선의 내란이므로 그것을 구실로 일본이 조선을 침략하기는 어렵다. 그러나 농민군이 전주성을 공략하기 시작하자 조선 정부는 청나라에 도움을 요청했다. 제 나라 백성들이 일으킨 반란을 진압하기 위해 외국 군대를 끌어들인 것이다. 일본과 청나라 간에 체결된 톈진 조약에 따르면 두 나라가 조선에 출병할 때는 미리 통지하도록 되어 있었다. 이를 구실로 일본은 조선에 출병했다. 사실 전통적으로 한반도 왕조들에 대해 군사권과 외교권을 행사했던 중국의 입장에서는 '남의 나라 내정'에 간섭한다기보다는 '지방의 반란'을 진압한다는 심정이었을 것이다. 조선의 입장에서도 역시 청나라에 지원을 요청하는 데 아무런 부담도 느끼지 않았다. 그 점을 알면서도 일본은 조선을 침략했으니, 어떤 점에서 일본은 중국과 조선의 전근대적인 국제 관계의 맹점을 악용한 셈이었다.

단발이냐,
단두냐

근대화를 향한 몸부림

청일전쟁에서 승리한 일본이 조선에 대한 발언권을 높이자 위기감을 느낀 조선 정부는 '친러시아'로 노선을 전환했다. 당연히 일본은 그것을 괘씸하게 여긴다. 약자가 말을 듣지 않을 때 강자가 쓰는 방법에는 당근과 채찍의 두 가지가 있다. 어느 것이든 목적은 같지만 어느 정도 여유가 있을 경우에는 당근을 쓰고 그렇지 못한 경우에는 채찍을 쓰게 마련이다. 일본은 조선에 어떤 것을 썼을까?

일본은 서구 열강과 같은 선진 제국주의가 아니라 뒤늦게 출발한 후발 제국주의의 처지였다. 그런 만큼 일본은 하루빨리 국력을 키워야 한다는 강박관념에 시달렸다. 게다가 정치와 경제 등 국내의 제반 사정도 좋지 않았다. 그래서 일본은 서구의 '당근'으로 개항되었으면서도 자신이 침략에 나설 때는 서슴없이 '채찍'을 사용했다(서구는 경제적 이익을 목적으로 식민지 개척에 나섰지만 일본은 조선에 대해 애초부터 정치적 병합을 염두에 두고 있었다).

조선에 대해 일본이 꺼내 든 채찍은 을미사변이었다. 1895년 일본은 조선의 궁성에까지 침입해 친러파의 핵심인 민비를 살해했다. 하지만 그것으로 조선이 겁을 먹을 것이라고 여긴 일본의 생각은 잘못이었다. 아무리 민비가 국정을 제멋대로 농락했다고 해도 왕비를 살해한 것은 엄연한 국제 테러 범죄였다. 오히려 그 사건을 계기로 조선 백성들의 반일 감정은 크게 고조되었다. 그러나 민중의 향배에 관해서 무지하기는 조선 정부도 일본에 못지않았다. 때마침 김홍집 내각이 갑오개혁의 일환으로 단발령을 내린 것은 불난 집에 부채질하는 꼴이 되었다.

우선 시기부터 문제였다. 민비가 살해된 지 불과 3개월 지난 1895년 11월이었으니 여론 따위는 아예 안중에도 없다는 태도다. 더구나 단발령은 전통적인 유교 윤리에 정면으로 위배되는 조치였다. 내세운 명분은 '위생에 이롭고 활동하기 편하다'는 것이었으나 이 정도로는 수백 년 역사를 지닌, '身體髮膚受之父母(신체, 머리털, 수염, 살갗 등은 부모에게서 물려받은 것이므로 훼손해서는 안 된다)'라는 유교적 충효 사상을 결코 무너뜨릴 수 없다. 그렇다면 유학자들만이 아니라 일반 백성들도 유교적 충효 사상 때문에 단발령에 반대한 것일까? 그렇지는 않다.

부모에게서 물려받은 머리털을 보존하는 전통적인 방식은 상투다. 결혼한 남자들이 머리카락을 모두 빗어 올려 정수리 위로 틀어 감는 것을 상투라고 하는데, 상투의 역사는 꽤 오래되었다. 《삼국지》 동이전에는 '관모를 쓰지 않고 날상투를 했다'는 구절이 있으니 상고 시대부터 상투는 있었다고 추측된다. 고구려 고분 벽화나 신라의 도기에 나오는 인물상을 보면 고대의 상투 모습을 확실히 알 수 있다. 예컨대 고구려 고분인 삼실총에 등장하는 역사(力士)는 홍콩 무협 영화에서 보는 것과 비슷한 커다란 상투를 틀고 있다.

고려시대에도 상투의 기록이 있다. 다만 몽골 지배기에는 잠시 상투가 사라진다. 충렬왕의 명으로 관료들은 모두 머리카락을 뒤로 땋아 내리는 몽골식 변발을 하게 되는데(정수리 부분의 머리털을 깎지 않는다는 점에서 만주식 변발과는 다르다), 몽골이 폐망한 공민왕 때 변발이 폐지되고 다시 상투를 틀게 된다. 이후 조선시대의 상투는 여러 가지 기록이나 서화를 통해 전해진다. 오늘날 TV 사극에 등장하는 상투 튼 모습은 조선의 것이다.

이렇게 상투의 역사가 오랜 것이라면, 상투는 흔히 알고 있는 것처럼 부모에게서 받은 머리털을 보존하려는 유교 사상에서 나왔다고 할 수 없다. 상투의 연대는 유학이 한반도에 수입되기 전까지 거슬러 올라간다. 오늘날과 같은 이발 도구나 기술이 없었으니 자라나는 머리털을 달리 관리할 수 있는 방식이 없었을 것이므로 상투라는 풍습이 생겼을 것이다. 그렇다면 '머리는 자를 수 있으나 머리털은 안 된다'면서 단발령에 목숨을 걸고 반대한 유림 세력은 단순히 상투라는 풍습을 지키기 위해 단발령에 항거한 게 아니다. 그들이 상투를 지키기 위해 목숨을 건 의도는 어디에 있었을까?

상투는 결혼한 남자들의 전유물이었다. 아무리 나이가 어린 남자라 해도 결혼하고 상투를 틀었으면 결혼하지 못한 남자에게 하

풍속화에 나타난 상투의 모습. 상투를 틀면 덥지 않겠느냐는 생각은 잘못이다. 이 농민의 모습에서 보듯이 상투는 조발 기술이 발달하지 못했던 시대에는 가장 효과적인 머리카락 관리법이었다.

대를 할 수 있었다. 나이가 들어도 결혼을 하지 못했으면 '꼬마 신랑'에게서 봉변을 당할 수도 있으므로 그것을 피하기 위해 노총각들은 결혼과 무관하게 그냥 트는 상투, 즉 건상투를 하고 다녔다. 그래서 상투는 곧 자존심이었으며, 수직적인 신분 질서를 근본으로 하는 유교 사상의 상징이었다. 모든 유림 세력이 단발령에 단호히 맞선 것은 단순한 머리털의 수호가 아니라 체제의 수호였던 것이다.

단발령에 대한 반발이 만만찮은 것을 알게 되자 고종은 자신이 먼저 본보기를 보일 수밖에 없다고 생각했다. 그러나 그의 의도에서 나온 단발령은 아니었다 해도, 한 나라의 왕이 솔선해 오랜 전통을 파기하는 모습은 꼴사나울 수밖에 없다. 하지만 어쩔 수 없는 상황이었다. 게다가 고종은 애초에 왕위에 오른 것조차도 자신의 뜻이 아니지 않았던가? 고종과 태자는 눈물을 머금고 단발을 했다. 왕족의 머리털을 아무나 함부로 깎을 수는 없는 일이므로 고종의 머리는 농상공부대신인 정병하가 깎았고, 태자의 머리는 내부대신인 유길준이 깎았다. 왕실부터 단발했다면 다음은 무조건 강제 시행이다.

단발령은 마치 반란군의 진압 작전처럼 일사불란하게 시행되었다. 거리에서는 물론 백성들의 민가에까지 들어가 강제로 상투를 자르는 일도 많았다. 백성들 중에는 잘린 상투를 차마 버리지 못해 통곡하면서 주머니에 넣어 보관하는 사람들도 있었다.

위생에 이롭다는 게 단발령의 한 근거였다. 그런데 상투는 과연 실제로 비위생적이고 불편했을까? 만약 그렇다면 상투가 그렇게 오랫동안 전통이 될 수도 없지 않을까? 서양의 경우는 조발 도구와 기술이 발달하는 근세에 이르기까지 남자고 여자고 그냥 치렁치렁 머리털을 늘어뜨리고 다녔는데, 실은 그것이 더 비위생적이고 불편했다. 그에 비해 상투는 머리털이 더러워지지 않을뿐더러 훨씬 깔끔하고 단정하게 머리털을 관리하는 방식이었다.

하지만 상투를 틀고 다니면 겨울에는 괜찮다 해도 여름에는 너무 덥지 않았을까? 보기에는 그럴 것 같아도 사실은 그렇지 않았다. 상투를 틀 때는 정수리 부분의 머리털을 완전히 깎아내고 나머지 머리털만을 올려 틀었다. 그러므로 오히려 통풍이 잘 되었으며, 아주 더울 때에는 속 머리털만 더 밀어내면 되었다. 상투는 부모에게서 물려받은 머리털을 고이 보존하기 위한 게 아니라 나름대로 편리하고 훌륭한 헤어스타일이었던 것이다.

1894년의 갑오개혁은 과연 조선의 근대화를 위한 것이었을까?

갑오개혁은 국내 개화파가 일본의 지원을 받으며 조선의 근대화를 위해 실시한 개혁이다. 그러므로 그 모델은 당연히 일본의 메이지 유신이었다. 개혁의 주체는 당시 영의정이었던 김홍집을 비롯해 박영효, 김윤식, 서광범, 유길준 등 개화파 인사들이었다. 갑오개혁은 1894~1895년간에 모두 3차에 걸쳐 진행되었는데, 단발령은 1895년의 3차 개혁에 포함되었다. 처음부터 개혁에 반대하던 수구파 세력은 단발령에 대한 전 국민적인 반대를 바탕으로 목소리를 높여 마침내 김홍집 내각을 무너뜨렸다. 갑오개혁은 친일 세력을 중심으로 하고 일본의 지원을 받았다는 한계는 있으나, 우리의 근대 역사상 처음이자 마지막으로 기록된 '위로부터의 개혁'이었다.

제 5 장

질곡의 현대사

열등감

심기

일본 사학자들이 주도한 식민지 역사관

 식민지를 가장 철저히 억누르는 방법은 식민지 민중의 기를 꺾는 것이다. 아무리 경제적으로 이리저리 단물을 다 빼먹어도, 아무리 힘으로 가혹하게 짓밟아도 식민지 민중의 정신이 살아 있으면 언제고 해방을 꿈꾸게 되고 그 꿈을 현실로 만들려 하게 마련이다. 단지 증오한다는 이유로 400만 유대인을 학살한 야만적인 나치 독일에 비하면 일제는 형이상학적인 정신 조작에 대단히 능했다.

민족의 정신을 짓누르려면 역사를 조작하고 그릇된 역사관을 심어주는 방법이 가장 효과적이다. 과거 역사에 어떠했다면 지금도 크게 다르지 않으리라고 자연스럽게 생각할 수 있기 때문이다. 바로 식민지 역사관이 그런 기능을 했다.

일제가 내세운 식민지 역사관에 따르면, 우리 민족은 크게 세

가지 민족성을 지니고 있다고 한다. 하나는 타율성이다. 이른바 반도 사관이라는 것인데, 우리나라는 반도를 영토로 하는 나라이니까 반도의 특성을 가지고 있다는 주장이다. 중국처럼 대륙 국가도 아니고 일본처럼 해양 국가도 아니다. 따라서 대륙 국가나 해양 국가처럼 주체적이고 능동적으로 행동할 수 없고, 대륙이나 해양의 어느 한쪽에 의해서 민족의 운명이 결정될 수밖에 없다. 역사를 봐라, 한반도는 과거에는 중국의 속국이었고 이제는 일본의 식민지가 되었지 않은가. 얼추 이런 논리다.

모든 주장은 일말의 진실을 품고 있다. 하물며 왜곡의 의도가 있는 계획적인 주장이라면 언뜻 생각하면 쉽게 부인하기 어려운 구조를 지니고 있게 마련이다. 사실 한반도는 1천 년이 넘도록 중국에 조공을 바치는 정치적 종속국이었고 20세기 들어서는 일제에 합병되는 비극을 당했다. 그것은 부인할 수 없는 '사실'이다. 그러나 그 이유가 반도라는 지리적 요인 때문인 것은 아니다. 같은 '반도 국가'인 고대 로마는 반도라는 점을 오히려 잘 이용해 지중해의 패자가 되었다.

더 중요한 것은 '식민자'가 없는 식민지란 있을 수 없다는 점이다. 일제의 침략이 없었는데도 조선이 일제의 식민지로 전락할 수는 없는 일이다. 일제는 조선 왕조의 말기적 증상을 이용해 조선을 쉽게 합병한 것이므로 사실 조선은 스스로 와해된 것에 가깝다. 만약 일제의 침략이라는 외부의 개입 요소가 없었다면, 수명을 다한 조선 왕조는 신라 말기나 고려 말기처럼 필경 자연스럽게 다른 왕조로 교체되었을 것이다. 그러므로 타율성의 논리는 터무니없는 억지다.

임나일본부설의 허구적 근거가 되었던 광개토왕릉비. 높이 6미터가 넘고 두께가 1~2미터인 이 커다란 비석은 세워진 지 1천500년이나 지난 19세기 말에 발견되었다. 여기에는 초기 고구려의 역사를 기록한 손바닥만 한 크기의 글자 1천775자가 적혀 있는데, 그 가운데 200자 가량은 닳아서 알아볼 수 없다. 비문의 내용이 왜곡된 이유는 바로 거기에 있었다.

둘째는 정체성이다. 이것은 경제적인 측면과 연관되는데, 조선은 경제적으로 정체되어 자립적 발달을 기대할 수 없었다는 주장이다. 구체적으로 말하면 조선에서는 봉건시대가 없었으므로 자본주의적 발달이 불가능했다는 것이다. 여기에는 일본의 에도 바쿠후 시대 200년간이 봉건시대였다는 전제가 깔려 있다. 그러나 에도 시대는 정치적으로만 봉건시대였지 경제적으로 그러했던 것은 아니다.

한반도에서는 독자적인 경제 발전이 불가능하다는 주장이 사실이라면, 일제가 한반도를 강점한 뒤 이곳에 철도를 놓고 전기를 공급하고 공장을 지은 일들은 모두 근대화의 혜택을 베푼 게 된다. 외형상으로는 근대화라고 볼 수도 있다. 그러나 그것이 정말 혜택이었느냐 아니냐는 그 '혜택'을 입은 사람들이 결정할 문제다. 조선 민중의 대다수가 혜택이라고 생각하지 않는 것을 혜택이라고 강변한다면, '수혜자가 없는 혜택'이라는 궤변이 될 수밖에 없다.

셋째는 특히 악명 높은 일체성이다. 한반도와 일본은 과거 민족의 뿌리가 같다는 것이다. 유전학적으로 보면 사실일지도 모른다. 일본에서는 오래전부터 한민족과 일본민족의 생물학적 기원을 추적하는 유전학적 탐구가 진행되고 있다. 실은 한국과 일본 두 민족은 유전적으로만이 아니라 문명적으로도 연관이 있을 수 있다. 그것 자체는 충분히 가능할뿐더러 가타부타 할 일이 아니다.

하지만 문제는 이 주장이 제멋대로 연장되어, 과거에 한반도 남부를 일본이 경영했다는 식의 역사 왜곡으로 연결된다는 데 있다. 이 주장은 일제 강점기에 제기되었지만 주로 해방 이후에 '심화' 연구 대상이 되었다. 이른바 임나일본부설과 기마민족국가설이 그것이다. 광개토왕 비문의 '의도적 오역'으로 고대에 일본이 가야 지역을 식민지로 거느리고 200년간 경영했다고 주장한 임나일본부설은 해당 부분 비문의 내용을 바로잡아, 적어도 우리 역사학계에서는 확실히 오류임이 판명되었다. 그런데 도쿄 대학의 에가미(江上波夫) 교수가 1950년대에 처음 주장한 기마민족국가설은 일본 천황족이 한반도계 출신이라는 충격적인 내용이 있는 탓에 오늘날까지도 살아 있다.

물이 높은 데서 낮은 데로 흐르듯이 문명은 발달한 곳에서 미발달한 곳으로 흐르는 게 이치다. 기원전 3세기경까지 일본은 조몬 문화라는 신석기 문명의 단계에 머물러 있었다. 그때 일본에 청동기와 철기 문화를 가져다준 것은 바로 한반도에서 건너간 도래인(渡來人)이었다. 그 덕분에 일본은 조몬 문화에서 야요이 문화로 바뀌는데, 선진 문화가 외부에서 전해졌기에 청동기와 철기가 동시에 공존하는 세계사적으로도 희귀한 현상을 보인다. 그 뒤로 일본은 수백 년간 부족들 간의 격심한 전쟁 끝에 28개 부족이 합쳐

야마토 정권이라는 고대 국가를 이루었다(일본 전체를 통일한 국가는 아니다).

늦게 출발한 문명 치고는 비약적인 발전이기는 하나 그렇다고 해서 일본이 '오리지널' 문명을 전수한 한반도를 능가했다고 볼수는 없다. 그래서 임나일본부설은 정황만으로도 인정하기 어렵다. 다만 5세기 후반 고구려 장수왕의 백제 공격으로 상당수의 백제 지식인들이 일본으로 건너간 것은 사실이므로 기마민족국가설은 어느 정도 타당성이 있는데, 향후 한일 고대사 연구의 중요한 과제다.

이미 '한물 간' 식민지 역사관을 여기서 굳이 끄집어내는 이유는 두 가지다. 첫째는 그것이 완전히 극복되지 않고 있기 때문이다. 현상적인 측면에서 그럴듯해 보이는 탓인지 자신도 모르게 그런 사고방식으로 우리 역사를 보는 사람들이 많다. 이것은 우리역사를 필요 이상으로 낮추어 보는 패배주의와 연결된다.

둘째는 더 큰 문제인데, 식민지 역사관에 대해 지나치게 예민한 반응을 보이는 경우가 있다. 식민지 역사관과 조금이라도 비슷한

기마인물형 토기. 말을 타고 있는 사람의 모습을 주제로 하여 주로 신라, 가야 지역에서 제작된 삼국 시대의 토기다.

주장을 보면 감정적인 태도를 취하는 것이다. 말하자면 '과잉 민족주의'라고 할 수 있는데, 이것은 흔히 우리 역사에 대한 허위의식으로 연결된다. 한때는 식민지 역사관이라는 선입견 때문에 '반도적(半島的)'이라는 수식어를 전혀 사용할 수 없었던 분위기도 있었다. 부정해야 할 것은 '반도 사관'이지, 한반도가 반도라는 지리적 사실이 아니다. 그런 반응이 지나치면 한반도의 지리적 특성에 관한 연구는 모조리 식민지 역사관의 껍질을 뒤집어쓰게 된다.

그것은 민족주의도, 민족적 자존심도 아니라 열등감의 표현이다. 열등감은 바로 일제가 식민지 역사관을 창조할 때 노렸던 목표다. 우리 역사는 온통 식민지 역사였고 해방 이후에조차 미국의 속국이므로 역사라고 할 게 없다는 식의 패배주의도, 우리 역사는 반만 년(혹은 1만 년)의 유구한 역사이며 한때 세계의 중심이었고 이제 곧 '백두산족'의 시대가 온다는 식의 허위의식도 일제가 심어놓은 식민지 역사관의 열등감에서 벗어나지 못한 결과다.

임나일본부설은 부정하더라도 고대에 한반도 남부와 일본 간에
분명 모종의 관계가 있었음은 부정할 수 없다. 그 관계는 어떤 것
이었을까?

일본에 청동기와 철기 문명을 전한 것이 한반도 출신의 도래인
이라는 것은 분명하다(석기 문명과 달리 금속기 문명은 자생하기 어렵고 대부
분 외부에서 도입된다). 도래인들은 일본 원주민인 조몬인들과 섞여 함께 일
본 고대사의 문을 열었을 것이다. 특히 일본에 논어와 천자문 등 한자 문화
를 전한 백제인들은 일본과 각별한 관계를 유지했다(지리적으로는 신라가 일
본에 더 가깝지만 당시 신라는 고대 국가 성립 전이었으므로 자체 문명이 미약했
다). 475년에 고구려 장수왕의 침공으로 백제는 개로왕이 죽고 수도를 웅진
으로 옮기는데, 이를 계기로 백제의 왕족과 귀족들이 상당수 일본으로 건너
간 것으로 보인다. 일부 학자들은 이때 백제가 사실상 망했다가 재건국한
것으로 보기도 한다. 앞에서 본 것처럼 백제가 나당 연합군에 의해 멸망할
무렵 일본군이 원군으로 온 것이나, 백제 부흥운동 당시 백제왕자인 부여풍
이 일본에서 귀국하는 것은 바로 백제와 일본 간에 돈독한 관계가 있었기에
가능한 일이다.

한반도 최초의
주식회사

동양척식주식회사의 눈부신 활약

　경마와 주식은 가장 자본주의적인 게임이다. 생산적 노동이 없이 마권이나 주식을 소유하고 있다는 사실만으로 다른 사람이 생산한 가치를 수취할 수 있는 원리도 그렇고, 가장 잘나가는 말이나 주식에 투자해 들어맞으면 떼돈을 버는 도박적인 성격도 그렇다. 이 땅에 들어선 최초의 주식회사는 불행하게도 일제가 경제적 침략을 위해 설립한 동양척식주식회사(동척)였다. 과연 이 주식회사에 투자한 사람들은 떼돈을 벌었을까, 아니면 쫄딱 망해버렸을까?

　동척은 정식 주식회사가 아니고, 일제의 국책 회사였다. 한일합병이 이루어지기 전인 1908년 8월 조선과 일본 양국은 동양척식주식회사법을 공동으로 공포하고 합자 회사를 만들었다. 명색은 합자 회사로 한일 양국의 국적을 가졌지만 '합자'라는 말에 큰 의미는 없다. 사실상 일제의 통감부(조선총독부의 전신)가 조선 정부에게 강요해 만든 회사일뿐더러 2년 뒤에는 국가 합병이 이루어져 일본 국적의 회사가 되기 때문이다. 그러나 창립 당시 본사는 서울에 두었다. 일제의 의도는 동척을 이용해 조선을 경영하는 것은 물론, 장차 만주를 침략할 때 경제적 전진기지로 활용하려는 데 있었다. 우선 최고 책임자인 총재부터가 일본군 현역 육군 중장이었다.

동척의 본격적인 활동은 합병과 더불어 시작된다. 1차 목표는 조선 내의 토지였다. 동척은 특히 곡창지대를 겨냥해 조선 농민들로부터 헐값에 토지를 사들였다. 그리고는 그 토지를 일본에서 조선으로 이주하는 농업 이민자들에게 불하했다. 낯선 땅에 가서 사느니 내 나라에서 가난하게 살겠다는 정서는 예나 지금이나 마찬가지다. 일본의 농민들은 아무리 조선이 일본의 지배 하에 있다고 해도 쉽게 조선으로 이주하려 하지 않았다. 그래서 당근이 투하된다. 농업 이민자들에게는 조선의 농지를 싸게 불하하고 그 밖에 많은 특혜를 부여했다. 그러자 처음에는 꺼렸다가 응모자들이 구름처럼 모여들었다. 나중에는 그 가운데서 조선 침략에 적절하다고 판단되는 사람들을 엄선해 이민을 허가할 정도였다.

땅은 제한되어 있는데 동척이 제공하는 엄청난 특혜와 지원을 등에 업고 일본인 농업 이민자들이 조선으로 꾸역꾸역 몰려드니, 조선 농민들은 점점 토지를 잃고 밀려날 수밖에 없다. 어차피 남의 식민지가 되어버린 나라 안에는 그들이 갈 곳이 없다. 그래서 조선 농민들은 점점 만주와 연해주로 이민을 가게 되었다. 제 집을 남에게 빼앗기고 새 집을 찾아 멀리 떠나는 격이다.

이것은 엉뚱하게도 일본 측에 유리하게 작용했다. 조선 농민들이 만주로 이주한 덕분에 일본은 대륙 침략의 교두보라는 2차 목표도 순조로이 달성한 것이다. 1910년부터 동척이 일본 농업이민 정책을 중단하는 1926년까지 만주로 떠난 조선 농민들은 30만 명에 달했으며, 해방 무렵에는 150만 명에 이르렀다. 동양척식주식회사라는 이름에서 '척식(拓殖)'이란 개척 이주를 뜻하는 말이다. 원래는 일본 농민의 조선 이주를 가리켰지만 결과적으로는 조선 농민의 만주 이주까지 가리키는 말이 되었다.

어쩔 수 없이 고향을 떠나는 조선 농민들에게 동척은 만주 정착을 후원해준다고 호들갑을 떨었지만, 일본 농민이 조선에 올 때 약속된 것과 같은 특혜나 정착금 따위는 없었다. 그저 척박한 토지를 교통정리해서 이리저리 배분해준 게 고작이었다. 따라서 조선 농민들은 먼 타향에서 그야말로 맨손으로 맨땅을 일구어 먹고 살 수밖에 없다.

이렇게 해서 목표가 완료되고 조선 농민들의 이주가 이루어지자 동척은 재빨리 은행의 역할로 변신해 대부금 장사로 큰 이익을 챙기기 시작했다. 빼앗을 만큼 농토를 빼앗은 다음 1920년대부터 동척은 조선의 임야에 눈을 돌려 헐값으로 사들였다. 오늘날과 같은 부동산 거래법 같은 게 없으니 동척의 앞길은 거칠 게 전혀 없

설립될 당시 동양척식주식회사의 모습. 지금 을지로 2가 이 자리에는 외환은행이 들어서 있다.

는 탄탄대로였다. 1917년부터는 외국에서도 영업을 할 수 있도록 규정이 개정되었고 그에 따라 만주에도 여러 곳의 지점이 설치되었다. 이제 동척은 '동양'이라는 명칭에 걸맞게 동양 전체를 대상으로 경제적 침탈 활동에 나선 것이다.

아무리 식민지라고 해도 조선 농민들의 토지를 그냥 빼앗을 수는 없다. 따라서 일제는 애초부터 경제적 침략을 노리고 이것을 합법적으로 진행하기 위해 동척이라는 주식회사의 허울을 이용한 것뿐이다. 하지만 허울뿐이라고 해도 엄연히 주식회사였으므로 동척을 설립할 때도 공모주가 있었다. 황금알을 낳는 거위와 같았겠지만, 처음 생겨날 때 조선과 일본의 공모주 청약 상황은 무척 대조적이었다. 조선에서는 모집 공모주의 불과 2퍼센트만이 응모한 데 반해 일본에서는 응모자가 엄청나게 몰려 무려 3천500퍼센트, 그러니까 35배가 응모했다. 창립하면서 표방한 취지는 "한국민으로 하여금 문명의 혜택을 입도록 한다"는 것이었는데, 일본인들의 열화와 같은 성원은 바로 그런 데서 나온 걸까? 일본인들이 한국민의 문명 생활에 언제부터 그렇게 큰 관심과 애정을 보여주었던 걸까?

그러나 한국민에게 문명의 혜택을 주려는 일본인들의 극성과 달리 조선에서는 응모자가 절대적으로 미달이었다. 이 사실에서도 알 수 있듯이, 적어도 '한국민'들은 동척을 '문명의 혜택'으로 보지 않았던 게 분명하다. 이 점을 온몸으로 증명한 사건이 있다. 1926년 의열단원 나석주는 이미 한반도 최대 지주가 된 동척에 폭탄을 투척하고 장렬하게 순국했다.

자본주의를 표방한 최초의 주식회사가 국가의 강력한 지원을 받는 독점 기업이었기 때문일까? 일제 강점기와 1950년대에 성장한 국내 굴지의 재벌들도 선배 주식회사인 동척의 '전통'을 따른 경우가 많다. 패망한 일제가 남긴 적산을 미군정청으로부터 싼 값에 불하받은 것이라든가, 50년대 미국 원조물자의 배급을 가지고 분탕질을 쳐서 돈을 번다든가 하는 천민자본주의적 자본 축적이 닮은꼴이다. 게다가 군사정권의 개발독재에 힘입어 온갖 특혜로 자본을 증식하는 과정이나, 문어발식으로 소소한 경제 분야에까지 진출하면서 독점을 지향하는 이윤 추구의 과정도 모두 동척의 가르침을 충실히 따른 게 아닐까?

한국사 질문하는 시간

한반도에서 성공을 거둔 동척은 1920년대부터 만주를 향해 적극적인 손길을 뻗쳤다. 결국 일본은 동척의 성과를 배경으로 삼아 1931년에 만주 정복을 위한 무력 침공을 개시했다. 일본은 왜 만주에 그토록 욕심을 냈을까?

동척이 조선 농민들을 이용해 만주에서 기반을 다지지 않았다면 일본의 만주 침략은 불가능했거나 시일이 훨씬 더 오래 걸렸을 것이다. 일본은 처음부터 만주를 손에 넣으려 했지만, 그것을 가속화한 것은 세계 대공황이었다. 1929년 미국에서 시작된 대공황은 일본에게도 큰 충격을 주었다. 당시 일본은 경제적으로나 군사적으로 이미 아시아를 넘어 세계적인 강대국으로 발돋움하고 있었으나 불행히도 경제의 대외 의존도가 높은 것이 치명적인 결함이었다. 대공황의 피해를 막기 위해 서구 열강이 블록 경제와 보호무역 정책을 취하자 수출 감소로 일본 경제는 순식간에 휘청거렸다. 일본 정부는 서구 열강과 공동 대응을 모색하고 금융 지원을 받아 사태를 수습하려 했지만, 당시 일본에는 군부의 힘이 정부를 능가하고 있었다. 군부가 제시한 해결책은 바로 만주를 식민지로 만들어 해결하자는 것이었다.

천 리 길과
오리무중의 차이

일제에 의한 도량형의 왜곡

우리나라를 가리켜 삼천리 금수강산이라고 부른다. 여기서 '리(里)'란 거리를 재는 전통적인 단위로, 우리나라만이 아니라 중국과 일본에서도 사용한다. '천 리 길도 한 걸음부터'라는 우리 속담이나 오리무중(五里霧中) 같은 한자 고사성어나 모두 '리'라는 단위가 들어가 있다. 그러나 '천 리 길도 한 걸음부터'의 1리와 오리무중의 1리는 실은 같은 거리가 아니다. 오리무중은 중국 후한 때 5리나 이어지는 안개를 피웠다는 도술가의 이야기에서 나온 고사성어이므로 중국의 '리'를 가리키는데, 삼천리에 사용된 우리나라의 '리'는 중국과 달랐기 때문이다.

흔히 10리를 미터법으로 환산하면 4킬로미터에 해당한다고 알고 있다. 이에 따라 중국의 만리장성은 4천 킬로미터, 삼천리 강산은 1천200킬로미터 하는 식으로 환산해서 길이를 짐작하곤 한다.

그러나 진시황이 만리장성을 쌓을 무렵 중국의 1리는 363미터로 추정되므로, 만리장성은 이름 그대로 '만 리'였다 해도 4천 킬로미터가 되지는 못했을 것이다(후대에 계속 이어서 덧쌓았기 때문에, 지금은 일부 중간 부분들이 끊어지기도 했지만 전체 길이로는 6천 킬로미터에 달한다). 중국뿐 아니라 우리나라의 10리도 4킬로미터와는 상당한 차이가 있다. 그럼 10리가 4킬로미터라는 '상식'은 어디서 유래한 걸까?

'리'라는 거리 단위는 동양에서 두루 쓰였고 역사가 오래지만, 1리의 거리는 시대와 지역마다 달랐다. 우리나라의 경우 삼국시대에도 '리'가 쓰였는데, 지금 그 정확한 수치는 알 수 없다. 하지만 조선시대가 되면 지금까지 전하는 기준 도량형이 있으므로 어느 정도 확실히 알 수 있다. 조선의 경우 건국 지침서인 《경국대전(經國大典)》을 토대로 세종 때 도량형이 확립되었는데, 이것을 미터법으로 환산하면 1리는 374미터가 된다. 그런데 청나라에 복속되는 조선 후기에는 도량형도 청나라식을 따라 1리가 450미터로 바뀌었다.

그러나 제도상으로는 그랬어도 실제로 목공과 건축 등에 사용된 척도는 그것과 달랐다. 전 세계적으로 미터법이 확정되는 시기는 1875년에 국제 미터법 조약이 체결될 때부터다. 전근대 사회에서 도량형이 현실적으로 통일되기란 어려운 일이었다. 더구나 역사가 오랜 나라일수록 예부터 사용해오던 기준이 있으므로 아무리 나라에서 명을 내린다 해도 민간에서 그것을 완벽하게 따르게 되지는 않았다.

조선시대 민간에서 실제로 사용된 기준은 명나라에서 사용하던 영조척(營造尺)이었다. 《경국대전》에는 영조척 1척이 황종척 0.899척에 해당한다고 되어 있고 황종척은 현재 덕수궁에 소장되어 있는 게 있다. 이것을 근거로 계산하면 영조척 1척은 약 30.7센티미터가 된다. 그런데 문제는 보존되어 있는 그 황종척이 과연 조선시대 전체에 걸쳐 유일하게 쓰인 실제의 기준척이라는 근거가 없다는 사실이다. 그래서 조선시대에 세워진 여러 건축물들을 실측한 수치들과 문헌상에 전하는 수치들을 비교해서 평균을 내본 결과, 영조척 1척은 31.2센티미터로 밝혀졌다. 다음은 1리의 계산인데, 전통적으로 사용하던 계산법에 따르면 6척 1보(步), 300보 1리이므로 1리는 1천800척, 약 562미터가 된다.

그렇다면 제도상으로 나타난 조선 후기의 1리(450미터)와 실제로 사용한 1리(562미터)는 큰 차이가 있다는 이야기가 된다. 이 점에 관해 실제 거리를 실측해본 사례가 있다. 조선조 이정표에는 서울과 수원의 거리가 80리 길이라고 되어 있다. 물론 80리란 하늘에서 본 직선거리가 아니라 당시의 도로를 따라 잰 수치다. 1리를 450미터로 보면 80리는 36킬로미터가 된다. 그러나 서울과 수원의 거리는 인공위성을 이용해 관측한 직선거리가 33킬로미터이므로 도로를 따라 잰 거리가 36킬로미터밖에 되지 않을 수는 없다. 오늘날 도로를 따라가며 실제로 측정한 서울과 수원의 거리는 40킬로미터다. 더욱이 이 40킬로미터는 현대의 직선화한 자동차 도로를 기준으로 측정한 거리니까 그보다 길이 훨씬 더 구불구불했던 조선시대에는 40킬로미터 이상이었을 게 분명하다(광복 당시의 '신작로'를 따라 잰 거리는 41킬로미터였다). 그런데 1리를 562미터로 하면 80리는 45킬로미터가 된다. 조선시대의 '80리 길'에 가장 가까운 수치다. 이렇게 실제로도 입증되듯이 제도상으로는 1리가 450미터였지만 실제로 사용된 방식에 의하면 562미터였으며, 이것은 조선시대 내내 별로 변하지 않았다.

조선에서는 1902년 정부 각 부서에 배치된 외국 고문관들의 도움으로 미터법을 공포했고, 합병 후 일제는 미터법으로 토지조사사업을 마친 1918년부터 미터법의 시행을 강행했다. 그래도 민간에서는 여전히 전통적 도량형인 척근법(尺斤法)을 쓰다가 1963년에야 비로소 법으로 척근법이 폐지되고 오늘날과 같이 민간에서도 미터법이 두루 사용되기 시작했다.

그런데 조선시대에도 1리가 450미터(제도), 562미터(실제)였다면 오늘날 널리 알려진 것처럼 10리가 4킬로미터라는 말은 어디서 나온 걸까? 그것은 바로 일본의 10리다. 1909년 일제는 일본의 제도를 도입해 조선의 척근법에 제멋대로 적용했는데, 일본의 1리는 393미터이므로 바로 여기서 10리가 4킬로미터라는 이야기가 나온 것이다.

"매일 20리 길, 그러니까 8킬로미터를 걸어서 학교엘 다녔지요." 학계의 원로라는 사람이 텔레비전에서 버젓이 이렇게 말하

조선시대의 저울대와 저울추. 미터법이 도입되기 전까지 한중일은 모두 척근법을 썼지만 시대와 지역에 따라서 구체적인 수치는 조금씩 달랐다. 예를 들어 당나라의 한 근은 668그램이나 같은 시기 통일신라의 한 근은 642그램인 식이다.

는 것을 보면, 일제가 우리에게 준 상처의 흔적은 여전히 '의외의 곳'에 강하게 남아 있다고 볼 수 있다. 그런데 그 말을 한 원로의 통학 거리는 실제로 20리(11킬로미터)였을까, 아니면 14.5리(8킬로미터)였을까?

한국사 질문하는 시간

미터법이 도입되기 전까지는 조선만이 아니라 중국, 일본 등에서도 모두 척근법을 썼다. 척근법은 어떠한 단위 체계일까?

척근법은 척관법이라고도 부르는데, 길이를 재는 단위는 척(尺), 부피의 단위는 승(升), 무게의 단위는 근(斤)을 사용하는 도량형 제도를 말한다. 척근법은 중국 전국시대 말에 처음 사용된 것으로 알려져 있으니 역사가 무려 2천 년을 넘는다. 하지만 '리(里)'가 그렇듯이 단위를 나타내는 용어는 같아도 그 구체적인 수치는 시대와 지역에 따라 약간씩 달랐다. 예를 들어 당나라의 한 근은 668그램이었으나 같은 시기 신라의 한 근은 642그램이었다. 당시 시장에서 고기 한 근을 사려면 이런 차이를 잘 알아야 했을 것이다. 오늘날처럼 한 근을 600그램으로 정한 것은 1902년 일본의 척근법과 통일하면서부터다.

대통령이 아니면
싫다

이승만의 대통령병

현행 제6공화국 헌법 전문(前文)에는 대한민국임시정부의 법통을 계승한다는 내용이 포함되어 있다. 대한민국임시정부란 물론 1919년 중국 상하이에서 수립된 상해임시정부를 가리킨다. 1910년 일제에 합병되기까지 우리나라는 대한제국이었으므로 지금과 같은 '공화국' 체제의 기원은 바로 상해 임시정부다. 그러므로 현재의 공화국 체제가 임시정부를 계승한다는 이념은 당연하다. 그런데 임시정부의 수반까지 지냈던 이승만(1875~1965)의 제1공화국 시절에는 그렇지 않았다.

일제 강점기에 대한민국임시정부는 원래 하나가 아니었다. 3·1운동을 전후해 임시정부는 모두 일곱 곳에서 수립되었다. 그러나 대부분 유명무실한 존재였고, 대표적인 것은 서울의 한성정부, 연해주의 대한국민의회(노령정부), 그리고 상하이의 임시정부였다. 공교롭게도 이들 세 정부 모두 정부의 최고 지도자로 이승만을 선임했다. 하지만 당시 이승만은 미국 워싱턴에 있었으므로 어느 정부와도 직접 연관이 없었다.

그런데 1948년 8월 15일에 수립된 제1공화국의 헌법 전문에는 임시정부라는 말이 나오지 않는다. 왜 이승만은 자신을 수반으로 삼고자 애썼던 '임시정부의 법통'을 이어받으려 하지 않은 걸까?

임시정부의 정부 형태는 우리 역사상 최초로 채택하는 공화국 체제였던 만큼 의회주의 원칙에 충실한 의원내각제였다. 따라서 이승만은 대통령이 아니라 행정의 수반인 집정관총재(集政官總裁, 국무총리격)로 임명되었다. 그런데 실질적인 최고 책임자임에도 이승만은 불만이었다. 아마 미국 생활 20년 동안 미국의 강력한 대통령중심제에 한껏 매력을 느꼈던 탓일 게다. 망명 정부에서도 최고 권력을 갈망한 이승만의 대단한 권력욕은 어떻게 시작된 것일까?

만민공동회 사건의 주모자로 몰려 종신형을 선고받았다가 민영환의 주선으로 석방된 이승만은 1904년 일제의 침략을 저지해 달라고 부탁하는 고종의 밀서를 가지고 미국의 루스벨트 대통령을 만나러 떠난다. 여기까지가 '독립운동을 하는 이승만'이고, 그 이후는 '대통령병에 걸린 이승만'이다. 그 기회에 미국에 눌러앉은 그는 하버드와 프린스턴 대학에서 공부해 학위를 땄다. 그리고 1910년 잠시 귀국해 105인 사건에 연루되었다가 미국 선교사들의 도움으로 풀려나 다시 미국으로 가서는 한동안 돌아오지 않았다.

3·1운동 한 달 전인 1919년 2월에 그는 미국의 윌슨 대통령에게 조선을 국제연맹에서 위임통치해달라는 해괴한 건의를 하기도

했다. 나중에 해방된 뒤인 1947년 6월에 그는 예전과 반대로 신탁통치를 반대했는데, 그 이유는 알기 쉽다. 1차 대전에서는 일본이 승전국 편이었고, 2차 대전에서는 패전국이 되었다. 바꿔 말해 1919년과 달리 1947년의 상황은 그가 대통령이 될 수 있는 절호의 기회가 되는 것이다.

그런데도 망명 정부들이 앞다투어 추대하려 할 만큼 1920년 무렵 이승만의 주가는 절정이었다. 그만큼 '미국통'이 없었기 때문이다. 그러나 임시정부의 최고위직에 추대되었는데도 이승만은 돌아올 생각을 하지 않고, 대통령직으로 바꿔달라고 고집을 부렸다. 당시 그는 워싱턴에서 집정관총재 사무소를 열고 활동하면서 대외적으로는 대한민국임시정부의 대통령으로 자칭하고 있었다. 명함상의 직위(집정관총재)와 실제로 자칭하는 직위(대통령)가 달랐던 것이다.

그의 요구를 들어주려면 이미 합의된 의원내각제의 근본이 바뀌어야 했다. 초대 행정수반의 중책을 맡은 사람이 없는 직위를 내어놓으라고 생떼를 쓰니 정부 꼴이 말이 아니었으나 초장부터 일을 망칠 수는 없는지라 임시정부 측은 어쩔 수 없이 그의 요구를 들어주기로 했다. 그래서 의원내각제에 어정쩡하게 대통령중심제를 도입해 이승만을 대통령으로 하고, 1919년 9월 6일 드디어 정부 수립의 깃발을 올렸다. 이승만은 그때도 상하이로 오지 않았고, 이듬해 12월이 되어서야 임시정부를 찾아와 대통령으로 취임했다.

상하이에 온 것은 오로지 취임식을 위해서였다. 상해임시정부에 아무런 볼 일이 없는 그는 곧 다시 미국으로 건너가 집정관총재 사무소를 구미위원회로 고치고 외교 활동에만 주력했다. 자신이 원해서 신설된 대통령직에 임명되었는데도 정작으로 일해야 할 장소에 그는 없었다. 그뿐 아니라 이승만은 미국에서 동포들이 낸 애국 성금을 독점하고 외교 업무마저 제 마음대로 전횡했다. 급기야 상해임시정부도 더 이상 참고 볼 수 없는 상황이 되었다. 그래서 임시정부는 1925년 이승만의 탄핵안을 결의했다. 초대 대통령이 탄핵되는 사례를 남긴 셈이지만, 임시정부 자체를 우습게 여겼던 이승만은 아랑곳하지 않았다.

오히려 타격을 받은 것은 임시정부였다. 국정의 최고 책임자를 임명해놓고 몇 년 가지 않아 탄핵한 셈이니 대외적인 체면이 말이 아니었다. 더욱이 임시정부는 이승만의 대미 외교능력만 믿고 대통령까지 내줄 정도로 외교 활동에 중점을 두었으므로 그동안 아무 일도 하지 않은 것이나 마찬가지였다. 허울만 정부일 뿐 군대를 갖춰 직접 항일투쟁에 뛰어들지 못한 임시정부의 한계였다(임시정부는 수립된 지 20년이 넘은 1940년에야 비로소 광복군이라는 군 조직을 갖추었지만 그마저도 성과는 미미했다).

대통령에서 제명되었어도 전혀 타격을 받지 않은 이승만은 미국에서 계속 '대통령 되기' 수업만 충실히 하다가 광복을 맞았다. 묘한 일은 이때도 여전히 모든 국내 정치 세력들이 아직 귀국하지도 않은 이승만을 앞다투어 최고 지도자로 추대한 것이다. 그러나 자기가 몸담을 만한 곳이 아무 데도 없다고 판단한 이승만은 그냥 정치 거물로 행세하면서 대통령이 되기 위한 작업에만 일로매진했다. 분단 상황에서 대통령이 되려면 우선 단독정부를 수립하는 길밖에는 없다. 그래서 그는 김구의 남북협상에 반대하고 미군

1948년 7월 24일 대한민국 초대 대통령 취임식에서 연설하는 이승만. 이승만의 지독한 권력욕은 처음부터 있었겠지만 아마 주변에서 자꾸 추대한 것 때문에 더욱 증폭되었을 것이다.

정조차 지지한 좌우합작도 거부하면서 줄기차게 단독정부 수립을 주장했다. 그리고는 마침내 그것을 '쟁취'했다. 결국 남한만의 대한민국 정부가 수립되었고 그는 꿈에 그리던 대통령에 올랐다.

임시정부와 악연을 맺었으니 이승만이 제1공화국 헌법 전문에 임시정부를 넣고 싶을 리 없다. 그 대신 전문에는 "기미 3·1운동으로 대한민국을 건립하여 세계에 선포한 위대한 독립정신을 계승하여……"라고 되어 있다. 3·1운동과 대한민국 건립이 그냥 직결되고 임시정부만 살짝 빠져 있는 것을 보면, 아무리 '대통령병'이 심각했던 이승만도 임시정부의 대통령만은 떠올리기 싫은 기억이 아니었을까?

흥미로운 것은 이승만과 대만의 초대 총통인 장제스(蔣介石)의 닮은 점이다. 나이는 이승만이 열두 살 연상이지만, 완고한 성품, 지독한 권력욕, 그리고 타고난 반공주의자라는 점에서 이승만과 장제스는 쌍둥이처럼 닮은꼴이다. 장제스의 돌출 행동 역시 이승만에 못지않다. 1927년 제1차 국공합작을 먼저 깬 장제스는 자신의 권력욕을 채우기 위해 일제와의 타협도 불사했다. 민족적 과제인 항일보다 공산당을 제압하고 자신이 권좌에 오르는 게 더 중요했던 것이다. 또 2차 대전이 한창이던 1941년에 장제스는 합작 상황에서 공산당 군대를 기습했다. 항일전선에서 이탈해 아군을 공격한 것이므로 민족에 대한 반역이자 동료에 대한 배신이다. 게다가 종전 후 그는 미국의 주선으로 맺은 마오쩌둥과의 정전 협상마저 일방적으로 파기함으로써 '배신의 백미'를 보여주었다. 그러나 그 결과는 넓은 중국 대륙을 모두 잃고 대만으로 패주한 것이었다.

장제스와 이승만은 이렇게 자신의 집권을 위해 조국의 분단마저도 마다하지 않은 권력의 화신이라는 데서 닮은꼴이다. 그뿐이 아니라 조국의 분단을 불사하고 집권한 뒤 독재로 일관한 것마저도 아주 잘 어울리는 동류다. 다만 장제스의 대만보다는 이승만의 남한이 좀 더 넓고 인구가 많은 차이를 감안한다면 이승만이 좀 더 '성공'한 케이스랄까?

이승만은 임시정부에서도 권력의 수반으로 지목되었고, 해방 후에도 좌·우익을 망라한 국내 각 정파들에 의해 대통령으로 추대되었다. 막상 독립운동의 성과는 보잘것없는 그가 그토록 인기를 모았던 이유는 뭘까?

이승만의 지독한 권력욕은 처음부터 있었겠지만, 아마 여러 정치 세력들이 경쟁적으로 그를 끌어들이려 한 것 때문에 더욱 증폭되었을 것이다. 우리 현대사에 그만한 인물이 없지는 않았다. 해방 직후만 해도 김구, 김규식, 여운형 등 독립운동에서 이승만보다 굵은 족적을 남겼고 국민적 신망과 존경을 받는 이들이 있었다. 그러나 이승만은 당시 세계 최강국인 미국에 연고를 가진 인물이었다. 국제적인 지명도에서는 누구도 이승만을 따라갈 수 없었다. 미국 덕분에 한반도가 일제의 손에서 해방된 탓에 해방 직후에는 이승만의 영향력이 가장 클 수밖에 없었다. 만약 우리나라가 강대국의 힘에 의존하지 않고 스스로의 힘으로 해방되었거나 조직적인 항일무장투쟁을 했더라면 사태는 달라졌을 것이다. 당시 중국의 경우에는 이승만보다 국제적 명성에서 훨씬 앞섰던 장제스가 실각하고 민중의 지지를 받는 마오쩌둥이 집권했는데, 그럴 수 있었던 것은 중국이 강력한 항일무장투쟁을 전개했던 덕분이 크다.

도둑처럼 온
해방?

해방을 준비한 사람들

　"자본주의 시대에 살면서 자본주의 사회의 본질을 꿰뚫어보기란 어렵다." 카를 마르크스의 말인데, 정말 그렇다. 지내놓고 보면 그렇게 될 게 뻔한 일이었는데, 막상 당시에는 지금처럼 될 줄 몰랐다는 것은 일상생활에서도 흔한 경험이다. 1945년 8월 15일의 '해방'도 그랬다. 아무리 1942년 6월 미드웨이 해전에서 그때까지 잘나가던 일본이 패배하면서 전세가 역전되기 시작했어도, 또 1945년 초에 미군이 유황도와 오키나와까지 진출해 일본 열도의 직접 공략을 눈앞에 두었어도, 사람들은 일본이 무너진다는 생각은 하지 못했다. 지금 와서 보면 일본의 패망은 불을 보듯 뻔한 일인데도 당시에는 40년 가까이 한반도를 지배한 일본이 전쟁에서 지고 한반도가 '해방'되리라고는 생각하기 어려웠다.

　마치 600년 전 120년간의 몽골 지배기가 끝날 무렵, 원나라 황제가 고비 사막 북쪽으로 도망쳐 가고 나서도 한참 동안 친원파가 고려의 권력을 장악했던 것처럼, 일제 강점기가 끝나는 무렵까지도 한반도에는 여전히 친일파가 판치고 있었고, 사람들은 몇 개월 뒤 세상이 크게 바뀌리라는 것을 예상하지 못했다. 함석헌은 《뜻으로 본 한국역사》에서 '도둑처럼 숨어서 온 해방'이라는 말을 쓴 바 있다. 아무런 준비도 없이 남의 손에 의해 급작스럽게 주어진 해방이라는 뜻인데, 대체로 그랬다.

그러나 전부 다 그런 것은 아니었다. 어느 시대에나 자기 시대를 꿰뚫어보는 선각자는 있게 마련이다. 카를 마르크스가 자본주의의 와중에 《자본론》이라는 탁월한 자본주의 연구서를 남겼듯이, 우리나라에도 일제 강점기 말기에 일제의 패망을 예상하고 해방을 미리 준비한 사람들이 있었다. 이들은 해방을 소망처럼 바라고 꿈으로만 꾼 게 아니라 '일정에 올리고' 준비한 사람들이었다.

해방이 오기 1년 전인 1944년 8월 건국동맹이라는 지하조직을 만들어 항일투쟁을 하면서 대중적 지지 기반을 넓혀가던 그들은 마침내 해방이 되자 기다렸다는 듯이 지상으로 떠올라 최초의 정치 단체인 조선건국준비위원회(건준)를 결성했다. 건준은 해방이 되고 불과 보름 만에 전국적으로 145개소의 지방 지부를 설치하고, 선언서와 강령을 발표하고, 치안대 조직까지 완료했다. 사전에 상당한 준비가 없었다면 그런 기민한 활동은 불가능했을 것이다. 그러나 문제는 미군의 태도였다.

오로지 패전국 일본을 관리하는 데만 골몰했던 미군 사령관 맥아더는 1945년 9월 2일 도쿄에 연합군 사령부를 설치하고, 남한의 일은 오키나와에 있던 24군단장 하지에게 맡겨버렸다. 일제의 식민지였던 한반도에 관해 아무런 지식도, 관심도 없는 하지는 9월 8일 서울에 들어온 뒤 조선 총독 아베에게서 항복 문서를 받는 자리에서, 아베에게 공공기관에 근무하는 식민지 시대의 관리들을 모두 그대로 유임시키겠다고 약속했다. 이때부터 낌새가 좋지 않았다.

한편 미군과 상관없이 건국 과정을 지휘하던 건준은 몇 차례 내부 진통 끝에 9월 6일 전국 각지에서 600여 명이 모인 가운데 전국인민대표자회의를 열어 대표자들을 뽑고, '조선인민공화국'의 수립을 선언했다. 이것으로 건준은 발전적으로 해신했다. 해방 후 불과 20일 만에 우리 손으로 국가가 수립된 것이다. 그 놀랄 만한 속도는 한편으로는 해방 이전부터 건국을 준비해왔던 덕분이며, 다른 한편으로는 미군이 입성하기 전에 자주적으로 신속히 국가의 모양새를 갖춰야 한다는 절박감 때문이었다.

그러나 모든 변화는 곧 말썽을 뜻한다고 보는 미군이 그것을 용인할 리 없다. 공교롭게도 조선인민공화국이 내각 인선을 마친 9월 11일 같은 날에 미군정청이 수립되었다. 뒤늦었다고 생각한 미군정청은 일주일 뒤에 서둘러 또 다른 '내각'을 구성했다. 국무총리 격인 정무총감에 해리스 준장, 장관격인 국장들로는 미군의 소령, 중령들이 임명되었는데, 아무리 먼 극동까지 와서 고생한다 해도 계급에 비해 너무 파격적인 '승진'이 아닐 수 없다. 미군정청은 자신이 '남한의 유일한 정부'라고 선언했다. 그리고 10월 10일에는 조선인민공화국의 승인을 거절하는 성명을 발표했다.

결국 해방을 예견했던 건준 세력은 그들을 용인하지 않은 미군의 무력에 의해 짓밟히고 말았다. 미군은 일제를 패망시켰을 뿐

1945년 9월 8일 한반도에 온 첫날 서울역에서 중앙청으로 행군하는 미군들. 이들은 그동안 해방을 준비해왔던 건준 세력을 완전히 무시했다. 자기 손으로 해방을 이루지 못한 대가다.

우리를 진정으로 해방시키려 하지 않았다. 패전국 일본이 1946년에 신헌법을 공포한 것과 달리 남한에서는 1948년에 이르러서야 정부가 수립되는 것은 '패전국만도 못한 처지'였기 때문이다. 그러나 비록 한 달도 안 되어 쓰러졌다고 해도 민족의 미래를 예견하고 준비했던 세력이 엄연히 존재했다는 사실을 무시할 수는 없다. 그런 점에서 해방은 완전히 '도둑처럼 온 것'만은 아니다.

그러나 건준이 미군의 존재를 중요한 변수로 계획에 포함시키지 못한 것은 명백한 잘못이다. 조선의 해방을 예측했다면 미군이 조선의 '해방자'라는 자격으로 국내에 들어올 것도 예측했어야 했다. 하지만 건준은 해방 직후 한 달 동안 조선총독부 측과의 협상에만 신경을 썼을 뿐 미군의 성격과 의도에 관해서는 무지했다. 옛 지배자였던 일본이 패망했다는 사실에 가슴 벅찬 나머지 새 지배자에 대한 경계가 없었던 것이다. 건준의 불찰은 그것만이 아니다. 건준은 애초에 좌익과 우익의 통합으로 출범했지만, 한 달이 채 못 가 우익이 떨어져 나가는 바람에 반쪽짜리 단체로 전락했다. 그 시점이 바로 조선인민공화국을 선포하기 불과 이틀 전인

9월 4일이었다는 점이 우리에게는 더욱 큰 아쉬움이다. 우리의 독자적 세력은 왜 해방된 지 한 달도 못 가 분열되어야만 했을까?

재미있는 사실은 조선인민공화국이 선포될 때 국가 주석의 자리에 아직 국내에 들어오지도 않은 이승만이 임명되었다는 점이다(이렇게 이승만은 국내 여러 세력의 영원한 짝사랑이었다. 이는 그만큼 국내에 정통성을 갖춘 해방 세력이 부재했음을 뜻하는데, 우리 손으로 해방을 이루지 못한 한계다). 그러나 미군정청이 조선인민공화국을 승인하지 않는 것을 본 이승만은 10월에 귀국하자마자 주석 취임을 거절했다. 실세가 누군지 안 것이다. 3년 뒤 그는 미군의 후광을 등에 업고 대통령에 취임하니, 민족의 미래는 예견하지 못했어도 개인적인 미래는 예견할 줄 알았다고 해야 할까?

일본을 항복시킨 미군은 동남아시아에 있던 일본의 식민지들을 차례로 해방시켰다. 해방된 식민지 민중이 자기 손으로 정부를 수립하는 것은 지극히 당연한 일이며, 미군으로서도 굳이 반대할 필요가 없었다. 그런데 왜 우리나라에 진주한 미군은 그렇게 까다롭게 굴었을까?

여기에는 크게 두 가지 이유가 있다. 첫째, 한반도 북부에 소련 군이 진주했다. 소련은 일본이 항복하기 불과 일주일 전에 태평양전쟁에 참 전할 것을 발표하고 한반도가 해방되자 북부에 재빨리 주둔했다. 전후 새 로운 국제 질서에서 공산권과 갈등을 빚을 가능성이 짙은 상황에서, 미국은 한반도를 동남아시아처럼 내버려둘 수 없었던 것이다. 이것이 공식적인 이 유인데, 사실 그에 못지않게 중요한 두 번째 이유가 있다. 미군이 한반도를 일본과 마찬가지로 '적국'으로 여겼다는 점이다. 전쟁 기간 동안 잠깐 일본 에 점령당했던 동남아시아 나라들에 비해 한반도는 수십 년 동안 일본의 식 민지였던 데다 본의는 아니더라도 일본에 막대한 전쟁 물자와 병력을 제공 했다. 적어도 미군의 눈으로 보는 한반도는 그러했다. 그러던 나라가 갑자 기 우린 일본에게 강점당해 있었다며 이제 우리 손으로 정부를 구성해야겠 다고 나서는 모습이 미군에게 어떻게 비쳤을지는 추측하기 어렵지 않다.

농지개혁과
토지개혁의 차이

남한과 북한의 토지개혁

조선시대보다는 중요성이 덜하지만, 해방 직후 최대의
전 국민적 관심사는 토지 문제였다. 일본인 소유였던 토지가 전국
토지의 12.5퍼센트나 되었으니 그것을 배분하는 문제만 해도 최
대 관심사가 되기에 충분했지만, 그보다 더 큰 문제는 그때까지 토
지 소유 관계가 정확히 정리되어 있지 않았던 점이었다.

1910~18년의 토지조사사업으로 한반도에도 근대적 토지 소유
관계가 확립되었으나, 당시에는 지주 측의 토지 소유만 일방적으
로 인정하고 전통적인 토지 소유는 거의 무시되었다. 조선시대의
왕토사상에 의하면 모든 토지는 기본적으로 왕의 소유였지만, 현
실적으로는 토지를 경작하는 농민들의 경작권이 인정되었다. 그
런데 토지조사사업으로 토지의 부동산 등기가 이루어지면서 근대
적 토지 소유 관계에 맞지 않는 농민들의 경작권이 폐지되었다.

따라서 해방은 토지 문제에 관해서도 중대한 계기였다. 해방이 되었으니 식민지 시대의 가혹한 지주-소작 관계도 바뀌어야 한다. 이런 공감대를 바탕으로 모든 농민의 시선은 토지개혁으로 쏠리는데, 그 방향은 세 가지였다. ①무상몰수, 무상분배. ②유상매수, 무상분배. ③유상매수, 유상분배. 물론 토지를 경작하고 있는 농민들은 ①의 방식이어야 한다고 생각했다. 수백 년 동안 유지된 '경자유전(耕者有田)'의 이념에 비춰봐도 당연히 그랬다. 그런데 실제로는 그 세 가지 중 어떤 것이 선택되었을까?

해방과 동시에 한반도는 남북으로 분단되면서 각기 다른 체제가 들어섰으므로 토지개혁도 남한과 북한이 각기 별개로 시행했다. 그래서 답은 두 개다. ①과 ③. 북한이 ①이고, 남한은 ③이다.

남한과 북한은 우선 개혁을 실시한 시기도 달랐다. 북한에서는 해방된 이듬해 1월에 농민연맹이 결성되었고 3월에 토지개혁이 실시되었다. '민주개혁'이라는 이름으로 시행된 토지개혁은 3월 말까지 불과 20일 만에 간단히 끝났는데, 작업이 쉬웠던 이유는 무상몰수, 무상분배의 원칙을 채택했기 때문이다.

그것은 새로 생겨난 강력한 사회주의 권력의 뒷받침이 있었기에 가능했다. 지주의 토지를 모두 빼앗아 토지가 없거나 적은 농민들에게 분배하면 되니까 복잡한 계산도 별로 필요 없다. 일본인 소유였던 토지는 모두 국유화하고, 전국 모든 농경지의 52퍼센트에 달하는 100만여 정보를 몰수해 그 가운데 90퍼센트를 농민에게 분배하는 것으로 북한의 토지개혁은 깔끔하게 끝났다. 물론 지주-소작 관계는 즉각 폐지되었다. 그 이후 한국전쟁에 이르기까지 북한의 일부 지주들이 남은 재산을 황급히 금덩이로 만들어 대

1950년에 발행된 지가증권. 제1차농지개혁안에는 지주에게 지가증권을 발급하는 내용이 있었다.

거 남하했던 것은 잘 알려진 사실이다.

　반면 남한에서는 문제가 그렇게 간단하지 않았다. 북한이 토지개혁을 이루었으니 남한도 그에 자극받아 토지개혁을 서둘 수밖에 없었다. 그러나 남한은 미군정 치하이므로 마음대로 할 수 없는 일이다. 그래서 정부 수립 이후에야 토지 문제에 손을 대게 된다. 진보적 정치 세력과 농민들은 무상몰수, 무상분배를 주장했지만, 새로 탄생한 햇병아리 정권은 전통의 강호인 지주들의 반대를 무너뜨릴 만한 힘도, 의지도 없었다. 더구나 지주들은 토지개혁 자체를 반대했으므로 '무상' 운운했다가는 난리가 날 수 있었다. 유상매수, 무상분배도 어려웠다. 토지의 매입과 분배를 둘 다 어떻게 해서든 '유상'으로만 가야 했던 정부는 마침내 좋은 변명거리를 찾아낸다. 바로 직전에 미군정이 일본인 소유 토지를 분배하던 방식이 바로 유상분배 아닌가?

　비로소 방침을 정한 정부는 뒤늦은 토지개혁에 착수했지만, 그 정도의 개혁조차 현실화되는 길은 첩첩산중이었다. 무상몰수, 무상분배와 달리 유상매수, 유상분배인 만큼 지주에 대한 보상액과 농민들에게서 받아낼 상환액을 놓고 저울질이 복잡할 수밖에 없었다. 정부에 매수되기보다는 한 푼이라도 더 받을 수 있을 때 파는 게 이익인지라 지주들은 소유 농지를 하루빨리 처분하기 위해 북새통을 떨었다. 그 와중에서 농지개혁법은 마냥 표류했다. 1948년 말에 초안이 작성된 이래 법안은 정부에서 국회로, 다시 국회에서 정부로 탁구공처럼 왔다 갔다 하다가 결국 1950년 3월에야 확정되고 5월부터 실행되었다. 그나마 매수 대상은 60만 정보, 분배 예정 면적은 80여만 정보에 불과했으니 북한에 비해 대폭 축소된 규모였다.

그마저도 한 달 뒤에 터진 한국전쟁으로 불발로 끝나고 말았다. 전쟁이 끝난 뒤 불타 없어진 관계 서류들을 재정리하고 다시 집계해보니 대상 토지는 전쟁 전의 절반으로 줄어 있었다. 더구나 정부에는 전쟁 전에 이루지 못한 토지개혁을 전쟁 후에 계속할 의지 자체가 없었다. 결국 토지개혁은 유야무야되고 전근대적인 토지 소유 관계인 지주-소작 관계가 그대로 온존되었다. 지주-소작 관계가 힘을 잃게 되는 것은, 이농 현상이 급속도로 진행되면서 농촌에서 농사를 지을 인력마저 없어지게 되는 1960년대의 일이다.

북한에서는 토지개혁이라는 용어를 썼으나(정책의 이름은 '민주개혁'), 남한에서는 농지개혁이라는 말로 불렀다. 예컨대 법의 이름도 북한은 '토지개혁에 관한 법령'이지만, 남한은 '농지개혁법안'이었다. 알다시피 농지는 토지의 부분집합이다. 그런데 그마저 남한에서는 실시하지도 못하고 말았으니 토지개혁에 관한 한 '체제 우위' 따위는 운운할 자격도 없는 셈이다.

남한의 토지개혁 문제가 첨예하게 대두되던 1948년 남한에는 이 승만에 반대하는 한국민주당(한민당)이라는 야당이 있었다. 한민 당은 토지개혁에 대해서 어떤 입장을 취했을까?

한민당은 원래 해방 직후 우익 인사들이 조직한 정당이었다. 비 록 1948년 제헌의회에서는 이승만에 반대하는 인사들이 한민당으로 결집 했지만, 한민당의 기본 노선은 언제나 보수 우익이었다. 색깔이 그랬던 만 큼 한민당은 반민족행위처벌법을 처리하는 과정에서도 친일파를 두둔하는 입장에 섰으며, 토지개혁에서도 지주층의 입장을 대변함으로써 당시 UN 한국위원단의 평가에서도 '보수적 지주정당'이라는 낙인을 받았다. 따라서 한민당은 명색이 야당이었음에도 불구하고 계급적인 색채를 버리지 못해 진보적인 토지개혁안에는 앞장서서 반대하고 나섰다. 한민당은 이후 당명 이 여러 차례 바뀌었으나 정권이 처음으로 교체되는 1997년에 이르기까지 한국 야당의 역사를 대표하는 정당으로 간주된다. 이는 결국 한국 정당사에 서는 야당마저도 보수 우익의 한 색깔만 가질 수 있었다는 사실을 말해준다.

외국인 총장의
국립대학교

서울대학교의 창립

늘 민(民)보다 관(官)이 역사를 주도한 탓에 우리나라에
서는 지금도 '국립'자가 붙으면 최고로 친다. 연구소도, 병원도, 박
물관도, 극장도, 무용단도, 심지어 묘지도 국립이면 무조건 최고
다. 대학교도 예외가 아니어서 각 지방마다 하나씩 있는 국립대
학교를 최고로 친다. 수백 년 전통의 사립대학교들이 명문교의 대
부분을 이루는 선진국들과 비교하면 특이한 현상이 아닐 수 없다.
사실 최고로 치는 근거가 오로지 입시 성적 하나에 있으므로 그
현상은 특이하기는 해도 대단한 의미가 있는 것은 아니다.

그런데 그 국립대학교들 가운데 수도 서울에 있는 서울대학교
의 초대 총장은 '국립'과 아무런 관계도 없는 외국인이었다. 첫 국
립대학교의 초대 총장이 외국인이라니? 왜 그랬을까?

점령군의 자격으로 남한을 접수한 미군은 대한민국 정부가 수

립될 때까지 미군정청을 설치해 사실상의 정부 역할을 했다. 이 미군정의 지배기는 임시적이었고 3년간에 불과했지만, 어쨌든 한 반도는 몽골 지배기, 일제 강점기에 이어 역사상 세 번째로 자국 정부가 없는 상태에서 외국의 지배를 받는 시대를 겪었다.

군인이 담당하는 행정이니 제대로 될 리가 없다. 그저 승전국의 자격으로 피점령국의 정치와 행정을 일시적으로 담당하는 데 그 쳤을 뿐이다. 그래서 미군정청은 각종 행정 명령들을 굳이 성격에 따라 분류하려 애쓰지도 않고 전부 '군정령'이라는 단일한 이름으 로 제정하고 시행했다.

식민지 시대에는 일제가 설립한 경성제국대학이 있었다. 해방 이 되어 이 땅에서 '제국'이 사라졌으니 학교 이름도 바뀌어야 했 다. 일단 경성제국대학 내의 한국인 직원들은 '제국'을 뺀 경성대 학으로 이름을 바꾸고 대학 자치위원회를 구성했다. 그러나 새로 운 지배자가 된 미군정은 이것을 무시하고, 한동안 대학을 방치했 다가 1946년 8월 23일 군정령 102호를 내려 국립 서울대학교를 신설하기로 했다.

미군정의 계획은 경성대학과 경성의학전문학교, 경성법학전문 학교, 경성공업전문학교 등 분리되어 있던 학교들을 통합해 하나 의 국립대학교 내에 단과대학들로 포함시키려는 것이었다. 관리 하기 귀찮으니 한데 모으자는 것인데, 이것은 큰 무리였다. 외국 의 군사정치가 지배하는 특수한 상황이 아니었다면 아마 불가능 했을 것이다. 그것은 대학이라는 고등교육기관의 축소를 의미할 뿐 아니라 각 학교의 특성을 깡그리 무시하는 조치였고, 즉각 학생 들의 반발을 샀다. 더욱이 해당 학교들과 사전 논의도 거치지 않은 일방적인 조치였기 때문에 학생들뿐 아니라 교수들까지 반발하고 나섰다.

그래도 미군정은 아랑곳하지 않았다. 오히려 한술 더 떠서 국립대학교의 초대 총장으로 해리 앤스테드라는 미국인을 앉혔다. 학생들과 교수들은 1946년 9월부터 일제히 투쟁위원회를 결성하고 국대안(국립대학 설립안) 반대 투쟁을 시작했다. 이 운동은 걷잡을 수 없이 퍼져나가 11월부터는 서울 시내 다른 대학들도 반대 투쟁에 합류하기에 이르렀다. 미군정의 대처는 단순무식했다. 군정장관 러치는 즉각 휴교 조치로 맞서는 한편, 이듬해 2월 3일 개교일까지 등록하지 않는 학생은 모두 제명하겠다는 으름장으로 대응한 것이다.

그러나 그 강경한 대응은 전선을 더 확장시키는 도화선이 되었다. 개교일을 맞아 서울대학교의 각 단과대학들은 동맹휴학에 들어갔고, 다른 대학들도 연이어 동맹휴학에 동참했다. 그뿐 아니라 이제는 경복, 휘문, 중동, 배재, 경기상, 경기공, 덕수상 등 명문 중학교(지금 학제로 말하면 중학교와 고등학교)들까지 동맹휴학에 참여했다. 이 운동은 인천, 대구, 개성 등 지방으로 파급되어 전국적으로 57개교, 약 4만 명이 동맹휴학에 참여했다.

저항이 예상외로 큰 것에 놀란 미군정은 우선 이사회를 한국인으로 조직해 사태를 수습하고자 했다. 우여곡절 끝에 정식 수업이 시작되었다. 이후 미군정은 국립대학안의 수정법령을 공포하고 제적 학생과 교수들을 복학, 복직시키는 것으로 사건을 마무리지었다. 그래도 미국인 초대 총장은 여전히 그 자리에 있다가 1947년 10월 이춘호가 2대 총장으로 취임하면서 총장직에서 물러났다.

일제 강점기에 경성제국대학이 세워질 때도 '정상적인' 과정을 거친 것은 아니었다. 1922년 이상재가 중심이 되어 거국적 민립대학을 세우려는 운동이 일어나자 이를 저지하기 위해 일제가 이듬해 5월 기습적으로 '경성제국대학령'을 내려 설립하게 된 것이다. 경성대학 자치위원회를 해체하고 군정령을 내려 국립 서울대학교를 세우는 과정과 어쩌면 그렇게 비슷할까?

초대 총장이 점령국의 외국인이었던 '국립' 서울대학교의 출발은 순탄하지 않았으나 '국립'이라는 이름딱지 덕분에 이후에도 국내 최고의 자리를 고수하게 된다. 그러나 외국인 총장은 한국인으로 바뀌었지만, 무리한 통합의 후유증은 그대로 남았다. 지금 우리의 대학 제도가 미국식 대학 제도를 기형적으로 접목시킨 종합대학교 위주로 되어 있는 이유도 멀리 보면 거기서 비롯된다. 더 나쁜 후유증은 어느 학과든 '최고의' 학과는 서울대학교의 해당 학과라는, 세계에서 유례를 찾지 못할 정도로 기형적인 현상일 것이다.

서울대학교는 설립 당시 국민들의 지지를 얻지 못했음에도 불구하고 '국립'이라는 딱지 덕분에 지금까지 이른바 일류 대학교라는 지위를 누리고 있다. 서울대학교가 세워질 당시 국내의 대학들은 어떤 것들이 있었을까?

19세기 말 근대식 교육 제도가 도입되면서 근대적 학교들도 생겨났다. 그 가운데 이화, 배재, 경신 등은 지금까지도 존속하고 있는 학교들이다. 이런 학교들이 점차 발전하고 분화되면서 대학들이 생겨났다. 해방이 되자 이 학교들이 명칭을 변경하여 대학이 되거나 대학이 새로 건립되기도 했다. 1946년에는 종합대학교 설립 붐이 일어나면서 식민지 시대에 설립된 연희전문대학과 보성전문대학이 각각 연희대학교(1957년에 세브란스의대와 합쳐 연세대학교가 되었다)와 고려대학교가 되었고, 성균관대와 동국대가 세워졌으며, 1947년에는 한양대와 중앙대, 1949년에는 건국대와 경희대 등이 생겨났다.

이기고 있는 판인데
휴전이라니?

휴전 협상에 반대한 이승만

　　휴전 협상이 마무리될 즈음인 1953년 6월 18일 새벽 0시가 조금 지났을 무렵, 갑자기 서울 중앙방송국에서 특별 뉴스가 전파를 타고 전국 각지로 흘러나왔다.

　　"국민 여러분, 저는 헌병 총사령관인 중장 원용덕입니다. 오늘 새벽 0시를 기해 전국의 인민군 포로수용소에서 반공포로들이 구출되었습니다. UN군 측의 굴욕적인 포로 송환 협상에 반대하여 우리 국군은 오늘 전격적으로 반공포로들을 구출해냈습니다. 이것은 한국민의 열화 같은 민족정기에 따르는 자위권의 엄숙한 발동입니다. 경찰관, 애국청년단, 주민 여러분 등 모든 애국동포들은 국군 헌병의 임무 수행에 절대적인 협조가 있기를 요망하오며, 아울러 우리 반공포로들을 따뜻한 가슴으로 맞아주시기 바랍니다."

　반공포로들이 기습적으로 구출되었다는 소식에 사람들은 우려를 표명하면서도 환영의 뜻을 나타낸다. 수용소 부근의 주민들은 일부 망설이는 사람들도 있었으나 대부분 반공포로들을 따뜻하게 맞아주고 옷과 침구 등을 제공했다. 지긋지긋한 전쟁 끝물에 이처럼 희소식이 전해지자 사람들의 마음은 한껏 부풀었다. 반공포로들이 석방되었으니 이제 전쟁은 끝났구나 하는 안도감에 젖어 모처럼 단잠에 빠져들었다. '이승만 박사'의 영단에 새삼 감탄하면서.

　그러나 사람들의 안도감과는 정반대로 반공포로 구출은 자칫하면 휴전 협상 자체를 중단시켰을지도 모르는 엄청난 모험이었다. 곧 휴전이 성립되어 3차 세계대전에 대한 불안을 떨쳐버리려 했던 세계 각국, 특히 한국전쟁 참전국들은 우리 국민들과 반대로 그 소식에 경악을 금치 못했다.

　3년간 지속된 한국전쟁은 초반 1년간의 치열한 접전으로 사실상 끝난 것이나 다름없었다. 그 뒤에는 전선이 소강상태였고 그저 양측의 경계선만 조금씩 왔다 갔다 하는 정도였다. 휴전 협상도 이미 개전 후 1년이 지난 1951년 7월에 시작되었다(그때 신속히 협상을 마무리지었다면 양측의 피해를 크게 줄일 수 있었다). 이후 2년간이나 질질 끈 협상에서 가장 첨예한 쟁점은 바로 포로들의 송환 문제였다.

　UN과 북한은 이 문제에 관해 처음부터 이견을 보이고 있었다. UN은 포로들의 개별 의사에 따르자는 의견이었고, 북한은 무조건

전체 포로들을 교환하자는 의견이었다. 따라서 양측이 내세우는
교환 방식도 다를 수밖에 없었다. UN은 포로를 일 대 일로 교환하
자는 주장이었고, 북한은 모든 포로들을 한꺼번에 교환하자는 주
장이었다. UN이 북한에 보낸 포로 명단은 북한군과 중국군을 합
쳐 모두 13만여 명이었고, 북한이 보낸 명단은 한국군과 미군을
합쳐 1만 명을 조금 넘는 숫자였으니 양측의 주장에는 각각 나름
대로의 계산이 있는 것이었다. 더구나 UN 측의 자유송환론에 따
르면, 북한으로 되돌아갈 의사가 없는 '반공포로'가 전체 포로의
60퍼센트를 넘으므로 도저히 북한의 주장을 허용할 수 없었다.

　당연히 협상은 매번 결렬될 수밖에 없다. 이런 식으로 한동안
공전되던 휴전 협상은 1953년 4월부터 다시 열기를 띠기 시작했
다. 이때 북한은 비참전국 5개국으로 중립국 송환위원회를 구성
해 포로를 공동관리하는 상태에서 교환하자는 새로운 의견을 내
놓았다. 또한 북한은 송환을 거부하는 포로들에게는 소속국에서
대표를 파견해 일정 기간 동안 설득할 수 있도록 하자고 제의했
다. 북한 측은 송환을 거부하는 이른바 '반공포로'들이 많다는 사
실을 염두에 두고 있었던 것이다. 이런 북한의 속셈을 모를 리 없
는 UN은 처음에는 거부했으나 조속한 휴전을 바라는 미국 정부의

1953년 6월 18일 기습적으로 이루어진 반공포로 석방

지시에 따라 북한의 주장을 전격적으로 수용했다.

그런데 문제는 남한 당국이다. 남한은 곤혹스러운 처지다. 실제 전쟁은 도맡아 치렀으면서도 '전쟁 당사자'가 되지 못한 탓에 휴전 협상의 자리에서도 소외되었는데, 포로 협상에서도 의견이 반영되지 않는다. 북한에 억류된 포로 가운데 미군 포로는 얼마 되지 않고 70퍼센트 이상이 바로 한국군 포로가 아닌가? 더구나 UN군 사령부는 남한 당국과 아무런 협의도 거치지 않고 북한 측의 제안을 수용해 포로 송환 문제를 처리하려 하고 있다.

사실 남한 당국은 개전 초기의 불리함을 극복하고 전세가 균형을 이룬 뒤부터는 아예 휴전 협상 자체를 반대했다. 특히 이승만 대통령은 이 기회에 '북진통일'을 이룰 수도 있지 않겠느냐는 은근한 기대를 품고 있었다. 그렇게 된다면 남한 단독정부론을 끈질기게 주창해 대통령이 된 그로서는 분단의 책임자라는 정치적 약점도 제거할 수 있고, 나아가 남한만의 반쪽 대통령이 아닌 통일 조국의 대통령이 될 수도 있다. 그런 상황에서 UN군이 북한의 의도를 그대로 들어주며 일방적으로 휴전을 강행하려 하니 이승만은 분통이 터질 노릇이다. 게다가 전황도 괜찮지 않은가?

1953년 6월 8일 포로 교환에 관한 가협정이 체결되자 이승만은

7월 29일의 휴전협정 조인 모습. 유엔군 대표 해리슨과 북한군 대표 남일이 참석했다.

즉시 비상 국무회의를 소집하고 반공포로들을 무력으로 석방시키라는 밀명을 내렸다. 드디어 6월 18일 새벽 0시에 작전이 개시되었다. 한국군 헌병대는 미군 관할 하에 전국에 흩어져 있는 포로 수용소의 철조망을 뜯고 반공포로들을 탈출시켰다. 이 전격작전으로 3만여 명의 반공포로 가운데 2만5천 명 이상이 탈출에 성공했다. 작전 대성공이다.

그러나 이 사건은 열세에 몰렸다가 자신들의 포로 교환 방침이 수용되어 명분을 살린 북한 당국을 자극하는 결과를 빚었다. 더욱이 전 세계 여론은 2년간이나 질질 끈 휴전 협상이 일거에 물거품이 될지 모른다는 생각에 큰 불안에 휩싸였다. 북한 측은 즉각 탈출한 포로들의 재수용을 요구하면서, 포로 교환 협상 자체를 무효로 하자고 강경하게 나왔다. 일촉즉발의 순간이었으나 어차피 북한이 전쟁을 계속 수행할 능력이 없음을 이승만보다 더 잘 알고 있었던 UN측은 협박과 설득을 병행해 사건을 간신히 무마했다.

비록 국민 여론이 지원하리라고 판단했고 실제로도 그랬지만, 반공포로 구출 작전은 사실 도발에 가까운 무모한 일이었다. 만일 북한이 제스처에 그치지 않고 실제로 협상 테이블에서 철수해버렸다면 어떻게 되었을까? 적어도 몇 개월간 전쟁은 더 지속되었을 것이고, 그만큼 우리 민족의 상처는 더 깊어졌을 것이다.

한 가지 확실한 추측은, 서울을 사수하겠다는 대국민 약속을 헌신짝처럼 팽개치고 사전 예고도 없이 개전 사흘 만에 한강 인도교를 끊고 도주한 이승만이 국군도 아닌 북한의 반공포로 3만 명을 위해 그처럼 도박에 가까운 모험을 감행하지는 않았으리라는 점이다. 전쟁 기간 내내 맥아더에 못지않게 호전적이었던 이승만의 행태로 미루어 충분히 짐작할 수 있다. 이승만은 인천상륙작전으로 전황이 역전되자 남한 정부의 통치권은 38선 이남에 한한다는 UN의 결정을 무시하고 이북 5개 도지사를 마음대로 임명해 북한 수복지구에 보내는가 하면 1950년 10월 말에는 직접 평양을 방문하는 등 돌출 행동을 계속했다. 반공포로 석방 작전은 또 하나의 위험천만한 돌출 행동이었던 것이다.

한국사 질문하는 시간 휴전을 불과 한 달여 앞둔 1953년 6월 18일 이승만은 반공포로 구출 작전을 기습적으로 전개해 휴전 무드에 찬 물을 끼얹었다. UN 측은 이 사태를 어떻게 수습했을까?

사실 UN이 먼저 달래야 하는 쪽은 북한이 아니라 이승만이었다. 북한은 물론 발끈했지만 더 이상 전쟁을 수행할 힘과 의지가 없었다. 그 반면 애초부터 휴전 협상을 반대했던 이승만은 반공포로 구출 작전을 통해 자신의 의사를 드러내 보였다. 일주일 뒤인 1953년 6월 25일 미국 아이젠하워 대통령은 국무장관보를 이승만에게 보내 타협을 시도했다. 그 결과 "한국과 미국은 정전 이후에도 긴밀한 협력을 계속하고, 송환을 원치 않는 반공포로들은 한국에서 석방하며, 양국은 상호 방위 조약을 체결한다"는 내용의 합의가 이루어졌다. 북한과의 휴전 협상 이전에 먼저 남한의 이승만과 '타협 협상'을 해야 했던 미국으로서는 곤혹스러운 순간이었을 것이다.

국토의

보이스카우트

독도는 우리 땅

　　잊을 만하면 터져나오는 한국과 일본 두 나라 간의 해묵은 문제가 있다. 하나는 역사 교과서 왜곡이고, 다른 하나는 독도 문제다. 사실 남의 나라 제사상에 밤 놔라 대추 놔라 할 수 없는 일이니, 역사 교과서 문제는 그런 대로 넘어갈 수도 있다. 하지만 독도 영유권 분쟁은 그보다 훨씬 크고 중요하다. 그 이유는 독도가 '영토'라는 점 때문이다. 현대 국가에서 영토는 국민과 함께 국가를 구성하는 가장 중요한 요소이므로 아무리 작은 영토라도 결코 양보할 수 없는 것이다.

　　그러나 우리 국민들의 독도에 대한 인식은 구호의 수준에 머물러 있다는 데 문제가 있다. 독도가 왜 우리 땅이냐고 물으면, 무조건 당연히 우리 땅이라고 우기거나 "노래 가사에도 있잖아요" 하는 식으로 대답하는 게 고작이다. 그러나 입장을 바꿔 일본 국민들이 그렇게 대답한다면 과연 우리는 그 주장을 이해해줄까? 독도에 얽힌 역사적 배경을 알아야 하는 이유는 바로 여기에 있다.

현실적으로 한반도의 영토가 되어 있는 독도를 일본은 왜 굳이 일본 영토라고 주장하는 걸까? 일본의 의도는 국제사법재판소에 제소해 독도에 대한 소유권을 인정받거나 적어도 그에 상당하는 반대급부를 얻으려는 데 있다. 제소를 하기 위해서는 분쟁을 만들어야 하므로 자꾸 독도 소유권 문제를 제기해 외교 분쟁으로 만들려는 것이다.

그러나 일본의 의도를 설명하는 것으로 의문이 완전히 풀리지는 않는다. 설사 그런 의도를 가지고 있다고 해도, 왜 하필 일본은 한반도의 다른 부분이 아닌 바로 독도에 대한 권리를 주장하는 걸까? 혹시 독도에 관해서는 그럴 만한 사연이 있는 것이 아닐까?

이른바 '독도 문제'가 처음으로 발생한 시기는 1952년으로 거슬러 올라간다. 한국전쟁 중이던 1952년 1월 18일 우리나라 정부는 '인접 해양의 주권에 관한 대통령 선언'을 발표하면서 독도를 대한민국의 평화선 안에 포함시켰다(독도를 법적으로 영유화한 것은 독재자 이승만의 거의 유일한 역사적 공로다). 이에 대해 열흘 뒤에 일본은 "평화선은 국제법 원칙에 위배되며 독도는 일본의 영토다"라고 반박하는 외교문서를 보내왔다. 하지만 이미 당시에 독도는 행정구역상으로 경상남도 울릉군 남면 도동 1번지였기 때문에 국제법의 대상조차 되지 않는 것이었다.

그때부터 일본은 독도 문제를 외교 사건으로 만들어 영토 분쟁의 형태를 갖추려는 의도가 있었던 것이다. 아니나 다를까, 일본은 1954년 국제사법재판소에 제소하겠다고 으름장을 놓는가 하

〈동국지도〉에 보이는 독도. 울릉도와 우산도(독도)의 위치와 크기가 정확하게 표시되어 있다.

면, 1965년의 굴욕적인 한일 협정 때도 독도 소유권을 주장하는 등 독도에 대한 집착을 보였다. 하지만 일본 내의 반대 의견도 많아 결국 의도대로 되지 않자 제소를 포기하고 말았는데, 그 문제가 오늘날까지 이르고 있는 것이다.

그러면 일본이 그렇게 독도에 집착하는 역사적 근거는 뭘까? 여기에는 우리 민족의 슬픈 현대사가 관련되어 있다. 을사보호조약이 체결되어 사실상 한반도가 일본의 식민지로 전락했던 1905년, 일본은 독도를 일본의 행정구역인 시마네 현에 편입시킨다고 공포했다. 당시 일본은 독도가 엄연히 한반도의 행정구역에 속해 있었음에도 불구하고 마치 새로 발견된 영토를 일본에 귀속시키는 것과 같은 절차로 강제 편입시켜버렸다.

식민지 지배라는 강압적인 상태에서, 그것도 행정구역 변경이 아닌 새로운 영토의 추가 취득 절차를 통해 강제 편입시킨 바로 그 일을 근거로 일본은 오늘날까지 독도에 대한 소유권을 주장하고 있는 것이다. 더구나 독도를 강제 편입시킬 때는 국제법에 관해 아무런 언급도 하지 않다가 차후에 분쟁을 일으키기 위해 국제

법을 근거로 들고 있으니, 그런 적반하장도 없을 것이다. 일본의 논리가 옳다면, 한반도 전체가 36년간 일본의 지배를 받은 적이 있으므로 지금 한반도 전체가 일본의 영토라는 주장도 성립해야 할 것이다.

이렇게 해서 이른바 '독도 문제'가 발생한 이유는 설명된다. 하지만 아직도 의문은 남는다. 독도는 과연 역사적으로 어느 나라에 속해야 할까? 그것도 아주 오랜 옛날에는 어땠을까?

독도는 원래 무인도였다. 지금은 민간인이 몇 명 거주하고 경비대가 주둔해 있지만, 독도가 무인도라는 '결함'을 없애기 위해 인위적으로 '유인도'로 만든 것이므로 큰 의미는 없다. 독도는 가로와 세로가 채 200미터도 되지 않는 바위투성이 섬 두 개로 이루어진 데다 사면 경사가 급한 지역이라 원래 사람이 살 수는 없는 곳이다. 이렇게 무인도였던 탓에 독도는 역사적으로 주로 울릉도 주민들에 의해 관리되어왔다. 따라서 독도의 역사는 곧 울릉도의 역사에 포함되는 것으로 보면 된다.

울릉도에 언제부터 사람이 살았는지에 관해서는 기록이 남아 있지 않다. 울릉도가 역사에 처음 등장하는 것은 6세기 초 신라의 장수 이사부에 의해 정벌을 당할 때다. 당시 울릉도에 있던 나라 이름은 우산국이었다(여기서 비롯되어 원래 울릉도를 우산도로 불렀으나 나중에 독도의 이름이 우산도로 바뀌게 되었다). 그 뒤 우산국은 매년 신라에 공물을 바쳐 섬겼으며, 고려시대에 이르러 완전히 중앙정부에 편입된다. 15세기 중엽에 편찬된 《고려사》에는 울릉도가 울진현에 속하는 것으로 기술되어 있다.

일본은 그런 사실에 반박할 수 없으므로 울릉도에 대해서는 소유권을 주장하지 못했다. 하지만 독도에 관해서는 17세기에 일본인이 처음으로 발견했다고 주장하고 있다. 그래서 독도의 원천적 소유권을 일본이 가지고 있다는 것이다. 그렇다면 《고려사》에 "우산과 무릉(울릉도) 두 섬은 서로 멀리 떨어져 있지 않아 날씨가 맑으면 바라볼 수 있다"고 되어 있는 기록은 허구란 말인가? 사실 '발견'했다고 해서 '소유'할 수 있다는 것은 유치한 논리지만, 발견에서도 일본이 앞선 것은 전혀 없다.

고려시대에 독도는 한반도에 귀속되었지만, 왜구로 악명을 떨치던 일본 어부들은 독도 주변 해역에 끊임없이 출몰해 한반도 어민들을 괴롭혔다. 조선시대인 1690년에는 어부 안용복이 독도 부근에 온 일본 어선을 추격해 영토 침범을 꾸짖은 기록도 남아 있다. 그러나 왜구의 침입에 견디다 못한 조선 초에는 한반도 주변의 모든 섬들에서 주민들을 철수시켜 무인도로 만드는 공도(空島) 정책을 추진한 적도 있다.

최근에 속속 발견되고 있는 한반도 주변에 관한 서구의 고지도를 보면 예외 없이 독도를 조선의 영토로 구분하고 있으며, 심지어 동해 바다를 조선해로 표기하고 있는 것들도 많다. 한 가지 아쉬운 점은 지금 각국에서 펴낸 세계 지도에는 동해를 일본해, 즉 Japan Sea로 표기하고 있는 것들이 더 많다는 사실이다. 현재 국력의 차이를 반영하는 현상이라고 할 것이다. 그러나 동해라는 이름은 자기 중심적인 명명이므로 국제적 명칭으로는 쓰기 어려운 것 또한 사실이다(그래도 동해까지는 써도 괜찮지만 황해를 서해라고 부르는 것은 문제다. 중국 측에서 보면 '동해'이기 때문이다).

고대사로 보나 현대사로 보나, 그리고 국제법상으로 보나 현실적으로 보나 독도는 의문의 여지없이 우리 국토의 막내다. 일본의 영유 주장이 제기되고 있는 요즘에는 아예 국토를 지키는 파수꾼, 즉 국토의 보이스카우트 역할을 한다고 말할 수도 있겠다.

우리나라 동해안에서 독도까지의 거리는 최단거리인 울진군 죽변을 기준으로 할 때 215킬로미터이고, 일본 측의 최단거리인 시마네 현에서 독도까지는 220킬로미터이다. 이것만 보면 서로 엇비슷하지만 울릉도가 우리 영토이므로 여기서부터 따지면 독도까지의 거리는 92킬로미터에 불과하다.

일본의 욕심만 따진다면 울릉도부터 소유권을 주장해야 독도도 자연히 자기네 것이 될 터이다. 하지만 울릉도에 관해서는 아무런 주장도 할 수 없었고 지금도 못 하고 있다. 그 이유는 뭘까? 울릉도는 현재 2만여 명의 우리 주민들이 살고 있기 때문이다. 울릉도에 대해 뭐라 하지 못하는 일본이 독도를 욕심내는 것은 독도가 사실상 무인도라는 점을 악용해 소유권을 내세우려는 의도를 보여준다.

독도가 우리 영토인 까닭에 우리나라는 현재와 같은 영해(領海)를 관리할 수 있게 되었다. 현재 국제 해양 협정에 따르면 한 국가의 영토와 부속 도서들로부터 12해리의 수역까지 영해로 인정하고 있다. 그러므로 일본이 독도를 노리고 있는 이유는 단지 독도라는 영토 때문이 아니라 독도를 얻음으로써 영해를 넓힐 수 있고, 그 안에 포함된 어로 자원과 천연자원을 확보할 수 있기 때문이다. 하지만 우리가 끝까지 독도를 국토의 보이스카우트로 삼으려는 이유는 단순한 자원 때문이 아니라 실제로 어느 모로 보나 "독도는 우리 땅"이기 때문이다.

한국사
질문하는
시간

현재 국제법상으로 독도는 한국의 영토임이 분명하다. 그렇다면 역사적으로 독도는 어느 나라의 영토여야 할까?

독도가 영유권 분쟁의 대상이 된 이유는 역사적으로 무인도였기 때문이다. 사실 독도는 무인도였기 때문에 한국과 일본 두 나라가 역사적 소유권을 주장할 근거는 별로 없다. 세계적으로 무인도를 영토화하는 것은 20세기 중반부터의 일이다(즉 무인도는 원래 어느 나라의 영토가 아니었다). 17세기 어부들이 독도 부근에서 작업하다가 독도를 발견했다는 일본 측의 주장이나,《고려사》,《세종실록》등 옛 문헌에 나온다는 한국 측의 주장이나 독도에 대한 '역사적' 소유권을 증명하기에는 부족하다. 옛날에는 영토의 개념이 오늘날과 같지 않아 무인도에 대한 소유 여부를 확인할 길이 없기 때문이다(아마 당시에는 무인도를 소유한다는 개념 자체가 없었을 것이다. 필요가 없었으므로). 따라서 독도 분쟁은 역사적인 문제가 아니라 현실적이고 국제법적인 문제로 간주되어야 한다.

도판 목록

게재 쪽수, 제목, 출처(소유 또는 관리) 순

문 주초, 서울 서대문구 [OPEN] / 272, 명나라로 가는 바닷길, 국립중앙박물관 / 278, 19세기 한글 목활자, 국립중앙박물관 / 282, 무구정광대다라니경, 국립중앙박물관 / 285, 천자총통, 국립진주박물관 / 285, 동몽선습 목판 / 289, 동래부순절도, 육군박물관 / 290, 세전세화첩, 한국국학진흥원 / 298, 송시열 초상, 국립중앙박물관 [OPEN] / 303, 김정희 초상, 김성호 [OPEN] / 304, 김윤겸 호병도, 국립중앙박물관 / 310, 하멜 표류기 / 317, 영조 어진, 국립고궁박물관 [OPEN] / 322, 정조 어필, 한국학중앙연구원 [OPEN] / 326, 이하응 초상, 서울역사박물관 [OPEN] / 327, 남해 척화비, 남해군 [OPEN] / 333, 개화파 인물들 / 339, 강화도조약 체결 장면 / 346, 사발통문 / 353, 김득신 '성하직리', 간송미술관 / 360, 광개토왕릉비, 국립중잉박물관 [OPEN] / 362, 기마인물형 토기, 국립중앙박물관 [OPEN] / 367, 동양척식주식회사 본점 / 373, 조선시대 저울대와 저울추, 국립중앙박물관 / 379, 초대 대통령 취임식 / 385, 중앙청으로 행군하는 미군들 / 390, 지가증권, 한국학중앙연구원 / 400, 반공포로 석방, 국방부 군사편찬연구소 / 401, 휴전협정 체결, 국방부 군사편찬연구소 / 405, 동국지도, 국립중앙박물관

* 도판 자료 사용을 허락해주신 여러 박물관 및 기관과 '공공누리'를 통한 공공저작물 자유이용([OPEN])이 가능하도록 자료를 개방해주신 여러 기관 및 단체들에 감사드립니다. 연락이 닿지 않은 몇몇 경우는 추후 감사의 뜻을 전하고자 합니다.